人力资源管理
实用工具大全

刘　畅■编著

中国铁道出版社有限公司
CHINA RAILWAY PUBLISHING HOUSE CO., LTD.

内 容 简 介

本书以人力资源管理体系的功能模块为主线，对人力资源管理工作涉及的各种规范、制度和表格等进行了全面介绍。全书共8章，可分为两个部分。第一部分为人力资源管理的概述，让读者初步了解人力资源管理及其工作内容；第二部分是本书的主体知识，从人力资源规划、招聘与配置管理、培训与开发管理、绩效管理、薪酬福利管理、员工关系管理和人事档案管理等方面展开，详细介绍了不同人力资源管理工作的岗位体系、岗位配置及岗位职责，以及相关的工作规范、制度和表格。

本书知识点丰富而详细，结构简洁，内容一目了然，各规范、制度和表格都只需稍做修改即可使用，特别适合从事人力资源管理工作的职场新人、中小企业管理者和大型企业中层管理者学习使用，亦可作为各高校人力资源管理专业的教材使用。

图书在版编目（CIP）数据

人力资源管理实用工具大全/刘畅编著.—北京：中国铁道出版社有限公司，2020.5

ISBN 978-7-113-26562-5

Ⅰ.①人… Ⅱ.①刘… Ⅲ.①人力资源管理 Ⅳ.①F243

中国版本图书馆CIP数据核字（2020）第016164号

书　　名：人力资源管理实用工具大全
RENLI ZIYUAN GUANLI SHIYONG GONGJU DAQUAN
作　　者：刘　畅

责任编辑：张　丹　　**读者热线电话：**（010）63560056
责任印制：赵星辰　　**封面设计：**MXK DESIGN STUDIO

出版发行：中国铁道出版社有限公司（100054，北京市西城区右安门西街8号）
印　　刷：三河市宏盛印务有限公司
版　　次：2020年5月第1版　2020年5月第1次印刷
开　　本：700 mm×1 000 mm　1/16　**印张：**21　**字数：**280千
书　　号：ISBN 978-7-113-26562-5
定　　价：68.00元

前言

有人的地方就需要管理，不论什么行业，不论是大型企业还是中小型企业。因此，现代人力资源管理工作愈发重要，愈发不可或缺。

本书作为一本实用工具大全，对于人力资源管理的理论和历史等不会过多讲解，仅进行一个基本的概述。而后直接从人力资源管理核心的部分出发，以各功能模块为章节划分，对人力资源管理工作的岗位体系和岗位职责进行介绍，并罗列了大量相关的规范、制度和表格，读者可以借鉴使用。

为了让还没有掌握人力资源管理的职场新人更好、更快地熟悉和适应人力资源管理工作，让大致掌握人力资源管理的职场人士提高业务能力，让各模块的工作有参考依据，我们编写了本书。

本书内容可分为两部分，各部分内容如下所示。

本章对人力资源管理进行基本概述，主要对人力资源管理的概念、目标以及人力资源管理体系的各模块进行介绍。通过本章的学习，读者可以认识人力资源管理体系，并简单了解人力资源管理的功能及其大致工作内容。

本书的第二部分围绕人力资源规划、招聘与配置管理、培训与开发管理、绩效管理、薪酬福利管理、员工关系管理和人事档案管理，分别介绍不同管理工作的岗位体系、岗位配置及岗位职责，以及与工作相关的规范、制度和表格。

为了方便读者轻松阅读与快速查找，本书在版式设计与内容挑选上都花了很多心思，具体特点见下表。

特点	阐述
结构系统 内容精选	从岗位体系、岗位配置和岗位职责全面了解人力资源管理的体系和人力资源管理人员的工作职责，并精选了人力资源管理中的各项工作内容所涉及的规范、制度以及表格，为读者提供实用的参考，从而更快指导读者上手工作。
表格化版式 查阅直观	全书精简工整，没有冗长的描述，主体内容直接以表格化的形式阐述，展示直观，阅读轻松。
指点迷津 拓展内容	全书在针对部分制度内容讲解时，搭配"指点迷津"版块，对与制度相关的内容进行补充，拓展本书内容宽度，让读者学到更多知识。
双目录 便捷搜索	本书中涉及的制度与表格均提供完整的电子版，为了便于读者查阅和使用，本书提供双目录，知识目录展示本书的知识体系结构，文件目录展示对应的文件及存储位置。

本书适合企业人力资源管理部门中经理至专员的各层级工作人员阅读，尤其适合作为各部门经理和主管提升业务能力的工具书。也适合各中小型企业管理者、大型企业中层管理者阅读学习。

由于编者能力有限，对于本书内容不完善的地方希望获得读者的指正。

编 者

2020 年 3 月

本书涉及的制度与表格模板移动端二维码及 PC 端下载地址：

http://www.m.crphdm.com/2019/1218/14220.shtml

I. 知识清单

第1章 人力资源管理概述

第2章 人力资源规划：组织机构＋需求分析＋规划管理＋费用预算

第3章 招聘与配置管理：

招聘＋面试＋试用期＋内部竞聘＋晋升

第5章

绩效管理：

绩效管理+考核+应用+反馈+改进

第6章 薪酬福利管理：

薪酬激励 + 福利及社保 + 出差和考勤管理

第7章 员工关系管理：员工管理＋企业文化＋劳动合同＋离职退休

第8章 人事档案管理：

人事档案整理＋保管＋利用

II. 文件清单

人力资源规划：

组织机构 + 需求分析 + 规划管理 + 费用预算

【组织机构设置管理】

第 2 章 | 岗位职级管理制度 .docx
第 2 章 | 职务权限设计制度 .docx
第 2 章 | 机构职责分工制度 .docx
第 2 章 | 职务权限设计表 .docx
第 2 章 | 员工免职通知单 .docx
第 2 章 | 岗位任职通知单 .docx

【组织机构的调整与分析】

第 2 章 | 工作分析管理制度 .docx
第 2 章 | 岗位任免管理制度 .docx
第 2 章 | 人力需求申请表 .docx
第 2 章 | 岗位增补申请表 .docx
第 2 章 | 员工岗位调动申请表 .docx
第 2 章 | 岗位变动通知单 .docx
第 2 章 | 人力资源异动分析月报表 .docx

【人员供给需求分析】

第 2 章 | 人力资源供求失衡调整方法 .docx
第 2 章 | 人才储备管理制度 .docx
第 2 章 | 人力资源供给预测表 .docx
第 2 章 | 年度人员需求预测汇总表 .docx
第 2 章 | 人力资源需求预测表 .docx
第 2 章 | 管理人才储备登记表 .docx
第 2 章 | 人力资源需求分析表 .docx

【人力资源规划管理】

第 2 章 | 人力资源规划管理制度 .docx
第 2 章 | 风险评估管理制度 .docx
第 2 章 | 人力资源年度规划表 .docx
第 2 章 | 人力资源未来 6 年发展状况目标表 .docx

【人力资源管理费用预算】

第 2 章 | 人力资源预算编制管理制度 .docx
第 2 章 | 人力资源成本构成分析方案 .docx
第 2 章 | 人力资源管理费用预算执行表 .docx
第 2 章 | 年度公司人力资源各项费用预算额与实际发生额比对表 .docx
第 2 章 | 各部门薪酬标准表 .docx

招聘与配置管理：

招聘 + 面试 + 试用期 + 内部竞聘 + 晋升

【招聘与录用管理】

第 3 章 | 招聘管理制度 .docx
第 3 章 | 员工录用管理制度 .docx
第 3 章 | 招聘工作计划表 .docx
第 3 章 | 月度招聘需求统计表 .docx
第 3 章 | 应聘人员登记表 .docx
第 3 章 | 招聘费用估算表 .docx
第 3 章 | 录用决定表 .docx

【面试管理】

第 3 章 | 面试管理制度 .docx
第 3 章 | 笔试管理制度 .docx
第 3 章 | 面试通知单 .docx
第 3 章 | 面试记录表 .docx
第 3 章 | 面试成绩评定表 .docx
第 3 章 | 面试评估报告表 .docx
第 3 章 | 笔试成绩汇总表 .docx

【试用期评估】

第 3 章 | 员工试用期管理办法 .docx
第 3 章 | 员工转正管理办法 .docx

【内部竞聘与晋升考核】

培训与开发管理：

课程管理 + 培训需求 + 员工培训 + 培训考核

【培训课程管理】

【培训需求与员工培训管理】

【培训考核与员工能力评价】

绩效管理：

绩效管理 + 考核 + 应用 + 反馈 + 改进

【员工绩效管理】

【员工绩效考核】

【结果应用与绩效反馈】

第 5 章 | 绩效奖金考核表 .docx
第 5 章 | 员工奖惩建议申请表 .docx
第 5 章 | 员工奖惩月报表 .docx
第 5 章 | 绩效面谈改进计划表 .docx
第 5 章 | 绩效未达标改善计划表 .docx
第 5 章 | 绩效合约表 .docx
第 5 章 | 绩效考核申诉表 .docx

薪酬福利管理：

薪酬激励 + 福利及社保 + 出差和考勤管理

【薪酬激励管理】

第 6 章 | 员工提薪管理制度 .docx
第 6 章 | 员工核薪及升迁细则 .docx
第 6 章 | 薪酬与激励管理制度 .docx
第 6 章 | 薪资调整申请表 .docx
第 6 章 | 工资登记表 .docx
第 6 章 | 新员工职务工资核准表 .docx
第 6 章 | 工资扣缴表 .docx
第 6 章 | 工资分析表 .docx
第 6 章 | 工资预支申请表 .docx

【福利及社保管理】

第 6 章 | 福利管理制度 .docx
第 6 章 | 员工奖金管理制度 .docx
第 6 章 | 员工津贴管理制度 .docx
第 6 章 | 社会保险管理制度 .docx
第 6 章 | 抚恤金（丧葬费）申请表 .docx
第 6 章 | 津贴申请表 .docx
第 6 章 | 员工加班费申请单 .docx
第 6 章 | 员工福利申请表 .docx
第 6 章 | 福利发放记录表 .docx
第 6 章 | 住房补贴表 .docx
第 6 章 | 员工保险记录表 .docx
第 6 章 | 员工保险缴纳费统计表 .docx
第 6 章 | 保险缴费基数核定表 .docx
第 6 章 | 年度补充医疗保险费用结算报表 .docx

【出差和考勤管理】

第 6 章 | 员工出差管理制度 .docx
第 6 章 | 考勤管理制度 .docx
第 6 章 | 未打卡说明书 .docx
第 6 章 | 员工请假申请表 .docx
第 6 章 | 出差旅费报销清单 .docx
第 6 章 | 员工出差申请表 .docx
第 6 章 | 员工外出登记表 .docx
第 6 章 | 员工考勤记录表 .docx
第 6 章 | 一周出差预订报告表 .docx
第 6 章 | 部门领导出差动态表 .docx
第 6 章 | 调休申请表 .docx

员工关系管理：

员工管理 + 企业文化 + 劳动合同 + 离职退休

【员工管理与企业文化建设】

第 7 章 | 员工满意度管理制度 .docx
第 7 章 | 劳动争议处理管理制度 .docx
第 7 章 | 员工职业生涯规划制度 .docx
第 7 章 | 员工满意度调查表 .docx
第 7 章 | 劳动争议情况调查表 .docx
第 7 章 | 员工纪律处分登记表 .docx
第 7 章 | 员工职业生涯规划表 .docx
第 7 章 | 企业文化建设自查表 .docx

【劳动合同管理】

第 7 章 | 劳动安全卫生管理制度 .docx
第 7 章 | 劳动合同管理制度 .docx
第 7 章 | 签订劳动合同登记表 .docx
第 7 章 | 劳动合同顺延确认表 .docx
第 7 章 | 签订劳动合同明细表 .docx
第 7 章 | 员工劳动合同到期自评表 .docx

第1章

人力资源管理概述

一个企业要想更好、更长远地发展，必然离不开人力资源管理。何为人力资源管理呢？简单说来就是通过科学的方法，协调人与人以及人与事的关系，使人事相宜，让人的潜能得到充分发挥。人力资源管理作为一门新兴的学科，涉及非常多的知识，且仍在不断发展之中。本章主要对现代人力资源管理的概念、特点、功能以及各模块进行介绍。

1.1 现代人力资源管理

人力资源管理其实是从人事管理中发展演变而来的，在 20 世纪 70 年代之前，各企业都实行人事管理，直到 20 世纪 70 年代末期，才被人力资源管理理论取代。而后经过这些年的不断发展、成熟，才发展成如今的现代人力资源管理。

1.1.1 人力资源是什么

所谓人力资源管理，就是要对人力资源进行科学的管理。那么，人力资源是什么?

人力资源是指在一个国家或地区中，所有具备劳动能力的人口总和（包括未到劳动年龄和超过劳动年龄但拥有劳动能力的人口）。也可理解为是一定范围内的人所具有的劳动能力的总和。

在企业中，人力资源是指在一定时期内，企业全部人员所拥有的能够为企业所用，且能够创造价值的教育、能力、技能、经验和体力等的总称。

从上述定义可以总结出，人力资源既可以指拥有劳动能力的人口，也可以指区域内所有人口的各种劳动能力的总和。

1.1.2 什么是现代人力资源管理

无论是人还是物，都需要合理地管理，这样才能更好地发挥出其所具有的价值。人力资源不仅是企业发展的需要，还是企业核心竞争力的重要组成部分，因此就更需要对其进行科学的管理。

关于现代人力资源管理，国内外从不同的侧重面对其概念进行了不同的阐述，总共有综合揭示论、过程揭示论、现象揭示论、目的揭示论和实效揭示论 5 种。

其中，过程揭示论是从人力资源管理承担的职能以及其过程出发来进行解释，把人力资源管理看成是一个活动过程。而目的揭示论则是从人力资源管理的目的出发来进行解释，认为人力资源管理是借助对人力资源的管理来实现目标的一种行为。

在过程揭示论中，人力资源管理的概念被定义为运用现代化的科学方法，对与一定物力相结合的人力进行合理的培训、组织和调配，使人力、物力经常保持最佳比例。同时对人的思想、心理和行为进行恰当的诱导、控制和协调。充分发挥人的主观能动性，使人尽其才、事得其人、人事相宜，以实现组织的目标。

而在目的揭示论中，人力资源管理的概念被定义为企业运用现代管理方法，对人力资源的获取（选人）、开发（育人）、保持（留人）和利用（用人）等方面所进行的计划、组织、指挥、控制和协调等一系列活动，最终实现企业发展目标的一种管理行为。

企业根据发展战略的要求，有计划地对人力资源进行合理配置，通过对企业中员工的招聘、培训、使用、考核、激励和调整等一系列过程，调动员工的积极性，发挥员工的潜能，为企业创造价值，给企业带来效益。为了确保企业战略目标的实现，企业制定了一系列人力资源政策以及相应的管理活动。这些活动主要包括企业人力资源战略的制定，员工的招募与选拔，培训与开发，绩效管理，薪酬管理，员工流动管理，员工关系管理以及员工安全与健康管理等。

1.1.3　现代人力资源管理的特点

人力资源管理能够完全取代人事管理，必然有着非常大的优势与特点，使其能够帮助企业更好地发展。下面对现代人力资源管理具备的几个特点分别进行介绍。

◆ 以人为本

现代人力资源管理是以人为本的，它既要以事择人，又要为人设事，这样才能让员工积极主动地、创造性地开展工作。管理的过程中，要充分考虑每个人的不同个性、不同需求以及客观环境对人的影响等因素，合理配置人力资源，优化人事系统，使企业取得最大化的利润。

◆ 动态管理、人尽其才

现代人力资源管理认为人是最重要的资源，强调人员的全面发展，重视员工个人价值的实现与充分发挥。其属于动态管理，即通过科学的方法，根据企业的发展目标以及个人的意愿，为员工进行职业生涯规划，并持续对员工进行培训以及合理地配置，从而实现按需培养、适才而用，使人尽其才、才尽其用。

◆ 理性与感性化管理

现代人力资源管理既注重员工的价值，又充分考虑了员工的情感和自尊，是一种理性而又不乏感性的管理。做到以人为本，以激励为主，少而适当地使用惩罚；授权于人，而少命令于人；发挥每个人的特长，尽可能地体现每个人的价值。

◆ 双赢性与互惠性

现代人力资源管理重视互惠互利，以实现双赢为目的，强调管理应该既要使企业获取更好的绩效，又要使员工取得更多的回报与成长。即把企业的利益和员工的利益“共同化”，从而使员工更加积极主动。

◆ 创新性

现代人力资源管理注重创新性，力求不断创新和改善考核系统、测评系统等科学方法。根据企业现状和未来发展，人力资源管理往往被赋予了更多的企业变革职能。可以通过参与变革与创新，实施企业变革（如并购与重组、裁员以及业务流程再造等）过程中的人力资源管理实践，包括加强员工对于企业变革的适应能力，妥善处理企业变革过程中出现的各种人力资源问题，推动企业变革的进程，并以企业变革推动者的身份有计划、有目的地展开工作。

◆ 遵循市场规则

市场运行是现代人力资源管理的主体，因此，现代人力资源管理的行为会受市场机制的制约，而且必须遵循市场通行规则和人力资源管理自身特有的规律。

◆ 理论基础的学科交叉性

现代人力资源管理对于管理理论的科学性非常重视，注重跨学科的理论基础和指导，包括管理学、经济学、心理学、法学和社会学等多个学科。因此，对于从事现代人力资源管理人员的专业素质有了更高的要求。

◆ 战略性

现代人力资源管理的主要工作人员多为企业的决策层，能够参与企业的计划和决策。而作为企业战略决策的参与者，自然就更为了解企业的发展目标，从而更好地制定基于企业战略的人力资源规划和系统解决方案，将人力资源管理纳入企业的战略与经营管理活动中，使人力资源管理与企业战略相结合。

1.1.4　现代人力资源管理的工作内容

既然现代人力资源管理是企业必不可少的工作，那么它的工作内容有哪些？在现代人力资源体系中，人力资源管理的工作内容主要可分为 10 项，下面分别进行简单介绍。

◆ 职务分析与设计

调查相关信息，对企业中各个工作岗位的性质、结构、责任和工作流程，以及胜任该岗位的工作人员应具备的素质、知识和技能等进行分析，然后编写出职务说明书和岗位规范等人事管理文件。

◆ 人力资源规划

为了使企业稳定拥有一定质量和必要数量的人力资源，确保企业在需要时能及时获得所需人力资源，应将人力资源管理战略实化为中长期目标、计划、制度和政策措施，主要包括人力资源现状分析、人力资源供给、需求预测与平衡以及人力资源管理费用预算等。

◆ 员工招聘与配置

按照人力资源规划和工作分析的要求，为企业招聘优秀、合适的人才，并配置到合适的岗位上。

◆ 绩效考评

有目的、有组织的对日常工作中的员工进行观察和记录，定期对员工为企业做出的贡献和工作中取得的绩效进行考核和评价，并及时做出反馈。从而有效地对员工进行督促，使员工的工作绩效得到改善和提高，并为员工的培训、晋升和计酬等人事决策提供依据。

◆ 薪酬管理

对员工的基本薪酬、绩效薪酬、奖金、津贴以及福利等薪酬结构进行科学合理地设计与管理，从而达到薪酬激励效果，使企业员工更加主动和积极地工作。

◆ 员工激励

基于激励理论，通过科学的方法适当地对员工的各种需求给予不同程度的满足或限制，使员工从心理上认同企业，从而激发员工向企业所期望的目标而努力的热情。

◆ 培训与开发

合理安排员工进行必要的规章制度学习和知识技能培训，以提高公司员工及各部门团队，乃至企业整体的知识水平、能力、工作态度和工作效率，进一步对员工的智力潜能进行开发和利用，从而提高人力资源的贡献率。

◆ 职业生涯规划

关注员工个人的长远发展，为员工制订个人职业生涯规划，给予员工动力与期望，进一步激发员工的积极性、创造性。

◆ 人力资源会计

人力资源管理工作人员需要与财务部门合作，一同建立科学的人力资源会计体系，进行人力资源投资成本与产出效益的核算工作，从而给人力资源管理与决策提供重要依据。

◆ 劳动关系管理

科学管理员工与企业之间的劳动关系，妥善处理各种劳动纠纷、员工意见和建议等。组织企业文化建设并不断完善，开展企业文化交流活动，从而营造和谐的劳动关系以及良好的工作氛围，提供企业竞争力。

1.2 人力资源管理基础

对人力资源管理的概念、特点以及工作内容有了一定的认识后，还要学习人力资源管理的基础，如它的目标是什么，有什么作用或功能，在人力资源管理工作当中有哪些注意事项等。

1.2.1 人力资源管理的目标

人力资源管理的目标即是需要完成的职责和需要达到的绩效。通过前文的学习，读者对人力资源管理的目标应该有了大致了解。简单来说，就是要科学使用人力资源，获取人力资源的最大价值。

人力资源专家钟克峰先生认为，人力资源管理的目标主要有以下 3 个方面。

- ◆ 保证企业对于人力资源的需求始终能够得到满足。
- ◆ 最大限度地开发与管理企业内外的人力资源，促进企业持续发展。
- ◆ 维护与激励企业内部人力资源，最大程度地发挥出其具备潜能，使其个人能力得到应有的提升与扩充。

综上所述，人力资源管理既要考虑企业目标的实现，又要考虑员工个人的发展，强调在实现企业目标的同时实现个人的全面发展。

另外，如果要根据不同的侧重点对人力资源管理的目标进行划分，则可划分为 5 个目标，具体内容如表 1-1 所示。

表 1-1

项目	内容
经济目标	使人力和物力尽可能保持最佳比例并有机结合，人事相宜，获得最大化的经济效益
社会目标	为企业培养高素质人才，提高生产力，推动经济增长，以保证企业的可持续发展
个人目标	通过对员工进行职业生涯规划、知识技能培训和潜能开发，使员工个人专业知识和能力得到提高，并使员工融入企业、实现价值
技术目标	持续完善和充分使用素质测评、工作职务分析等技术手段和方法，并以此作为强化和提高人力资源管理工作的前提和基础
价值目标	通过合理地开发与管理，实现人力资源的精干和高效

1.2.2　人力资源管理的功能

人力资源管理的概念、内容、特点和目标等是必须掌握的基本知识，而企业最关心的往往是通过人力资源管理能获得什么样的利益，或者说人力资源管理有些什么样的功能。

（1）获取人才

人力资源管理部门可以根据企业目标进行工作分析、人力资源规划等工作，确定企业所需员工的条件，然后通过招聘、考试、测评和选拔等活动获取企业所需人才。

（2）整合

通过企业文化的建设和完善、员工关系管理以及矛盾纠纷处理等一系列活动，让企业员工的个人目标与企业目标相匹配，使员工的行为、态度与观念都与企业高度协调、统一，从而充分发挥人力资源价值，提高企业的生产力和效益。

（3）保持员工积极性

通过人力资源管理工作中的薪酬、考核和晋升等一系列管理活动，建立公平、公正的竞争环境以及和谐的劳资关系，从而保持员工的积极性、主动性以及创造性。维护员工的合法权益，保证员工在工作场所的安全和健康，有相对舒适的工作环境，从而使员工安心满意的工作。

（4）员工评价

通过工作评价、绩效考核和满意度调查等方法对员工劳动成果、劳动态度、技能水平以及其他方面进行全面的考核、鉴定和评价，为对其作出相应的奖惩、升降和去留等决策提供依据。

（5）共同发展

通过对员工进行培训、职业生涯规划、开发以及使其工作丰富化，促进员工知识、技巧等各方面素质的提高，使其劳动能力得到增强和发挥。最大限度地实现其个人价值和对企业的贡献率，达到员工个人和企业共同发展的目的。

1.2.3 人力资源管理的注意事项

人力资源管理是一项复杂而重要的工作，企业在进行人力资源管理时有许多需要注意的问题。如表 1-2 所示，具体介绍了一些人力资源管理的注意事项，以供参考。

表 1-2

注意事项	内容
人力资源管理的 3 个衡量标准	人力资源管理者必须将自己视同企业经营者，以 3 个标准来衡量自己的工作，分别是利润、成本和时间。即在对人力资源管理项目进行规划或实施时，必须考虑项目的人力资本和企业经济指标，并以成本和利润为中心，通过人力资源工作为企业创造利润；必须尽可能的为企业降低或控制成本；必须注意时间，讲究时效
任何事都应当先规划再执行	在人力资源管理工作中，最重要的一件事就是人力资源规划，制订符合实际的人力资源规划是人力资源管理成功的唯一基础。在进行人力资源规划时，管理者切忌闭门造车，必须请相关人员共同商讨，以制订详细而系统的人力资源管理项目。而当实际情况有所改变时，人力资源管理者应该制订一个新的计划以应对来自企业内部或外部的环境变化。作为人力资源管理者，最重要的一项工作内容便是规划、规划、再规划

续表

注意事项	内容
人力资源经理应该熟悉企业经营	人力资源管理部门的经理可以不是企业中的技术专家，也可以不是销售能手，但作为一个合格的人力资源经理，对企业经营运作的每一环节都必须熟悉，甚至需要成为企业的业务专家。即人力资源管理者必须对于企业业务有深刻理解，熟知其运作方式以及流程，需要知道哪些地方是企业业务的关键点，又有哪些地方可能存在问题，并清楚地知道人力资源与这些地方存在着怎样的联系
目标应可以度量且能被证实	企业的经营者和决策层都注重数与量，他们最关心的是企业的利润、成本、市场份额和销售额等，在与其交流人力资源时应该较多地运用他们的语言。例如，当员工满意度提高一个百分点，企业效率就可以提高几个百分点，而成本就将因此降低几个百分点，每年能给企业多创造多少万元利润等诸如此类有实际数量的语言，应该经常出现在人力资源规划和计划中
人力资源目标和计划必须生动形象	企业的每个部门都是非常忙碌的，都有自己的工作压力，这往往会让他们忽视人力资源的管理。再加上他们很可能没有接受过人力资源管理方面的相关知识培训，因而无法理解人力资源管理者要表达的思想、观念以及要求。因此，人力资源的目标和计划必须非常生动、具体和形象，比如财务数据、图表等
采用渐进的方式逐步实现目标	作为企业的人力资源管理者，即使发现企业的人力资源管理状况很不理想，如论资排辈、沾亲带故、计划混乱和人员离职率高居不下等，也依然需要循序渐进地实现目标，并且每实现一个目标就要进行一次评估，确保所有参与人力资源项目管理的人都能从中得到鼓励
人力资源管理应该得到决策层和经营者的支持	不涉及到利益和权力调整的人力资源规划方案是没有价值的，除了浪费企业人力和财力之外，不会起到任何作用。然而，一旦涉及到利益和权力调整，如果不能得到企业决策层和经营者的支持，那也只是人力资源管理者的纸上谈兵，没有意义了
要想获得成功必须对目标进行透彻的分析	不同的企业，由于规模、行业性质不同，发展阶段不同，人力资源管理的方法也多种多样。同样的工作在不同的企业也可能取得截然不同的结果。所以，人力资源管理者必须进行需求分析，并根据企业实际需要来制定人力资源目标。而在进行人力资源需求分析和制定人力资源目标的过程中，一定要与企业的各个部门以及企业的经营者和决策层进行充分地沟通

续表

注意事项	内容
人力资源管理经理应当责权对等	作为人力资源管理部门的经理，需要对企业员工管理的结果负责。因此，人力资源经理也需要有足够的权利来承担其相应的责任。而在许多时候，权利尤为重要，如获取或协调资源时，就需要有相关部门的配合和支持才行
让所有人都主动介入人力资源管理	人力资源管理是整个企业的工作，而人力资源管理部门的工作人员在整个人力资源管理工作中只是充当推动者和指导者的角色，真正执行这些工作的应该是各个直线经理和全体员工
视企业所有人员为客户	人力资源管理者应该将企业的所有员工（包括企业经营者在内）看成自己的客户，而自己工作的终极目标就是使所有客户满意。然而，不同客户的需求是不同的，为了使尽可能多的客户满意，进行必要的客户管理也非常重要，如对客户进行分类、对客户进行培训等
向企业管理决策者传递一种紧迫感	企业的人力资源状况在很大程度上决定着企业的经营目标是否能够实现。然而企业的人力资源是有限的，而且是具有流动性的。所以，人力资源管理者必须时时向决策者和直线经理们提醒企业人力资源中存在的问题，以及有可能导致的严重后果，并向他们提出专业的建议和解决方案

1.3 人力资源管理六大模块概述

根据企业人力资源管理工作所涵盖的内容，对人力资源管理进行一种总结和划分，可以将其划分为6个模块，分别是人力资源规划、招聘与配置、培训与开发、绩效管理、薪酬福利管理和员工关系管理。

提示：人力资源管理六大模块之间的关系

人力资源管理的各大模块的工作侧重点虽然各有不同，但各模块是紧密联系的，它们就像生物链一样，缺失其中任何一个环节都会使整个系统失去平衡。六大模块通过相互衔接、相互作用和相互影响，形成人力资源管理的有效体系。因此，人力资源管理工作是一个有机的整体，各个环节的工作任务都必须到位，同时还要根据不同的情况，不断地调整工作的重点，才能保证人力资源管理的良性运作，并支持企业战略目标的最终实现。

1.3.1　人力资源规划

人力资源管理的第一个模块是人力资源规划，它是人力资源管理的起点，主要通过规划帮助企业预计未来的人员需求数量及基本素质构成。这一模块是人力资源管理的基础工作，是人力资源管理的根基。

人力资源规划也可以称为人力资源计划，是指为了实施企业的发展战略，完成企业的生产经营目标，根据企业内外环境和条件的变化，通过对企业未来的人力资源供需情况的分析及估计，运用科学的方法进行组织设计。对人力资源的获取、配置、使用和保护等各个环节进行职能性策划，制定企业人力资源供需平衡计划，以确保企业在需要的时候获得各种必需的人力资源，保证人事相宜、事得其人，从而实现人力资源的最大化效益，有效激励和开发员工的主观能动性。

（1）人力资源规划的目的

在人力资源管理工作中，任何事情都有着明确的目的，而人力资源规划的目的可以分为4点，具体介绍如表1-3所示。

表1-3

目的	内容
规划人力发展	人力预测、人力增补和人员培训是紧密联系、不可分割的，三者都是人力发展的内容。人力资源规划是人力发展的基础，因此，人力资源规划工作既要分析人力现状以了解人事动态，又要预测未来人力需求以制定人员增补和培训计划

续表

目的	内容
人力资源的合理运用	很少有企业的人力资源配置是完全符合理想状态的。通过人力资源规划可以改善和避免人力资源分配不均的情况，从而使人力资源配置更加合理化，达到人力资源合理利用
配合企业发展的需要	每个企业都需要不断地追求生存和发展，而生存和发展的主要因素是人力资源的获取与运用。进行科学合理的人力资源规划，可以在保证质量的情况下，适时且适量地使企业获得所需的各类人力资源
降低用人成本	企业的业务、机器设备、技术革新、组织工作制度和员工能力等因素都会对企业的结构和用人数量产生影响。分析企业现有人力资源，找出影响人力资源有效运行的原因是人力资源规划的重要内容，以保证人力资源管理充分发挥其功效，降低企业用人成本

（2）人力资源规划的作用

人力资源规划作为人力资源管理的第一大模块，其作用自然也是十分重要的。下面对人力资源规划模块的 5 个较为突出的作用进行介绍。

◆ 满足企业总体战略发展的要求

人力资源规划是企业发展战略的重要组成部分，同时也是实现组织战略目标的重要保证。

◆ 确保企业对人力资源的需求

人力资源部门通过分析企业未来的人力资源需求和供给之间的差距，进行各类人力资源规划，从而满足企业对人力资源的需求。

◆ 确保人力资源管理活动有序化

人力资源规划是企业人力资源管理工作的基础，它由总体规划和各种业务计划构成，能够为管理活动（如预测企业未来对人员的需求量、供给量、调整职务和任务以及员工培训等）提供可靠的信息和依据，进而保证人力资源管理活动的有序进行。

◆ 有利于调动员工的积极性和创造性

在人力资源规划的条件下，可以使员工对自己可满足的东西和满足的水平有明确的认知，从而激发员工的工作积极性，并持续保持。

◆ 有利于控制人力资源成本

对于人力资源规划方案的实施成本及其带来的效益，可以通过人力资源规划进行预算，从而避免在企业的发展过程中由于人力资源浪费和不合理使用而造成的人工成本过高的问题。通过人力资源规划预测企业人员的变化，调整企业的人员结构，把人工成本控制在合理的水平上。

1.3.2 招聘与配置

在进行人力资源规划后，就要根据规划的内容，招聘企业需要的、优秀的人才，并配置到合适的岗位上，这就是人力资源管理的第二大模块——招聘与配置。

（1）招聘工作的要求

在为企业招聘人才时，不能毫无章法，什么人都招聘到企业中。以下是某企业的一些招聘要求，可供参考。

◆ 符合国家有关法律、政策和本国利益。

◆ 坚持平等竞争、专业对口、择优录用和亲属回避四项原则。

◆ 在招聘中应坚持平等就业。

◆ 要确保录用人员的质量。

◆ 要根据企业人力资源规划工作需要和职务说明书中应职人员的任职资格要求，运用科学的方法和程序开展招聘工作。

◆ 努力降低招聘成本，注意提高招聘的工作效率。

（2）招聘的方法

员工的招聘方法可以分为内部招聘、外部招聘、校园招聘和网络招聘4种，各种招聘方法既有其优势所在，也存在一定的不足之处，可以根据实际情况选择合适的方法进行招聘。如表1-4所示为4种招聘方法的介绍。

表1-4

招聘方法	优势	不足
内部招聘	准确率高，适应较快，激励性强，费用较低（高层管理者特别重视内部选拔）	产生矛盾与不利（竞争失败的员工心灰意冷，部门之间互挖人才不利于团结），近亲繁殖（团体思维，抑制创新），裙带关系（小团体主义），培训麻烦（被提拔的员工，填补该员工留下的空缺），超越能力胜任的岗位
外部招聘	带来新思想和新方法（特别是高层管理人员的引进），有利于招聘一流人才（稀缺的复合型人才），起到树立形象的作用	筛选难度大，时间长，进入角色慢（长时间培训，成本增加），招募成本大（中介，物力财力），决策风险大，影响内部员工的积极性
校园招聘	刚毕业的学生具有可塑性，很容易接受组织文化，能很快融入企业，阻力相对较小。学生是最具发展潜力的人群，用于评价其潜质的信息相对完整，可信度较高，从而能提高人员招聘的质量	大学毕业生缺乏工作经验，学生往往对走上社会的工作有不切实际的估计，对自己的能力也缺乏准确的评价
网络招聘	成本低，方便快捷，选择幅度大，涉及范围广，不受地点和时间的限制，应聘者的求职申请书、简历等重要资料处理起来更便捷	信息真实度低，服务体系差，信息处理难度较高，成功率较低

提示：选择招聘渠道的步骤

招聘的渠道多种多样，根据企业的人才需求不同，招聘岗位的不同，需要选择不同的渠道进行招聘工作。要选择合适的招聘渠道，可以参考如下步骤：①分析企业的招聘要求；②分析招聘人员特点；③确定合适的招聘来源；④选择适用的招聘方法；⑤选择对应的媒体发布信息；⑥收集应聘者资料。

（3）人员配置的形式

随着人力资源管理理论的不断成熟，对于企业人员的配置问题，也逐渐形成了较为成熟的配置形式。如表 1–5 所示为人力资源管理中 5 种人员配置形式的介绍。

表 1–5

配置形式	介绍
人岗关系型	此配置类型是一种根据员工与岗位的对应关系进行配置的形式。对企业内各部门各岗位的人员质量，可在人员管理过程中的各个环节得到保证。对企业内部来说，这种类型中的员工配置方式大致有：招聘、轮换、试用、竞争上岗、末位淘汰和双向选择
移动配置型	移动配置型是一种从员工相对岗位移动进行配置的形式，即是通过员工相对岗位的上下左右移动来保证企业内的每个岗位人员的质量。此类型具体表现形式大致有 3 种：晋升、降职和调动
流动配置型	这是一种从员工相对岗位的流动进行配置的类型。此类型保证企业岗位人员质量是通过人员相对企业的内外流动实现的。这种配置形式具体表现为 3 种方式：安置、调整和辞退
个人—岗位动态匹配型	个人—岗位动态匹配型是结合以上 3 种人员配置形式，合理地进行组织内部人员配置，以个人—岗位关系为基础，对组织人员进行动态的优化与配置
个人与组织发展匹配型	这种配置类型即是个人与企业发展相匹配，一方面，需要个人的价值观与企业所奉行的价值观相近或一致；另一方面，需要个人与同事之间形成强有力的工作团队，表现出强大的团队合作能力

1.3.3　培训与开发

人才已经配置到岗了，如何使其快速适应并掌握工作技能？对于老员工，又如何开发其职业能力？这就要看人力资源管理的第三大模块——培训与开发。关于此模块，核心就是“育”，培养企业自己的人才，开发其更多的潜能，对企业长远发展尤为重要。

（1）企业员工培训规划

做事之前先规划是很有必要的，企业员工培训亦是如此。企业员工培训规划即是在培训需求分析的基础上，从企业发展战略的全局出发，对培训的相关内容进行统一安排。

企业员工培训规划的主要内容有 6 点，其相关介绍如表 1-6 所示。

表 1-6

内容	介绍
培训的范围	企业员工培训的范围一般包括 4 个层次：企业、部门、基层（班组或项目小组）和个人
培训的规模	影响因素有培训的性质、场所、人数、工具以及费用
培训的时间	影响因素有培训的内容、对象、范围、方式和费用
培训的费用	培训的费用又分为直接培训成本和间接培训成本。其中，直接培训成本是指在培训实施过程中的一切费用，包括教师的费用、学员的交通费食宿费、教室设备的租赁费、教材印发购置的费用等；间接培训成本是指培训实施过程之外企业所支付费用总和，包括培训项目的设计费用、培训项目的管理费用、培训对象受训期间的工资和福利以及培训项目的评估费用等
培训的方法	培训的方法是实现培训规划各项目的重要保障，主要包括在职学习、离职培训、边实践边学习、分散方式和集中培训等
规划的实施	规划的实施即是要选好培训班的负责人和管理人，做好协调工作等

而根据规划的内容，可以将培训规划分为 3 种类型，其相关介绍如表 1-7 所示。

表 1-7

规划类型	介绍
战略规划	战略规划是根据企业的竞争战略和发展战略制订的，是企业员工培训的总方向、总目标和总任务，起着全局性的指导和控制作用
管理规划	管理规划是支持性规划，内容主要包括企业培训目标的细化、部门培训规划和培训实施工作方案等
其他规划	其他规划包括培训需求分析规划、培训开发项目规划、职能部门的培训规划、教学资源规划、培训课程规划、培训开发的资金投入规划和培训开发的评估规划等

（2）培训与开发的作用

企业进行人力资源管理的目的一定是为了让企业更好、更快地发展，那么培训与开发模块对于实现人力资源管理的目的起着什么作用呢？下面对培训与开发的主要作用进行介绍。

◆ 帮助员工胜任本职工作

企业通过对员工进行培训可以使其具有做好本职工作的条件、资格和能力。对新员工进行入职培训，可以帮助其快速掌握企业的各项规章制度、企业战略和方针政策等；对新员工进行知识和技能的培训，可以帮助其掌握工作要领和工作程序与方法；而对老员工进行培训与开发，则可以使其专业技能和能力得以提高、完善和充实，为工作轮换或晋升创造条件。

◆ 提高企业或个人的绩效

当企业或个人的工作绩效未到达期望值时，可以通过培训与开发较大程度上提高工作绩效水平。此外，为了适应新的技术要求，改变原有的工作方式，培训与开发也能发挥相应的作用。

◆ 增强企业或个人的适应能力

在飞速变化的环境中，只有具备很强的适应能力，企业才能拥有持续的生命力，而培训与开发正是为人力资源方面提供保证。重视对企业员工的培训与开发，可以使员工素质始终保持在一个较高的水平上，从而满足企业发展对人力资源的需求。

◆ 增强员工对组织的认同感和归属感

通过培训与开发能让员工正确认识自身的价值，且提升自身的能力，明白企业对自己的重视，从而提升员工对企业的认同感和归属感。如此，员工的能力和潜能才能得到真正发挥，进而提高其工作效率。

1.3.4 绩效管理

绩效考核是人力资源管理的核心模块，好的绩效管理能够有效地激励人才、留住人才，这也是企业和员工最关注的模块之一。

（1）绩效管理实施步骤

绩效管理作为企业人力资源管理的核心模块，必须有条不紊地实施。下面对绩效管理的实施步骤进行简单介绍。

◆ 第一，获得企业决策层支持。

◆ 第二，提交考核思路。

◆ 第三，制定绩效考核指标。

◆ 第四，各岗位员工签字确认。

◆ 第五，确认执行绩效考核的周期。

◆ 第六，考核结果要求员工签字确认。

提示：绩效目标设计原则

绩效考核目标的制定不能天马行空，在设计时应遵循如下几个原则：①团队战略目标必须清晰、具体；②目标必须可量化、可衡量以及可分级；③目标既要具有挑战性，又要有可完成性；④目标要企业和员工能结合；⑤有时限要求，可分步衡量；⑥目标必须与利益和晋升挂钩。

（2）绩效管理的作用

绩效管理的最终目标是为了实现企业的目标，那么其在企业实现经营目标的过程中能起到什么作用呢？下面对绩效管理的作用进行介绍。

- 可以将企业的经营目标转化为详尽的、可测量的绩效标准。
- 将企业宏观战略发展目标具体到每个员工的工作职责与目标中。
- 用量化的指标追踪跨部门的、跨时段的绩效变化。
- 帮助及时发现问题，分析实际绩效未到达预期目标的原因。
- 可以使企业的关键能力和不足之处一目了然。
- 为企业经营决策和执行结果的有效性提供重要依据。
- 鼓励团队合作精神。
- 为制定和执行员工激励机制提供依据。

（3）绩效考核的作用

企业绩效管理中较为重要的一项工作就是员工绩效考核，即对企业的员工及其工作状况进行评价，对员丁的工作结果，通过评价体坝其在组织中的相对价值或贡献程度。对于企业来说，科学的绩效考核机制有以下一些作用。

- 为员工培训需求分析提供依据。
- 为员工的晋升、降职等人事调整提供有力依据。
- 为对员工进行薪酬调整提供重要依据。
- 将工作成果与目标比较，考察员工工作绩效如何。
- 员工之间的绩效比较。
- 能够激励员工，提升员工积极性。
- 改善和提高企业绩效。

（4）绩效管理过程中常见的误区

绩效管理是企业人力资源管理中非常重要，也非常需要技术含量的一个模块。正因为其技术含量要求较高，也就容易导致在进行绩效管理时出现错误。下面对绩效管理过程中常见的误区进行介绍。

- 强调绩效考核而忽视绩效管理。
- 强调被考核者而忽视了考核者。
- 强调基层考核而忽视高层考核。
- 强调逐年提升而忽视平稳发展。
- 强调量化指标而忽视质化指标。
- 强调考核分数而忽视绩效面谈。
- 强调考核力度而忽视绩效评析。
- 强调事事考核而忽视信任法则。
- 强调年终考核而忽视日常考核。
- 强调部门效益而忽视整体效益。
- 强调末位淘汰而忽视优秀底线。

1.3.5 薪酬福利管理

薪酬福利管理这一模块同样是人力资源管理体系中的核心部分，它是员工用于衡量企业最重要的标尺。完善的薪酬福利机制能够很好地激励员工，更能为企业吸引优秀的人才。对于稍具规模的企业，薪酬福利体系尤为重要。

提示：薪酬福利制度的制订步骤

做好薪酬与福利管理对企业而言至关重要，而要做好薪酬福利的管理，需要根据实际情况制定系统、科学的薪酬福利管理制度和实施方案，可参考以下步骤进行制订：①制定薪酬策略；②工作分析；③薪酬调查；④薪酬结构设计；⑤薪酬分级和定薪；

⑥薪酬制度的控制和管理。

（1）薪酬的形式

一般情况下，企业会将员工的薪酬分为多种形式，如基本工资、绩效工资等。如表 1–8 所示为 4 种薪酬福利形式的介绍。

表 1–8

薪资形式	介绍
基本薪资	基本薪资是企业为员工已完成的工作而支付的基本现金薪酬。它主要反映的是该岗位工作或技能的价值，而往往忽视员工之间的个体差异。某些薪酬制度把基本工资看作是员工所受教育以及所拥有技能的一个函数
绩效工资	是对员工过去工作行为和已取得成就的认可，作为基本工资之外的增加，绩效工资往往随员工业绩的变化而调整
激励工资	激励工资和业绩直接挂钩，一般讲激励工资分为长期激励工资和短期激励工资。其中，长期激励工资把重点放在员工多年努力的成果上；而短期激励工资，则通常采取非常特殊的绩效标准
福利和服务	福利和服务主要包括休假（假期）、服务（医药咨询、财务计划和员工餐厅等）和保障（医疗保险、人寿保险和养老金等）。在现在的薪酬福利管理体系中，福利越来越成为薪酬的一种重要形式

（2）薪酬管理的规避原则

薪酬是激励员工最重要的方法，科学合理的薪酬体系对企业的发展有着非常大的帮助。那么，要做好薪酬管理应该注意哪些问题，或者说在薪酬管理过程中有哪些规避原则。下面列举几个常见问题，应引以为戒，尽量避免。

◆ 薪酬水准低于行业水准、市场水准

企业的薪酬水准会受到行业和市场水准较大的影响。如果一个企业自身的薪酬水准低于行业和市场水准，而又没有与之相配合的措施（如有吸引力的福利、舒适的工作环境和有价值的培训机会等），员工就很容易流失，从而直接或间接地影响企业的经济效益和发展目标。

◆ 执薪不公，未做到同工同酬

如果企业中存在同工不同酬的情况，部分员工会认为自己受到不公正的待遇，从而减少自己的工作投入，降低努力程度，有的甚至会辞职。而无论该员工是否是企业的核心员工，其辞职或多或少会对企业造成损失，尤其是一名核心员工的辞职将会给企业造成较大的损失。

◆ 劳逸不均，人力资源运用不当

如果企业中有部分员工忙得不可开交，而有的员工却整天无所事事，但他们的薪资水平却相差甚微，这必然是薪酬管理系统存在问题。

◆ 管理层薪酬远远高于基层员工

如果出现这种情况，企业的主体成分（即基层员工）与管理层的关系将会疏远甚至僵化，基层员工会情绪低落，导致企业士气下降，整个企业将呈现出死气沉沉的局面。

◆ 没有依据的绩效调薪，或绩效评核不公平

毫无根据地随意调薪，或绩效评估不公正，都会导致企业员工对企业的薪酬系统产生怀疑，甚至不满。

◆ 薪资拖延发放，计算经常出错

不按时发放薪资、薪资计算经常出错等情况，都会导致员工质疑企业的信用，很可能会使企业名誉遭受损失，也可能使外部投资者对该企业丧失信心。

◆ 企业利润未能与员工适当分享

企业利润如果分给员工过少或没分，则可能导致员工不满，影响员工工作的积极性；而如果分得过多，企业自身留取的盈余可能无法满足长远

发展的需要，与前者相比，企业的损失更大。

（3）福利管理中的常见错误

与薪酬管理相同，福利管理也非常重要。如果企业的福利管理做得不好，同样会使员工产生负面情绪，从而直接或间接影响到企业的运营和发展。如表1-9所示为福利管理过程中容易出现的错误和问题。

表1-9

错误形式	介绍
平均福利	平均福利即是企业不论何种性质的福利都进行平均分配，不考虑员工岗位差别、贡献大小，做到人人有份，没有份额差别。这种福利分配方法在表面看来非常公平，实则恰恰是最大的不公平
秘密福利	这种福利分配方式表面看似在收拢企业核心人员，实则是在间接驱赶企业其余大部分员工。远远不如正大光明地给予对企业有足够贡献的员工福利，以此鼓励有贡献的员工，同时也激励其余员工积极主动工作
职务福利	所谓职务福利即是把福利与所担任的职务挂钩，不问其工作绩效的实际贡献，只要是担任了这个职务，就可以享有与该职务相应的一切福利。想当然地认为，工作做好了就是领导者的成绩，福利自然也应该优先。这种现象的出现，会使这些担任管理职务的员工越来越不作为
关系福利	所谓关系福利，即是由于福利有利可图，使极少数管理人员将其作为拉拢关系的筹码。关系好的，就分配福利；关系越好，福利越多，福利甚至被用来交易，以此福利换彼福利。本是大家的福利，却被少数人演变成私人的福利

1.3.6 员工关系管理

员工是企业发展的支柱，对员工与企业的各种关系进行科学管理，可以有效提升用人效率，这也是人力资源管理中非常重要的一个部分。

（1）员工关系管理的主要内容

员工关系管理模块的工作内容相对比较繁杂，也具有很强的挑战性，往往影响着整个企业的工作氛围。如表 1–10 所示是此模块的主要工作内容介绍。

表 1–10

工作内容	介绍
劳动关系管理	劳动关系管理主要是处理劳动争议，对上岗和离岗员工进行面谈及办理相关手续，处理员工申诉、人事纠纷和意外事件
员工人际关系管理	员工人际关系管理主要工作是引导企业员工建立良好的工作关系，建立益于员工正式人际关系的工作环境
员工纪律管理	引导员工遵守企业的各项规章制度、劳动纪律，提高员工的组织纪律性，在一定程度上对员工行为规范进行约束
沟通管理	提供并保证员工与领导层沟通渠道的畅通，引导和促进企业各层级之间及时地双向沟通，完善员工建议制度
员工情况管理	周期性地对员工的心态、满意度进行调查；预防和检测谣言、怠工等情况，并及时处理；解决员工关心的问题
员工关系管理培训	开展并组织员工进行人际交往、沟通技巧等方面的培训
企业文化建设	建设健康向上、积极主动的企业文化，正确引导员工的价值观，维护企业的良好形象
服务与支持	为员工提供有关国家法律、法规、企业政策和个人身心等方面的咨询服务，协助员工平衡工作与生活，促进员工身心健康

（2）如何更好地进行员工关系管理

企业的发展离不开员工的努力，因此必须做好员工关系管理，保证员工对于企业的满足度和归属感。如何加强以及更好地进行员工关系管理，这里给出以下 5 点建议，可供参考。

◆ 人力资源管理机制优化

人力资源管理机制能最直接的体现出企业的员工关系。企业的大部分人才都是通过人力资源部门进行招聘而来的，在人才观上，企业必须是清晰明确且强有力的。人力资源管理机制应该把员工利益与企业利益进行统一化，实现共同利益、共同目标。

◆ 建立有效的信息渠道

如果企业的决策层获得的信息准确度不高，就无法在决策的过程中正确地对员工关系现状和未来的发展趋势做出判断。因此，企业不仅需要建立正式的报表系统，还需要建立非正式的信息渠道，以此保证信息渠道有效且畅通。

◆ 让员工参与管理

无论是什么性质的企业，都必须重视员工对于管理的参与。员工参与管理首先要确保员工的意见表达。其次，优化与员工个体利益切实相关的流程和制度，这是让员工更快接受管理方案的过程，也是使员工和企业决策统一利益的过程。

◆ 建立员工援助计划

可以由企业的利润和每一个员工的捐献共同组成援助基金，然后由人力资源管理部门组织援助计划，并保障计划的执行。需要注意的是，必须明确援助标准，即什么人有资格享受什么水平的援助，援助计划的实施过程也需要公开透明，还要重视援助的实施与监管。

◆ 慎重处理裁员时的员工关系管理

企业并不是不能进行裁员，但裁员一定要慎重，因为它对企业文化的伤害是巨大的。把人员冗余和企业发展相结合，变废为宝，才是企业最正确的做法。

（3）员工关系管理的常见问题

在员工关系管理过程中，也会存在一些比较常见的问题，管理者应该及时发现并妥善处理。以下是员工关系管理工作中存在的较为普遍的问题，管理者需要引起注意。

◆ 员工与企业之间缺乏、甚至没有共同的目标和愿景，导致员工关系管理的起点不清晰。

◆ 各部门经理是员工关系管理的首要责任人，是员工关系管理中的主体。如果这一理念没有得到确认，员工关系管理工作就容易出现问题。

◆ 没有科学和完善的激励、约束机制对员工进行管理，导致员工关系管理在根本上缺失。

◆ 企业过分重视短期利益，没有考虑长远目标，从而淡化了企业内部员工关系管理的是非标准。

◆ 企业与员工之间的“心理契约”失效，即员工需求的实现程度过低，从而导致员工关系管理失去核心支撑。

第2章

人力资源规划：

组织机构＋需求分析＋规划管理＋费用预算

人力资源规划是人力资源管理的基础，一个企业的人力资源管理工作的开始必然是进行人力资源规划。本章主要对人力资源规划工作中会涉及的一些规范、制度以及表格等进行介绍。

2.1 人力资源规划工作岗位体系

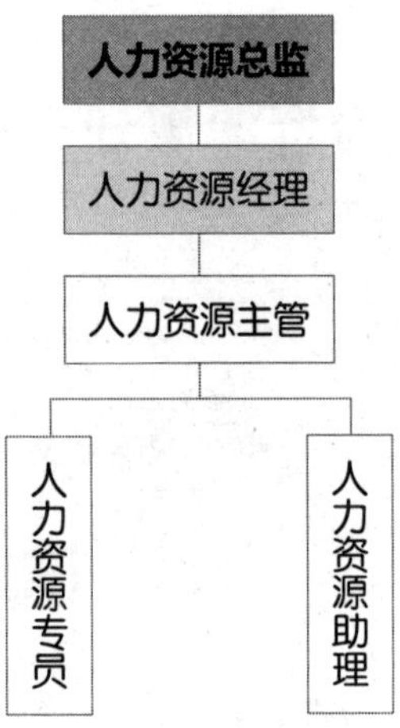

2.2 人力资源规划工作岗位配置及岗位职责

2.2.1 人力资源总监

岗位名称：人力资源总监

直属上级：总经理、董事长

直接下级：人力资源经理

岗位职责	1. 全面统筹规划公司人力资源发展战略，开发短、中、长期人力资源，合理调配公司的人力资源。 2. 向公司高层提供有关人力资源战略、组织建设等方面的建议，致力于提高公司的综合管理水平。 3. 组织分析评估人力需求，制定招聘计划、招聘策略及招聘工作流程。 4. 负责推动人才管理项目，包括领导力发展模型的建立与持续优化、高潜质人才选拔标准建立、核心人才评价、核心人才激励与培养、人才梯队与继任管理工作。 5. 构建和完善适应公司发展需要的人力资源管理体系（招聘规划、培训规划、绩效管理、薪酬福利、员工激励、员工发展、员工关怀和保留等模块），负责对人力资源相关模块工作的管理、执行、监督和完善。

岗位职责	6. 负责建立精干高效的培训组织体系，组织完善培训管理制度，提供系统有效、有针对性、可持续提升和前瞻性的培训；监督各部门制定的员工培训工作计划，审核培训计划，检查落实情况。 7. 负责制定适合公司发展的薪酬福利体系和管理制度，建立动态的薪酬管理体系。 8. 负责分解公司战略目标，制定有效的绩效管理体系和制度，组织开发与建立考核信息系统，指导各部门开展绩效考核工作，合理运用绩效结果，撰写分析方案。 9. 负责员工关系管理，建立员工职业生涯规划平台。 10. 组织制定人力资源工作发展规划与预算方案，有效并合理控制人力预算，并监督各项计划的实施。
任职资格	1. 人力资源管理或相关专业统招本科以上学历。 2.5 年以上行政人事管理经验，3 年以上人力资源总监或人力资源部经理工作经验。 3. 了解现代企业人力资源管理模式，拥有实践经验，对人力资源管理各个职能模块均有较深入的认识，熟悉国家相关的政策、法律法规。 4. 有很强的计划性和实施执行的能力；有亲和力，很强的激励、沟通、协调和团队领导能力。 5. 具备良好的人际交往能力、组织协调能力、沟通能力以及解决复杂问题的能力。 6. 具有丰富的人脉和人力资源储备信息。 7. 具备良好的职业道德，责任心强，为人诚实，原则性强，能够承受一定的工作压力。

2.2.2　人力资源经理

岗位名称：人力资源经理
直属上级：人力资源总监
直接下级：人力资源主管

岗位职责	1. 参与制定人力资源规划，为公司人力决策提供人力资源建议和信息支持。 2. 组织制定、执行以及监督公司人事管理制度。

岗位职责	3. 根据部门人员需求情况，提出内部人员调配方案（包括人员内部调入和调出），经上级领导审批后实施， 4. 促进人员的优化配置。 5. 与员工进行积极沟通。 6. 制定招聘计划、招聘程序，进行初步的面试与筛选，做好各部门间的协调工作等。 7. 根据公司对绩效管理的要求，制定评价政策，组织实施绩效管理，并对各部门绩效评价过程进行监督控制。 8. 及时解决其中出现的问题，使绩效评价体系能够落到实处，并不断完善绩效管理体系。 9. 组织员工岗前培训、协助办理培训进修手续。 10. 配合各部门各职系人员发展体系的建立，做好人员发展的日常管理工作。 11. 完成领导交办的其他工作。
任职资格	1. 本科以上学历，人力资源管理或相关专业毕业。 2. 受过现代人力资源管理技术、劳动法规、财务会计知识和管理能力开发等方面的培训。 3. 有 5 年以上人力资源管理相关工作经验。 4. 对现代企业人力资源管理模式有系统的了解和实践经验积累，对人力资源战略规划、人才的发现与引进、薪酬设计、绩效考核、岗位培训、福利待遇、公司制度建设、组织与人员调整、员工职业生涯设计等具有丰富的实践经验。 5. 对人力资源管理事务性的工作有娴熟的处理技巧，熟悉人事工作流程。 6. 熟悉国家、地区及企业的合同管理、薪金制度、用人机制、保险福利待遇和培训方针。 7. 熟练使用办公软件及相关的人事管理软件。 8. 对人及组织变化敏感，具有很强的沟通、协调和推进能力。 9. 高度的敬业精神及高涨的工作激情，能接受高强度的工作，工作态度积极乐观。 10. 善于与各类性格的人交往，待人公平。

2.2.3　人力资源主管

岗位名称：人力资源主管

直属上级：人力资源经理

直接下级：人力资源助理、人力资源专员

岗位职责	1. 向公司提供有关人力资源战略、组织建设等方面的建议，编制公司人力资源规划，提高公司的综合管理水平。 2. 建立并完善人力资源管理体系与制度，为公司重大人力资源管理决策提供参考依据。 3. 负责公司人力资源管理工作，制定企业人力资源管理有关规章制度并监督落实。根据公司发展的需要，做好人力资源配置。 4. 负责组织岗位分析、职位说明书的编写。 5. 熟悉人力资源招聘、薪酬、绩效考核、培训等规定和流程，熟悉国家各项劳动人事法规政策；具备较高的沟通、协调与应急问题处理能力。 6. 负责员工的招聘、录用及解聘、辞退以及内部调动等，负责全公司员工劳动合同及人事档案的管理，及时办理劳动合同的签订、续签、解除或终止，协助处理有关劳动争议问题。 7. 完善绩效管理体系，定期组织绩效考核等工作。 8. 发掘公司培训需求，制订员工培训计划及体系，指导培训主管实施培训及效果评估。 9. 完成上级交给的其他事务性工作。
任职资格	1. 本科及以上学历，具有 4 年以上人力资源工作经验。 2. 熟悉人力资源各职能工作，并有实际操作经验。 3. 具有人才发展规划、绩效考核实施等工作经验者优先。 4. 具有较强的语言表达能力、人际交往能力、应变能力、沟通能力及解决问题的能力，有亲和力，较强的责任感与敬业精神。 5. 严守机密，具有良好的职业道德、职业操守，敢于承担风险。 6. 熟练使用办公软件、有较强的公文写作能力。 7. 心态好，积极正向，有较高抗压能力和极强的心态调节能力，已做好不定时加班准备。

2.2.4 人力资源专员

岗位名称：人力资源专员

直属上级：人力资源主管

直接下级：无

岗位职责	1. 根据公司人员规划、岗位需求，制定并执行招聘计划。 2. 与用人部门保持紧密沟通，关注员工动态并适时提供职业引导，协助部门主管进行团队管理，为人才发展与保留提供专业建议。 3. 负责招聘渠道的开发与管理、招聘数据的跟踪与分析、协助完成大型招聘项目。 4. 负责员工关系、员工入职、转正、离职、花名册、五险一金和员工档案等工作的综合管理。 5. 负责公司企业文化活动策划并组织开展、新员工培训等工作。 6. 相关人事工作联络以及有关疑难的解答工作。 7. 严格执行公司各项制度，各种信息及时录入，并定期整理数据，向上级领导出具数据分析结果。 8. 参与部门项目并完成人力资源主管分配的其他工作任务。
任职资格	1. 人力资源、劳动经济、心理学、管理学等相关专业本科以上学历。 2. 有两年以上人力资源管理工作经验。 3. 熟悉国家相关法律法规。 4. 熟练使用相关办公软件。 5. 办事沉稳、细致，思维活跃，有创新精神，有良好的团队合作意识。 6. 有较强的服务意识。 7. 优秀的品行和职业素质，强烈的敬业精神与责任感，工作原则性强。

2.2.5 人力资源助理

岗位名称：人力资源助理

直属上级：人力资源主管

直接下级：无

岗位职责	1. 协助上级执行公司的培训、绩效评价的组织以及后勤保障工作。 2. 协助计算员工薪资、福利，参与薪酬与福利调查。

岗位职责	3. 协助做好招聘与任用的具体事务性工作，包括发放招聘启事、收集和汇总应聘资料、安排面试人员、跟踪落实面试人员的情况等。 4. 管理员工信息资料及各类人事资料。 5. 办理人事招聘、人才引进、内部调动、解聘、退休、接纳、转移保险和公积金缴纳的相关手续。 6. 执行各项公司规章制度，处理员工奖惩事宜。 7. 人才评测等。
任职资格	1. 本科及以上学历。 2. 具有一年人力资源相关工作经验。 3. 掌握人力资源管理相关知识，能熟练操作 Office 办公软件。 4. 踏实稳重，具备较强的沟通协调和抗压能力，良好的文字和语言表达能力。 5. 工作主动、细心、踏实，具备良好的组织协调能力。

2.3 组织机构设置管理

规范 1：组织结构设计的原则

项目	规范内容
目的性原则	各职能部门的设立要围绕组织目标和任务进行，要确保完成组织的经营活动，实现组织的战略目标。
适应性原则	在进行组织结构设计时，考虑内、外部环境对组织运行的影响与制约，应使组织结构与内、外部环境处于“最佳适应状态”。
明确性原则	在进行组织结构设计时要清晰界定组织内各层级的报告关系，明确各岗位的具体职责，以避免重复管辖和多头领导的情况，从而利于经营活动的开展和提高组织的运作效率。
协调配合原则	将组织结构设计为一个有机整体，保证组织内各部门之间的有机联系及相互协调配合。

续表

项目	规范内容
分工协作原则	按不同的方式进行组合，如职能型组合、事业部组合等。组织应根据自身特点和条件，选择适合自己的组合方式，通过分工协作提高工作效率。
适度分权原则	适度分权是指在组织结构设计时，应考虑权力的分配模式，要将集权与分权控制在合适的基准上。既不影响组织的运作效率，也不影响管理层和基层员工的工作积极性，使组织具有高度的开放性和协作性。
精简性原则	在保证企业战略目标的前提下，力求部门数量最少，以避免组织庞大和冗繁，有利于节省沟通成本和缩短企业各项业务的流程，从而大大提高运营效率。

规范 2：岗位职责说明书编写规范

条目	规范内容
1	在明确岗位名称的基础上，应根据用人单位自身的构架情况，确定岗位职级，便于后期各项工作的顺利执行。
2	应当具备任职资格条款，如此一来当员工因个人原因导致出现不具备任职资格的情形时，可以考虑按照不能胜任工作操作。
3	具体工作职责应当用语规范、描述准确或再配合以相应的责任书、计划书等资料。切忌描述宽泛，用词遗漏或赘述不详。
4	劳动者基于诚实信用原则所必须具备的最基本义务（忠实恪守、保密、利益冲突回避）应当释义或说明。
5	岗位职责最后一般均有“领导指派的其他工作”的描述，此部分建议进行列举式说明或解释说明，以避免后期随意适用导致的争议。
6	参与编写的人员应有多样性，分出层次，不能只有人力资源部门的人员，也不能只有管理层，各部门各岗位的员工都应有一定比例的参与。

制度 1：岗位职级管理制度

范本

岗位职级管理制度

一、总则

1. 目的

为规范公司的岗位设置，建立适应公司业务发展需要的组织结构，控制人工成本；规范公司的职系职级管理，为员工拓展职业生涯发展空间，建立有序的晋升体系；规范公司的岗位管理权限和程序，建立有效的内控机制，特制定本制度。

2. 适用范围

本制度适用于公司及各部门的所有岗位的职责评定。

二、岗位职级管理

1. 岗位职责划分

一般来说，公司员工职务分为总监、经理、副经理、主管、高级专员、专员、助理和文员；职级划分为总监级、经理级、主任级、主管级、高级专员级、专员级、助理级、文员级和初级文员级；每一级划分为一档、二档、三档、四档和五档 5 个档次。

2. 岗位职级管理原则

坚持严控编制、公平、良性竞争和专业化原则。

3. 岗位职级调整标准

岗位职级调整标准包括升级和降级两种调整标准。其中升级调整标准包括认同公司文化，严格遵守公司各项规章制度者；按要求完成本岗位工作，并得到领导和部门同事的赞成者；个人能力能够胜任更高级别的岗位者。降级调整标准包括严格违反公司规章制度者；不能按期完成本岗位工作，影响其他同事工作进度者；个人能力明显不能达到岗位说明书要求者。

4. 岗位职级调整审批权限

岗位职级调整审批权限具体如下表所示。

职务	职级	申请	审批权限
总监	总监级	公司管理层	董事会
经理	经理级		
副经理	主任级		
主管	主管级		

<table>
<tr><td>高级专员</td><td>高级专员级</td><td rowspan="4">本岗位人员</td><td rowspan="4">公司管理层</td></tr>
<tr><td>专员</td><td>专员级</td></tr>
<tr><td>助理</td><td>助理级</td></tr>
<tr><td>文员</td><td>文员初级人员级</td></tr>
</table>

5. 岗位职级调整流程

岗位职级调整流程中，岗位降级调整流程比较简单，一般由需要降职的员工的直接领导提出，然后交由人力资源部审批，最后由管理层审批。总监级别以上的职级，要经过董事会审批，审批通过后实施。

三、附则

1. 本制度自发布之日起开始执行。

2. 本制度的编写、修改及解释权归人力资源部所有。

制度 2：职务权限设计制度

职务权限设计制度

第一章 总则

第一条 目的

为保证本公司经营组织高效率的运转，使管理层职务、责任和权限明确化；保证各职务权力和责任的有效结合，完善工作说明书的内容，特制定本制度。

第二条 适用范围

本制度适用于公司所有职务权限的设计和调整。

第三条 用语释义

1. 职务权限，即我们平常所说的职权，是指经由一定的正式程序所赋予某个职位的权力。这种权力不是个人权力，而是某个职位的权力。

2. 职务设计，是将职务任务组合起来构成一项完整职务的过程，是对现有职务的认定、修改或产生新的职务。

第二章 职务权限设计方法

第四条 职务专业化

职务专业化是通过分析工人的手、臂和身体其他部位的动作，工具、身体和原材料之间的物理机械关系，寻找工人的身体活动、工具和任务之间的最佳组合，实现工作的简单化和标准化，使所有工人都能够达到预定的生产水平。

第五条 职务轮换

职务轮换是通过让员工工作多样化，从而避免产生工作厌倦的一种方法。职务轮换有纵向和横向两种类型。纵向轮换指的是升职或降职，横向轮换指的是有计划的培训手段。

第六条 职务扩大化

职务扩大化是避免职务专业化缺陷的另一种努力，即通过增加某职务所完成的不同任务的数量实现工作多样化。

第七条 职务丰富化

职务丰富化是指赋予员工更多的责任、自主权和控制权，以此激励员工的责任感、成就感和个人成长。

第八条 建立工作团队

工作团队是围绕小组进行的一种设计方法，在工作团队中，每位员工都具有多方面的技能，是一个成熟、综合的工作团队。

第三章 确定职务权限设计方法

第九条 授权

授权要明确权责范围，绝对不能越级授权。

第十条 监督控制

监督控制包括上级领导对下属和同一职务上的员工、基层员工相互之间行使的监督控制。

第四章 职务权限设计流程

第十一条 职务权限的设计原则

1. 适当授权原则，以此提高管理效率、控制成本。

2. 避免两极分化原则，明确各职务权限，避免两极分化、失误成本等。

第十二条 职务权限设计流程

1. 权限体系咨询导入人员培训。

2. 各项工作流程分析。

3. 现行职务权限的调查与分析。

4. 授权程度的调查与分析。

5. 职务权限设计。

6. 各类权限规定最高管理者的讨论。

7. 权限集中讨论，若设计不合理，则返回第5步。

8. 权限运用培训。

第五章 职务权限设计评估

第十三条 职务权限设计评估标准

1. 真实客观反映职位之间的相对级差。

2. 客观定位职务的权力和责任。

3. 整个设计流程根据职务权限及时进行调整。

4. 掌握职务的本质特征，即使是不熟悉的职务，也要一边了解一边掌握。

第十四条 职务权限设计评估方法

评估方法主要采用问卷法和座谈法。

第十五条 评估结果

评估结果出来之后，要与职务权限设计参与人员、公司管理层以及被评估职务的工作人员及时进行沟通，并撰写评估报告。

第六章 附则

第十六条 本制度自发布之日起开始执行。

第十七条 本制度的编写、修改及解释权归人力资源部所有。

指点迷津：座谈法的工作步骤

座谈法是指职务分析者通过与职务执行者（即在企业所有该职务员工中随机抽取的员工）进行座谈，从交流中记录并收集有效信息，为职务分析提供依据。其具体步骤如下：

①事先需征得接受座谈员工（职务执行者）的直接上级同意，尽量获取直接上级的支持。

②向员工讲解职务分析的意义，并介绍访谈的大体内容。

③鼓励员工真实、客观地回答问题。

④职务分析者按照座谈提纲顺序，由浅至深地进行提问。

⑤营造轻松的气氛，使员工畅所欲言。

⑥座谈结束后，让样本员工查看并认可谈话记录。

⑦座谈记录检查无误后，完成信息收集工作。

需要注意的是，职务分析者应控制好谈话的内容，以免员工跑题；在做谈话记录时，不要影响员工的谈话。

制度 3：机构职责分工制度

范本

机构职责分工制度

第一章 总则

第一条 根据公司章程的基本规定以及公司的组织机构设置，现将各主要管理职位和机构的职责分工予以明确化，力求责权分明、高效协调，以适应现阶段经营和发展的客观需要。

第二条 本规定只涉及公司管理职位和机构。

第二章 董事会机构

第三条 董事长

董事长是公司的法定代表人和重大经营事项的主要决策人，具体职责如下。

1. 主持召开股东大会、董事会议，并负责上述会议决议的贯彻落实。

2. 召集和主持管理委员会会议，组织讨论和决定公司的发展规划、经营方针、年度计划以及日常经营工作中的重大事项。

3. 提名公司总裁和其他高层管理人员的聘用和解职，并报董事会批准和备案。

4. 决定公司内高层管理人员的报酬、待遇和支付方式，并报董事会备案。

5. 定期审阅公司的财务报表和其他重要报表，全盘控制全公司系统的财务状况。

6. 签署批准调入公司的各级管理人员和一般干部。

7. 签署对外上报、印发的各种重要报表、文件、资料。

8. 处理其他由董事会授权的重大事项。根据公司目前的实际工作需要，董事会设常务董事一人，协助董事长开展上述工作。董事长外出期间，由常务董事协调董事会各机构的日常工作。

第四条 董事工作职责

1. 董事以公司的名义并在公司授权的范围内与第三者订立的合同对公司有约束力。

2. 董事不得进行欺骗。董事进行任何欺诈性的或暗中进行的交易活动而使公司蒙受损失，应由董事个人承担责任。

3. 董事不得接受贿赂。当贿赂事件发生时，公司与贿赂者之间的任何协议必须予以撤销。受贿董事在事发后必须向公司如数缴出其所得的贿赂，并有责任用其资格股来抵偿由于其接受贿赂而给公司造成的损失。受贿赂董事应被立即开除，而且禁止他们对在非法交易中所花费用提出任何补偿要求。

4. 董事不得越权。公司可以要求董事对其越权行为给公司造成的经济损失如数赔偿，而无须证明其行为是一种疏忽行为。但在下述情况下，董事不必承担责任。

（1）如果该董事在董事会议上仅仅投票赞成做出一项越权的支付决议，但没有投票赞成以后的对上述决议的具体实施方案。

（2）其他董事已经做出了上述错误的支付，该董事只是在事后表示认可的赞同。

（3）如果董事们都参与了越权的决议，但事实上并未实现。

第五条 董事不得使自己处于与公司的利益冲突之中，董事必须对公司保持忠诚和信用，不得将自己置于职责和个人利益相冲突的地位来谋取私人的利益。

第六条 对于因为董事相信了一个过去的行为还没有被怀疑的职员所提供的虚假情报，从而做出错误的判断，以及对该职员的失职行为，董事不负责任。

第七条 董事在某类情况下的责任

1. 如果董事违背公司法或公司章程，表决赞成宣布股利或以其他方式把公司的资产分配给股东，该董事与所有其他表决赞成或同意的董事，应对公司负连带责任，其数额为已支付的上述股利数额或分配的资产的价值数额，超出在不违背公司规定或公司章程限制的条件下，允许支付的股利数额或分配的资产数额的部分。

2. 如果董事违背公司法的规定，表决赞成购买本公司的股份，他与所有其他表决赞成的董事应对公司负连带责任，其范围为支付上述股份的对价数额，超出在不违背公司法的条件下，所允许支付的最高数额部分。

3. 如董事在没有支付或清偿公司所有已知的债务、债款或责任，或没有为其做足够的储备时，表决赞成在清理该公司期间把公司的资产分配给股东，则在公司上述债务、债款或责任未被支付或清偿的范围内，他与所有其他表决赞成的董事应对公司就上述已被分配的资产的价值负连带责任。

第八条 管理委员会

第九条 执行委员会

第十条 财务委员会

第十一条 监察委员会

第十二条 审计室

第三章 经营机构

第十三条 总裁（总经理）

第十四条 行政副总裁

第十五条 营销副总裁

第十六条 总裁办公室

第十七条 劳动工资部

第十八条 业务管理部

第十九条 企业管理部

第二十条 法律事务室

……

表格 1：职务权限设计表

<table>
<tr><td>职务名称</td><td></td><td>职务编号</td><td></td></tr>
<tr><td>所属部门</td><td></td><td>部门审核人</td><td></td></tr>
<tr><td>职责属性</td><td></td><td>批准人</td><td></td></tr>
<tr><td>职位关系图</td><td colspan="3"></td></tr>
<tr><td>工作关系</td><td colspan="3"></td></tr>
<tr><td>工作目标</td><td colspan="3"></td></tr>
<tr><td>职责权限</td><td colspan="3"></td></tr>
</table>

表格 2：员工免职通知单

<table>
<tr><td>姓名</td><td></td><td>卡号</td><td colspan="3"></td><td>填表日期</td><td></td></tr>
<tr><td>部门</td><td></td><td>职务</td><td colspan="3"></td><td>生效日期</td><td></td></tr>
<tr><td colspan="3" rowspan="3">免职原因：

部门主管：</td><td colspan="4">免职手续</td><td>经办人</td></tr>
<tr><td colspan="3">□工作移交</td><td>服务部门</td><td></td></tr>
<tr><td colspan="3">□上岗证
□服装</td><td>人事部</td><td></td></tr>
<tr><td colspan="3" rowspan="3">
分管副总：</td><td colspan="3">□办理退舍
□其他</td><td>行政部</td><td></td></tr>
<tr><td colspan="3">□归还量具</td><td>计量室</td><td></td></tr>
<tr><td colspan="3">□财务结清</td><td>财务部</td><td></td></tr>
<tr><td>总经理</td><td></td><td>分管人事副总</td><td></td><td>人事主管</td><td></td><td>填表人</td><td></td></tr>
</table>

备注：1. 本表格一式两份，一份交人事部，一份交免职员工。

2. 各部门经办人签字是对免职员工与各部门已办理移交手续的确认。

表格 3：岗位任职通知单

年　月　日

姓名		部门		将任职位	
部门经理意见					
本人表态					
考核成绩					
人力资源部意见					
总经理意见					

注：此表一式两份，人力资源部存档一份，财务存档一份。

2.4 组织机构的调整与分析

规范 1：岗位分析流程规范

项目	规范内容
筹划准备阶段	1. 确定分析目的。 2. 制定分析计划。 3. 组建分析小组。 4. 选择分析对象。
信息搜集阶段	1. 收集背景资料。 2. 确定信息类型。 3. 选择搜集方法。 4. 沟通搜集对象。
资料分析阶段	1. 审查工作信息。 2. 分析工作信息。
结果完成阶段	编写岗位职责以及任职资格等。
应用反馈阶段	职位评价与薪酬、招聘、培训开发和绩效考核等。

规范 2：人员增补申请流程规范

项目	规范内容
部门提交《人力需求表》	1. 各部门根据用人需求情况，提出人员需求申请。 2. 由部门经理仔细填写《人力需求表》上所有内容（特别需明确到岗时间、任职要求等）。 3. 将《人力需求表》签字确认稿及电子稿交给人力资源助理。
人力资源审核	1. 人力资源助理即时将《人力需求表》交至人力资源总监处，并提醒其在一个工作日内完成审批。 2. 人力资源总监根据人员编制以及部门实际需求，审核《人力需求表》，通过后上交给总经理审批。

续表

项目	规范内容
总经理审核	经总经理审核通过后，交由人力资源部统一组织招聘。
存根留底	对已通过的《人力需求表》进行保存，包括电子稿原件及审批后的文件，保存时间为落款日期后一年。

制度 1：工作分析管理制度

工作分析管理制度

第一章 总则

第一条 目的

为确保工作分析的全面性、高效性，为公司人力资源管理工作提供基础和依据，理清工作关系，明确工作流程，使公司结构更加合理化、规范化，特制定本制度。

第二条 适用范围

本制度适用于公司人力资源工作分析实施中的计划、设计、实施、运用以及指导等各项工作。

第二章 工作分析职责分配

第三条 人力资源部工作职责

1. 负责建立、健全公司前期的宣传与沟通渠道。

2. 负责制定公司用工制度、人力资源管理制度、劳动工资制度、人事档案管理制度、员工手册、培训大纲等规章制度、实施细则和人力资源部工作程序，经批准后组织实施，并根据公司的实际情况、发展战略和经营计划制订公司的人力资源计划。

3. 制订和实施人力资源部年度工作目标和工作计划，按月做出预算及工作计划。每年度根据公司的经营目标及公司的人员需求计划审核公司的人员编制，对公司人员的档案进行统一的管理。

4. 利用信息调研工具，定期收集公司内外人力资源资讯，建立公司人才库，保证人才储备。

5. 依据公司的人力资源需求计划组织各种形式的招聘工作，收集招聘信息，进行人员的招聘、选拔、聘用及配置。如果员工不合格则进行解聘。

6. 分发、收集调查问卷。

第四条 公司高层领导工作职责

公司高层领导包括董事长、总经理、副总经理以及各部门主管等，工作职责主要包括：

1. 从宏观上掌控工作分析的进程。

2. 动员各部门配合人力资源部工作，为人力资源部开展工作分析提供有力的帮助和支持。

3. 验收工作分析的结果，并以此为依据帮助公司调整出更好的发展方向和方法。

第三章 工作分析内容及方法

第五条 工作分析的内容

工作分析的内容包括对工作名称、工作规范、工作环境、工作条件进行分析。

1. 对工作名称进行分析，需要人力资源部积极收集资料，根据工作环节的性质特征进行分析和概括，以此选择和确定工作名称。

2. 对工作规范进行分析，主要包括对工作任务、工作职责、工作关系和工作强度等方面进行的分析。

3. 对工作环境进行分析，主要包括对工作的安全环境、社会环境和物理环境等方面进行的分析。

4. 对工作条件进行分析，主要包括对工作必备学历、知识、经验、技能、心理素质等方面进行的分析。

第六条 工作分析的方法

工作分析的方法主要有问卷调查法、关键事件法、工作日志法、观察法以及访谈法等。如果公司员工较多，为了更高效率地完成工作分析，可以使用问卷调查法、观察法和工作日志法。

第四章 附则

第七条 本制度自发布之日起开始执行。

第八条 本制度的编写、修改及解释权归人力资源部所有。

制度 2：岗位任免管理制度

岗位任免管理制度

第一章 总则

第一条 目的

为规范公司人力资源管理，提高人力资源管理工作效率，科学、合理地配置公司人力资源和加强员工队伍建设，依据相关法律法规，结合本公司实际情况，特制定本制度。

第二条 适用范围

本制度适用于公司各岗位人员的人事任免。

第三条 人事任免原则

公司实行能者上、平者让、庸者下的用人原则，重视每个员工的价值，在人事任免方面坚持公开、公平、公正的原则。

第四条 人事任免权限

1. 公司人事任免的内容包括升职、升级、降职、降级、免职、撤职等人事行为。

2. 公司总经理助理以上人员的人事任免由集团公司负责，不在本制度之内；总经理助理以下人员的人事任免，则按本制度执行。

3. 凡涉及工资调整的人事任免，均须公司总经理审批。

4. 总监以上人员，由总经理提名，董事长任命。

5. 部门经理及以下人员由部门总监提名，由董事长任命。

6. 公司所有人员档案由人力资源部统一备案。

第五条 人事任免程序

1. 部门内人事任免，由部门主管（经理）填写《人事任免申请书》，按任免权限逐级审批，报办公室备案。

2. 公司领导层人事任免（部门经理助理级以上人事任免），由公司总经理通知办公室拟文上报集团主管领导，审批后以公司红头文件下发人事任免通知。

第二章 人事任免条件

第六条 升职、升级

1. 必须在部门编制出现空缺的情况下才能进行，未经公司总经理同意，不得随意升职、升级，不得随意增设岗位、职务。

2. 所有人员的升职、升级必须在公司服务满半年以上，且管理水平及能力达到公司任职资格方可升职、升级，且必须报公司领导审核及办公室备案，否则公司不予认可，所产生的一系列问题由部门经理承担。

第七条 降职、降级、免职、撤职

公司员工有以下情况的，公司有权对其作出降职、降级、免职或撤职的决定。

1. 因工作失职、渎职或工作严重失误，导致重大事故、业主投诉以及管理水平、能力未达到所任职位的要求，不能胜任工作者。

2. 触犯治安管理处罚条例以及刑律者。

3. 工作不力，多次未能完成上级领导交办的工作任务者。

4. 多次违反公司劳动纪律，工作态度不端正，且顶撞上司屡教不改者。

5. 各部门间工作扯皮推诿，故意在部门间设置工作障碍，阻挠公司协调工作者。

第三章 人事变动

员工人事变动可分为辞职、辞退、劝退、开除、自动离职等。

第八条 辞职

辞职是指员工因自身原因，经申请并征得公司同意而离开原工作单位或是原岗位。

1. 试用期内员工辞职须提前 3 天知会部门经理，经部门经理同意后填写《离职申请表》，按《离职申请表》上的内容逐级审批。

2. 试用期满后员工辞职须提前 15 天向所在部门提出书面申请，经部门经理同意后，填写《离职申请表》，并按《离职申请表》上的内容逐级审批。

3. 经公司总经理批准辞职的员工，在预定离职日期满后，到办公室领取《离职清单》办理离职手续。《离职清单》经总经理签字审批后即产生效力，表明员工自总经理签字之日起与公司解除劳动关系，不再享受公司任何福利及待遇。

4. 所有辞职人员必须在两日内办完离职手续，未办完手续而离岗者，做自动离职处理，当月工资及工作押金概不退还。

5. 离职员工的工资结算日期以员工离岗日期为准。

第九条 辞退

辞退是指公司因某个正当理由，终止对某个员工的录用，并解除与辞退员工的劳动关系。公司辞退员工必须提前 15 天通知员工。而且根据员工问题的不同，主要分为以下两种情形。

第十条 劝退

劝退是指员工不符合公司的用人要求，或是在试用期内发现不符合公司要求但未造成重大事故，公司根据正当理由终止与某个员工的劳动关系。被劝退的员工公司发放当月工资并退还工作押金，被劝退员工的工资结算日期以总经理批准的日期为准。

第十一条 开除

开除是公司给予犯错员工最严厉的一种行政处分，是公司根据《劳动法》或《劳动合同》做出的强行终止与某个员工的劳动关系的行政处分。

第四章 附则

第十二条 本制度自发布之日起开始执行。

第十三条 本制度的编写、修改及解释权归人力资源部所有。

……

表格 1：人力需求申请表

<table>
<tr><td colspan="2">申请部门</td><td colspan="2"></td><td>申请人</td><td></td><td>申请时间</td><td></td></tr>
<tr><td colspan="2">申请理由</td><td colspan="6"></td></tr>
<tr><td colspan="2" rowspan="3">申请内容</td><td colspan="2">岗位</td><td>职务</td><td>级别</td><td>人数</td><td>到岗时间</td></tr>
<tr><td colspan="2"></td><td></td><td></td><td></td><td></td></tr>
<tr><td colspan="2"></td><td></td><td></td><td></td><td></td></tr>
<tr><td>岗位职责</td><td colspan="7"></td></tr>
<tr><td rowspan="5">岗位任职要求</td><td>性别</td><td colspan="2"></td><td rowspan="3">工作经历</td><td colspan="3" rowspan="3"></td></tr>
<tr><td>年龄</td><td colspan="2"></td></tr>
<tr><td>专业</td><td colspan="2"></td></tr>
<tr><td>学历</td><td colspan="2"></td><td rowspan="2">其他要求</td><td colspan="3" rowspan="2"></td></tr>
<tr><td>外语</td><td colspan="2"></td></tr>
<tr><td colspan="2">上级领导意见</td><td colspan="6"></td></tr>
<tr><td colspan="2">人力资源部门意见</td><td colspan="6"></td></tr>
<tr><td colspan="2">总经理意见</td><td colspan="6"></td></tr>
</table>

表格 2：岗位增补申请表

填表日期：　　年　　月　　日

部门		拟增补岗位名称	
增补岗位起始日期		增补岗位所需人数	
目前存在的问题			
申请理由			
直接上级		直接下级	
增补岗位人员要求			
增补岗位的工作内容			
申请部门意见			
人力资源部门意见			
领导意见			

填表人：　　　　　　　　　　　　　　　　　审核人：

表格 3：员工岗位调动申请表

姓名		现任职部门		现任岗位	
申请调入部门		新任岗位			
员工申请岗位调动原因自述	（包括申请调动的原因、对岗位的规划、建议） 申请人签字： 年　月　日				
备注： 1. 员工的申请调动时间以主管领导的批准时间为准。 2. 员工在原岗位工作未交接清楚，此审批单不予生效。 3. 薪资标准按照新人岗位工资标准执行。 4. 本申请表由申请人填写，并报相关部门核准。经核准后，报送行政部、财务部各一份存档。 5. 经理级以上人员由传媒公司签批，酒店员工由酒店总经理签批。					

续表

原部门意见	部门经理签字： 年　月　日
拟调入部门意见	部门经理签字： 年　月　日
行政人事部意见	部门经理签字： 年　月　日
总经理意见	总经理签字： 年　月　日

表格4：岗位变动通知单

<table>
<tr><td>姓　名</td><td colspan="2"></td><td>入职时间</td><td></td><td>新岗位到岗时间</td><td></td></tr>
<tr><td rowspan="2">部　门</td><td>变动前</td><td colspan="5"></td></tr>
<tr><td>变动后</td><td colspan="5"></td></tr>
<tr><td rowspan="2">岗　位</td><td>变动前</td><td colspan="5"></td></tr>
<tr><td>变动后</td><td colspan="5"></td></tr>
<tr><td rowspan="2">岗　位
级　别</td><td>变动前</td><td colspan="5"></td></tr>
<tr><td>变动后</td><td colspan="5"></td></tr>
<tr><td rowspan="2">薪　酬
标　准</td><td>变动前</td><td colspan="5"></td></tr>
<tr><td>变动后</td><td colspan="5"></td></tr>
<tr><td colspan="7">行政人事部意见：
签字：
年　月　日</td></tr>
<tr><td colspan="7">总经理签字：
年　月　日</td></tr>
</table>

表格 5：人力资源异动分析月报表

部门	定编人数	月初人数	新增人数	离职情况									新招	异动情况					月末人数
				个人辞职	公司辞退	自动离职	协商解除	违纪解除	合同终止	其他情况	离职率	小计		调入	调出	晋升	调岗	小计	
合计																			

平衡公式：离职率 = 当月离职人数 ÷ 当月平均人数 ×100%

月末人数 = 月初人数 + 新增人数 − 离职人数小计

新增人数 = 新招人数 + 调入人数

本月异动小计 = 调入人数 + 调出人数 + 晋升人数 + 调岗人数

制表部门：　　　　　　　　填表人：

填表说明：本表已填涂颜色部分无须填写，公式自动生成。无填充颜色的部分可根据实际情况填写。

上报时间：本月月报应于次月 2 ~ 5 日内提交，遇法定节假日延后，但不超过次月 10 日。

送达部门：本公司综合办

本月情况小结：

2.5 人员供给需求分析

规范 1：人力资源供给预测流程规范

条目	规范内容
1	对企业现有的人力资源进行盘点，了解企业员工队伍的现状。
2	分析企业的职务调整政策和历年员工调整数据，统计出员工调整的比例。
3	向各个部门的主管人员了解将来可能出现的人事调整状况。
4	将上述的所有数据进行汇总，得出对企业内部人力资源供给量的预测。
5	分析影响外部人力资源供给的各种因素，并依据分析结果得出企业外部人力资源供给预测。
6	将企业内外部人力资源供给预测进行汇总，得出企业人力资源供给预测。

规范 2：人力资源需求预测流程规范

项目	规范内容
现实人力资源需求	1. 根据职务分析的结果来确定职务编制和人员配置。 2. 进行人力资源盘点，统计出人员的缺编、超编及是否符合职务资格的要求。 3. 将上述统计结论与部门管理者进行讨论，修正统计结论。
未来人力资源需求	1. 根据企业发展规划，确定各部门的工作量。 2. 根据工作量的增长情况，确定各部门还需要增加的职务及人数，并进行汇总统计。
未来流失人力资源需求	1. 对预测期内退休的人员进行统计。 2. 根据历史数据，对未来可能发生的离职情况进行预测。
企业整体人力资源需求预测	将现实人力资源需求、未来人力资源需求和未来流失人力资源汇总。

制度 1：人力资源供求失衡调整方法

范本

人力资源供求失衡调整方法

经过人力资源供给与需求预测，结合企业的发展实际，明确企业人力资源状况，并通过平衡分析，获得企业人员的净需求量，进而采取有效措施，以达到企业人力资源供需的相对平衡。但人力资源供需平衡极少出现，企业对人力资源需求进行正确分析，是达到人力资源供求平衡的前提。人力资源供给与需求预测的结果一般会出现 3 种可能：人力资源供大于求、人力资源供小于求或人力资源供求总量平衡，结构不平衡。针对这 3 种可能出现的不同情况，可以采取以下 3 种措施：

一、人力资源供大于求

1. 开拓新的企业业务方向，从而充分利用过剩的人力资源。
2. 裁员。在组织内部确实无法安置过剩人员的时候，辞退某些综合素质低的员工。
3. 关闭或合并一部分臃肿的机构，减少人力资本供给，提高人力资源的利用率。
4. 利用优惠措施，鼓励员工提前退休和内退。
5. 减少人员补充，即当出现空闲岗位时不进行新人员补充。
6. 加强培训工作，使企业员工掌握多种技能，增强其择业竞争力，为员工自谋职业提供便利，同时为企业的发展储备人力资本。

二、人力资源供不应求

1. 企业内部人力资源调动，将合格的人员调到空缺岗位。
2. 外部招聘和返聘。
3. 聘用临时工。这可减少企业的福利开支，用工形式较灵活，如产品季节性的企业比较适用。
4. 通过必要的培训来提高员工的业务技能，以及通过激励的手段调动员工的积极性，提高劳动生产率，从而减少对人力资源的需求。
5. 适当延长工作时间，提高员工工作量，并增加其薪资水平。

三、人力资源供求总量平衡，结构不平衡

各部门对人力资源要有准确的需求分析，通过企业内部的人员调动来调整。通过以下 3 种方法来同时解决。

1. 进行人员内部的重新配置，包括晋升、调动、降职等。如果组织内部的剩余人员只是局部的，可以采取重新安置的办法来解决冗员问题。
2. 对技能较低的人员进行针对性的专门培训，使其能够掌握更多的知识技能，补充到高层次的空缺岗位。
3. 进行人员的置换，释放那些企业不需要的人员，补充企业需要的人员，以调整人员的结构，满足空缺职位对人力资源的需求。

制度 2：人才储备管理制度

范本

人才储备管理制度

为了确保公司的可持续发展，满足公司的用人需求，创造良好的人才环境，更好的发挥人才战略的优势，并对人才实施有效的监控，特制定本制度。

第一条 人才储备管理遵循以下原则

1. 公平、公正的原则。
2. 保密的原则。
3. 人才储备适度的原则。
4. 长期发展的原则。

第二条 人才储备的预测

1. 人才需求预测。
2. 内部候选人预测。
3. 外部候选人预测。

第三条 预测分析

1. 趋势分析

分析本企业在过去几年时间中的人才需求趋势，结合企业的年度、中、长期发展目标，预测企业未来人才需求。

（1）统计本企业在过去几年来的员工数量。

（2）统计各种类型人才的数量，包括销售人员、生产人员、开发人员、服务人员和管理人员等。

（3）研究分析未来人才趋势发展的方向。

2. 比率分析

（1）根据产品的质量、生产率、销售率或进入新市场等因素确定现有人才的技能是否符合公司生产或提供新产品、新服务的需要，确定储备比率。

（2）通过增加新设备、新的激励机制、新的技术和管理方法提高劳动生产率，可降低人员需求比例。

（3）不同的岗位确定不同的需求比例。

（4）根据公司财务预算修正人员需求。

（5）根据不同的岗位，对人员以 1:0.5 ~ 1:1 的比例进行储备。

第四条 各部门应积极配合人力资源部的工作，对本部门的人才储备负责。

第五条 内部供给预测，精确统计公司现存的所有岗位的内部候选人。

1. 员工的自荐。

2. 员工职位意向调查。
3. 上一级主管的推荐。
4. 人力资源部的建议。
5. 总经理的提议。
第六条 对于内部候选人要进行培训、考核、测评，需要时即可上岗。
第七条 建立内部候选人资料库，内容包括：
1. 工作效率。
2. 教育背景。
3. 工作经验。
4. 职业发展兴趣。
5. 技能水平。
6. 特殊技能。
7. 综合素质。
8. 民意调查的结果。
9. 家庭状况。
10. 考核结果及人力资源部建议。
第八条 建立外部人才储备库
1. 求职者人才库暂时未被录用的人员。
2. 待选求职者人才库在其他企、事业单位任职，其才能却适合本公司某个岗位需求的人员。
第九条 外部人才储备库的内容包括：
1. 姓名、性别和年龄。
2. 工作单位和工作经历。
3. 从事的专业及成就。
4. 享受的薪资和福利。
5. 工作绩效及其他成就。
6. 职业发展意向及其他意向。
7. 教育背景。
8. 综合素质。
9. 工作情况。
10. 家庭状况。
第十条 实施方法
1. 人工搜集

（1）通过人才市场、专业职业中介机构等物色合适人选。

（2）同其他机关、企、事业单位建立联系，寻找合适人选。

2. 网络搜集

（1）通过人才网站搜录合适人选。

（2）通过人才供给信息机构查询合适的人选。

3. 本公司员工推荐其他单位的合适人选。

第十一条 对寻找到的合适人选采取侧面了解、面谈等方法进行考核，合格者列入人才储备库中。

第十二条 同被储备人员经常保持联系，待公司需要时，及时着手引入。

第十三条 本公司所有岗位候选人资料均为保密材料，由专人负责管理。

第十四条 本制度由人力资源部负责解释，自经理办公会议审定通过后施行。

表格 1：人力资源供给预测表

<table>
<tr><td>预测范围</td><td colspan="2">预测情况</td><td colspan="3">人员类别</td></tr>
<tr><td rowspan="6">内部供给</td><td colspan="2">现有人员数量</td><td>经营管理人员</td><td>专业技术人员</td><td>专门仪能人员</td></tr>
<tr><td colspan="2">未来人员变动量</td><td></td><td></td><td></td></tr>
<tr><td rowspan="4">规划期内
人员变动量</td><td>第一季度</td><td></td><td></td><td></td></tr>
<tr><td>第二季度</td><td></td><td></td><td></td></tr>
<tr><td>第三季度</td><td></td><td></td><td></td></tr>
<tr><td>第四季度</td><td></td><td></td><td></td></tr>
<tr><td colspan="3">合计</td><td></td><td></td><td></td></tr>
<tr><td rowspan="4">外部供给</td><td rowspan="4">规划期内
人员拥有量</td><td>第一季度</td><td></td><td></td><td></td></tr>
<tr><td>第二季度</td><td></td><td></td><td></td></tr>
<tr><td>第三季度</td><td></td><td></td><td></td></tr>
<tr><td>第四季度</td><td></td><td></td><td></td></tr>
<tr><td colspan="3">合计</td><td></td><td></td><td></td></tr>
</table>

表格 2：年度人员需求预测汇总表

部门	现有职务	现有人数	预测人员变化		编制人数	备注
			增加	减少		
高管	总经理					
	副总经理					
人事行政部	经理					
	主管					
	员工					
财务部	经理					
	主管					
	员工					
销售部	经理					
	主管					
	员工					
客户服务部	经理					
	主管					
	员工					
……	……					
	……					
	……					
总计						
人力资源部		财务部			总经理	

表格 3：人力资源需求预测表

日期：　　年　月　日

部门	目前编制	人员配置情况			人员需求	
		超编	缺编	不符合岗位要求		
总经理办公室						
财务部						
市场拓展部						
运营部						
工程部						
人力资源部						
行政部						
项目中心						
合计						

表格 4：管理人才储备登记表

姓名		年龄		服务年限	
现任职务		担任本职年数			
工作绩效					
优势与特长					
劣势与缺点					
进取情况					

续表

可升调为		升调时间	
所需培训			
可升调为		升调时间	
所需培训			
人事部门领导意见			
董事长意见			

填表人：　　　　　　　　　　　　审核人：

表格 5：人力资源需求分析表

编号：　　　　　　　　　　　　填表时间：

部门		填写人		分析年度					
需求分析详情									
序号	岗位设置		在岗人员情况 / 评价				人力资源需求分析		
	岗位名称	编制数量	现有人数	在岗人数	评价结果	综合评价	需补充人数	需求到位时间	需求人员特殊要求
意见审批									
部门经理意见						人力资源意见			

2.6 人力资源规划管理

规范 1：人力资源规划的原则

项目	规范内容
动态原则	1. 人力资源规划应根据公司内外部环境的变化而经常调整。 2. 人力资源规划具体执行中的灵活性。 3. 人力资源具体规划措施的灵活性及规划操作的动态监控。
适应原则	1. 内外部环境适应，即人力资源规划应充分考虑公司内外部环境因素以及这些因素的变化趋势。 2. 战略目标适应，即人力资源规划应当同公司的战略发展目标相适应，确保二者相互协调。
保障原则	1. 人力资源规划工作应有效保证对公司人力资源的提供。 2. 人力资源规划应能够保证公司和员工共同发展。
系统原则	人力资源规划要反映出人力资源的结构，使各类不同人才恰当地结合起来，优势互补，实现组织的系统性功能。

规范 2：人力资源规划工作评估标准

条目	规范内容
1	管理层在人力资源费用变得难以控制或过度支出之前，是否采取措施来防止各种失衡，并由此使劳动力成本得以降低。
2	公司是否可以有充裕的时间来发现人才，因为好的人力资源规划，可以在公司实际雇佣员工前，已经预计或确定了各种人员的需求。
3	管理层的培训工作是否可以得到更好的规划。

制度 1：人力资源规划管理制度

范本

人力资源规划管理制度

第一章 总则

第一条 为了规范和指导集团人力资源规划工作，为公司的生存和发展提供相宜的人力资源，特制订《人力资源规划管理制度》（以下简称本制度）。

第二条 本制度适用于人力资源管理工作。

第三条 人力资源规划：指根据企业的发展规划，通过对企业未来人力资源的需要和供给状况的分析及估计、对职务编制、人员配置、教育培训、人力资源管理政策、招聘和选择等内容进行的人力资源部门的职能性计划。

第四条 人力资源规划的原则。

1. 前瞻性：人力资源规划既要满足近期对人力资源的需求，更要满足未来对人力资源的需求。

2. 可行性：人力资源规划的制定要注意实施条件的限制，应该在外部环境与内部条件结合研究和寻求动态平衡的基础上来制定。

3. 一致性：人力资源规划具有外部一致性和内部一致性。外部一致性是指人力资源规划应当同集团的战略计划、经营计划、年度计划相配合；内部一致性是指人力资源规划应当同所有其他人力资源管理活动，如招聘、培训、工作分析、薪酬等工作计划相一致。

第二章 人力资源规划管理权责划分

第五条 人力资源部。

1. 按公司发展战略规划编制公司人力资源目标。

2. 进行人力资源现状分析以及内外部需求预测与调查。

3. 组织公司人力资源规划的编制、实施及执行情况的总结。

第六条 其他部门。

1. 进行岗位分析，并提出部门人力资源需求预测。

2. 参与人力资源规划方案初稿的评审。

第七条 行政人事中心总经理。

1. 审批公司人力资源分析报告。

2. 审核公司人力资源规划初稿。

3. 审核公司人力资源规划调整申请。

第八条 执行总裁审核公司人力资源规划。

第九条 总裁审批公司人力资源规划。

第三章 人力资源规划的编制管理

第十条 每年 12 月份，人力资源部根据公司发展战略和下年度工作计划，明确下一年度人力资源工作目标。

第十一条 人力资源需求和现状分析。

1. 人力资源部每年 11 月份开展公司人力资源的需求调查。

2. 项目公司综合部负责配合人力资源部开展项目公司的人力资源需求调查。

3. 本部各部门和项目公司各部门在评估本部门人力资源需求现状的基础上，提出本部门的年度人力资源需求，填写《人员现状分析及需求预测表》（本部各部门经主管中心总经理审核，项目公司各部门人力资源需求由综合部汇总经项目公司总经理审核），报人力资源部。

4. 人力资源部在本部和项目公司人力资源状况分析的基础上对公司内部人力资源状况进行分析。

第十二条 人力资源部在公司人力资源需求和现状分析的基础上，分析是否需要调整公司人力资源配置，需要调整公司人力资源配置时，由人力资源部组织编制公司和项目公司人力资源配置调整计划，项目公司综合管理部协助编制项目公司的人力资源配置调整计划。

1. 涉及岗位职责变动时应修订岗位说明书。

2. 新增岗位时应确定岗位的职责、任职资格等，并组织编制岗位说明书。

第十三条 人力资源部根据内外部人力资源现状分析、公司人力资源配置计划编制公司人力资源规划，其中包括：

1. 年度人力资源目标。

2. 人力资源现状分析。

3. 人力资源需求分析。

4. 人力资源供给分析。

5. 人力资源配置调整计划。

6. 人力资源招聘、培训计划及费用预算。

7. 人力资源管理政策调整计划（主要包括薪酬管理制度、绩效管理制度）。

第十四条 人力资源规划由各中心总经理、项目公司总经理（仅参加项目公司）、执行总裁会审，由人力资源部根据会审意见修改后，经行政人事中心总经理、执行总裁审核，总裁审批后执行，人员招聘依据《招聘管理流程》执行，人员培训依据《培训管理流程》执行。

第十五条 公司战略调整，人力资源部负责根据公司当前战略变化调整人力资源规划。

第十六条 每年 12 月份，人力资源部组织进行人力资源规划执行情况年度总结，项目公司综合管理部协助进行项目公司人力资源规划执行情况年度总结，经项目公司总经理审核后报集团人力资源部,同时公司启动下一年度人力资源规划工作。

第十七条 人力资源规划执行情况年度总结由行政人事中心总经理审批后，报执行总裁、总裁备案。

第四章 附则

第十八条 本制度由行政人事中心组织拟定，经总裁审批后执行。

第十九条 本制度未尽事宜，按照国家有关法律、法规和本公司章程的规定执行。

第二十条 本制度可根据集团公司发展和行业环境变化适时修改，报总裁审批。

第二十一条 本制度解释权归集团行政人事中心。

制度 2：风险评估管理制度

范本

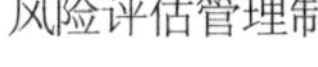
风险评估管理制度

第一章 总则

第一条 为加强本公司的风险管理，及时识别、系统分析经营活动中与实现内部控制目标相关的风险，合理确定风险承受度和风险应对策略，根据有关法律法规和《企业内部控制基本规范》等的有关规定，结合公司实际情况，制订本制度。

第二条 本制度所称风险是指公司经营活动中与公司实现内部控制目标相关的风险，包括战略风险、财务风险、市场风险、运营风险和法律风险等；本制度所称风险评估是指通过对基于事实的信息进行分析，就如何处理特定风险以及如何选择风险应对策略进行科学决策。

第二章 组织机构及职责

第三条 各部门为公司风险评估管理工作的责任机构，具体职责为：

1. 对公司经营活动中的风险进行识别。

2. 对识别的风险进行评估，辨识评估出风险等级并将中、高风险以书面形式上报公司管理层，上报内容应包括：风险发生地、发生原因、可能造成的损失和影响以及拟采取的应对措施等。

3. 执行审批后的风险应对预案，并及时反馈风险的应对、解决结果。

4. 对识别的风险进行监控，发生变化时重新评估，并根据新辨识评估的风险等级进行相应的处理。

5. 年中、年度对风险评估管理工作进行总结。

第四条 公司企划部门为公司风险评估管理工作的组织机构，具体职责为：

1. 负责制定公司的风险评估方案。

2. 负责组建风险评估工作小组。

3. 负责审核风险清单、应对预案。

4. 拟定公司风险评估报告，上报公司管理层。

5. 负责建立经营环境监控体系，切实监控并记录内、外部经营环境和条件的变化，以修正风险识别与评估。

6. 负责建立风险预警指标体系，要求各具体部门定期提供数据，进行指标分析。对于超过风险预警值的指标，应确定相应的整改措施。

第五条 财务部门的风险评估

1. 负责建立流程识别和应对会计法规、准则、制度的变化，评估对会计信息的影响。

2. 负责建立沟通渠道和参与公司业务操作流程的变化，评估对会计核算的影响。

第六条 公司管理层主要职责为：

1. 审定公司各部门风险管理工作职责。

2. 批准风险应对预案。

3. 研究、确定公司重大风险事项及应对预案。

4. 审定内部审计部门提交的公司风险管理方面的报告，并报董事会审议。

第七条 董事会负责审议公司管理层提交的公司风险评估报告，批准风险管理其他重大事项。

第三章 风险评估的频率

第八条 风险评估每年至少进行一次，并根据实际需要增加评估的频率。

第九条 当出现下述情况时，应考虑重新进行风险评估。

1. 企业经营模式发生重大变动。

2. 企业所使用的信息技术发生重大变动。

3. 关键人员变动。

4. 企业所适用的会计准则发生重大变动。

5. 购并的发生、金融工具的使用等涉及复杂的会计处理要求的事项发生。

6. 其他。

第四章 控制目标的设定和传达

第十条 企业董事会应当按照战略目标，设定相关的经营目标、财务报告目标、合规性目标与资产安全完整目标，并根据设定的目标合理确定企业整体风险承受能力和具体业务层次上的可接受的风险水平。

第十一条 公司董事会应定期更新和修正公司的战略目标、经营目标以及风险管理目标。

第十二条 公司管理层应向各部门清晰传达公司的战略目标、经营目标和风险管理目标（如通过工作准备会等），并进行目标分解。

第十三条 公司企划部负责风险评估方案的制订，风险评估方案须经公司总经理办公会审批后执行，风险评估工作由企划部组建风险评估小组负责风险评估的具体工作。
第五章 风险识别
第六章 风险分析
第七章 风险汇总及应对预案
第八章 风险评估报告及执行
第九章 附则
……

表格 1：人力资源年度规划表

<table>
<tr><th>序号</th><th colspan="2">计划类别</th><th>第一年</th><th>第二年</th><th>第三年</th><th>……</th><th>备注</th></tr>
<tr><td>1</td><td colspan="2">员工总人数计划</td><td></td><td></td><td></td><td></td><td></td></tr>
<tr><td rowspan="4">2</td><td rowspan="4">各类职位人数计划</td><td>高层领导</td><td></td><td></td><td></td><td></td><td></td></tr>
<tr><td>中层领导</td><td></td><td></td><td></td><td></td><td></td></tr>
<tr><td>技术人员</td><td></td><td></td><td></td><td></td><td></td></tr>
<tr><td>一般人员</td><td></td><td></td><td></td><td></td><td></td></tr>
<tr><td rowspan="7">3</td><td rowspan="7">各部门人数计划</td><td>综合办公室</td><td></td><td></td><td></td><td></td><td></td></tr>
<tr><td>计划调度部</td><td></td><td></td><td></td><td></td><td></td></tr>
<tr><td>经营管理部</td><td></td><td></td><td></td><td></td><td></td></tr>
<tr><td>工程部</td><td></td><td></td><td></td><td></td><td></td></tr>
<tr><td>财务部</td><td></td><td></td><td></td><td></td><td></td></tr>
<tr><td>人力资源部</td><td></td><td></td><td></td><td></td><td></td></tr>
<tr><td>……</td><td></td><td></td><td></td><td></td><td></td></tr>
<tr><td colspan="3">合计</td><td colspan="5"></td></tr>
</table>

填表人：　　　　　　　　　　审核：　　　　　　　　　　填表时间：

表格 2：人力资源未来 6 年发展状况目标表

指标			第一阶段目标（第1～3年）	第二阶段目标（第4～6年）
指标类别	指标名称	单位		
人力资源成本指标	薪酬福利总额	万元		
	培训招聘支出总额	万元		
	人力资源成本总额	万元		
	人力资源成本 / 销售收入	%		
人力资源效率指标	人均销售收入	万元		
	人均产值	万元		
	人均利润	万元		
人力资源构成指标	职务系列员工比例	%		
	行政系列员工比例	%		
	技工系列员工比例	%		
	通勤系列员工比例	%		
	行政及技术系列本科以上学历比例	%		
	技工系列大专以上学历比例	%		
	……	%		
人力资源可持续发展指标	中高层管理人员继任计划覆盖率	%		
	中高层管理人员主动离职率	%		
	核心岗位人才储备计划覆盖率	%		
	核心岗位人才主动离职率	%		
	人才储备培训人次	人次		

2.7 人力资源管理费用预算

规范 1：人力资源成本预算考核原则

项目	规范内容
目标原则	以预算目标为基准，按预算完成情况评价预算执行者的业绩。
激励原则	预算目标是对预算执行者业绩评价的主要依据，考核必须与激励制度相配合。
时效原则	预算考核是动态考核，每期预算执行完毕应立即进行。
例外原则	对一些阻碍预算执行的重大因素，如市场的变化、重大意外灾害等，考核时应作为特殊情况处理。

规范 2：人力资源预算控制规范

条目	规范内容
1	在预算管理的过程中，对预算内的项目由总经理、人力资源部经理进行控制，预算委员会、财务部进行监督，预算外支出由总经理和财务部经理直接控制。
2	下达的预算目标是与业绩考核挂钩的硬性指标，一般不得超出预算。根据预算执行的情况对责任人进行奖惩。
3	费用预算如遇特殊情况确需突破时，必须提出申请，说明原因，经财务部经理及总经理的核准后纳入预算外支出。如支出金额超过预备费，必须由预算委员会审核批准。
4	若人力资源成本的预算有剩余，可以跨月转入使用，但不能跨年度。
5	预算执行中由于市场变化或其他特殊原因（如已制定的预算缺乏科学性或欠准确、国家政策出现变化等），要及时对预算进行修正。

制度 1：人力资源预算编制管理制度

人力资源预算编制管理制度

第一章 总则

第一条 目的

为合理安排人力资源管理活动资金，规范人力资源管理活动费用的使用，在遵循公司战略目标和人力资源战略规划目标的前提下，综合部除应编制年度人力资源管理预算外，还应逐月编制费用预计表，以便充分发挥资金的运用效果。

第二条 适用范围

本制度适用于公司内部人力资源预算的编制、执行与调整。

第二章 人力资源预算编制

第三条 预算编制的原则

遵循可行性、客观性、科学性和经济性的原则。

第四条 预算编制的时间

人力资源部于每年 12 月 25 日前编制下年度全年人力资源费用预算，每月 5 日前预计当月的费用情况，报各级领导审批后，存档并送财务部备案、汇编。

第五条 预算编制的依据

1. 公司确定的经营发展规划及人力资源战略规划。

2. 过去年度人力资源管理活动的实际费用情况，及本年度预计的内外部变化因素。

第六条 预算编制的职责

1. 综合部职责，综合部是人力资源管理预算的主要执行部门，其他各职能部门具体负责本部门的人力资源规划工作并提供相关数据，公司预算委员会负责审查、核准等。

（1）根据公司人力资源战略规划及公司年度经营计划，编制年度人力资源管理预算，报预算委员会审批。

（2）负责公司人力资源管理预算所需数据的收集和确认。

（3）按时进行各项费用的月度预算，编制费用预算表。

（4）及时预测变化的情况，对预算提出修改意见。

2. 各职能部门职责，需向综合部提供真实详细的历史和预测数据，配合综合部完成本部门需求的申报工作。

第七条 预算编制的内容

人力资源预算编制内容，具体如下：

1. 人力资源薪酬福利费用。

包括基本工资、绩效工资、加班工资、核心员工工资、临时工工资以及保险、公积金、津贴和补助等。

2. 招聘培训费用。

包括公司实施的各种内外部招聘费用，采取各种培训方式涉及的培训费用。

3. 员工劳动保护费用。

包括员工日常生产作业中用到的各种服装、道具等保护设备和设施。

4. 员工日常活动费用。

即各种性质的员工文娱活动、公益活动及各种调研活动费用。

5. 法律涉及费用。

包括劳动纠纷、赔偿、补偿金和诉讼费等。

第八条 人力资源预算审批

人力资源部做好年度预算后，编制年度预算书，在 5 个工作日内呈报预算委员会进行核准、审批。

指点迷津：人力资源成本预算编制的流程

人力资源成本预算的编制是比较严谨的，需要按照一定的流程进行。下面简单介绍一般的人力资源成本预算编制流程，以供参考。

①上一年度人力资源成本预算与实际结算比较。

②本年度人力资源成本预算与已发生费用结算进行比较。

③分析人力资源成本的使用趋势。

④公司生产经营状况分析。

⑤人力资源成本影响因素的分析和预测。

⑥预测下一年度公司生产经营状况。

⑦编制人力资源成本各项目预算，并进行汇总。

⑧编写下一年度人力资源成本预算报告。

制度 2：人力资源成本构成分析方案

人力资源成本构成分析方案

一、人力资源成本的定义

所谓企业人力资源成本，是指为了获得日常经营管理所需的人力资源，并于使用过程中及人员离职后所产生的所有费用支出，具体包括招聘、录用、培训、使用、管理、医疗、保健和福利等各项费用。

二、人力资源成本的构成及说明

1. 取得成本

取得成本是指企业在招募和录取员工的过程中发生的成本，主要包括招聘、选择、录用和安置等各个环节所发生的费用。

（1）招聘成本，指为吸引和确定企业所需内外人力资源而发生的费用，主要包括招聘人员的直接劳动费用、直接业务费用（如招聘洽谈会议费、差旅费、代理费、广告费、宣传材料费、办公费和水电费等）和间接费用（如行政管理费、临时场地及设备使用费）等。

（2）选择成本，指企业为选择合格的员工而发生的费用，包括在各个选拔环节（如初试、面试、心理测试、评论和体检等过程）中发生的一切与决定录取或不录取有关的费用。

（3）录用成本，指企业为取得已确定聘任员工的合法使用权而发生的费用，包括录取手续费、调动补偿费、搬迁费等由录用引起的有关费用。

（4）安置成本，指企业将被录取的员工安排在某一岗位上的各种行政管理费用，包括录用部门为安置人员所损失的时间成本和录用部门安排人员的劳务费、咨询费等。

2. 开发成本

开发成本是指为提高员工的能力、工作效率及综合素质而发生的费用或付出的代价，主要包括岗前培训成本、岗位培训成本和脱产培训成本。

（1）岗前培训成本，指企业对上岗前的新员工在思想政治、规章制度、基本知识和基本技能等方面进行培训所发生的费用，具体包括培训者与受培训者的工资、培训者与受培训者离岗的人工损失费用、培训管理费、资料费用和培训设备折旧费用等。

（2）岗位培训成本，指企业为使员工达到岗位要求而对其进行培训所发生的费用，包括上岗培训成本和岗位再培训成本。

（3）脱产培训成本，指企业根据生产和工作的需要，允许员工脱离工作岗位接受短期（一年内）或长期（一年以上）培训而发生的成本，其目的是为企业培养高层次的管理人员或专门的技术人员。

3. 使用成本

使用成本是指企业在使用员工的过程中发生的费用，主要包括工资、奖金、津贴、补贴、社会保险费用、福利费用、劳动保护费用、住房费用、工会费、存档费和残疾人保障金等。

（1）维持成本，指企业保持人力资源的劳动力生产和再生产所需要的费用，主要指付出员工的劳动报酬，包括工资、津贴、年终分红等。

（2）奖励成本，指企业为了激励员工发挥更大的作用，而对其超额劳动或其他特别贡献所支付的奖金，包括各种超额奖励、创新奖励、建议奖励或其他表彰支出等。

（3）调剂成本，指企业为了调剂员工的工作和生活节奏，使其消除疲劳、稳定员工队伍所支出的费用，包括员工疗养费用、文体活动费用、员工定期休假费用、节假日开支费用、改善企业工作环境的费用等。

（4）劳动事故保障成本，指员工因工受伤和因工患职业病的时候，企业应该给予员工的经济补偿费用，包括工伤和患职业病的工资、医药费、残废补贴、丧葬费、遗属补贴、缺勤损失、最终补贴等。

（5）健康保障成本，指企业承担的因工作以外的原因（如疾病、伤害、生育等）引起员工健康欠佳不能坚持工作而需要给予的经济补偿费用，包括医药费、缺勤工资、产假工资和补贴等。

4. 离职成本

离职成本是指企业在员工离职时可能支付给员工的离职津贴、一定时期的生活费、离职交通费等费用，主要包括解聘、辞退费用及因工作暂停而造成的损失等。

（1）离职补偿成本，指企业辞退员工或员工自动辞职时，企业所应补偿给员工的费用，包括至离职时间为止应付给员工的工资、一次性付给员工的离职金、必要的离职人员安置费用等支出。

（2）离职前低效成本，指员工即将离开企业时造成的工作或生产低效率损失的费用。

（3）空职成本，指员工离职后职位空缺的损失费用。某职位出现空缺后可能会使某项工作或任务的完成受到不良影响，从而造成企业的损失。

表格1：人力资源管理费用预算执行表

填报人：　　　　　　　　　　　　　　　　填报时间：

费用分摊额		月度				本季度累计				本年度累计			
		预算	实际	差异	差异率（%）	预算	实际	差异	差异率（%）	预算	实际	差异	差异率（%）
培训费用	外派学习												
	入职培训												
	业务培训												
	……												
	小计												
薪金费用	员工工资												
	保险总额												
	福利费用												
	其他												
	小计												
办公费用	办公用品												
	出差												
	小计												
……													
合计													

表格 2：年度公司人力资源各项费用预算额与实际发生额比对表

<table>
<tr><th colspan="2">费用项目</th><th>具体项目</th><th>预算金额</th><th>实际支出金额</th><th>预算比实际差异额</th><th>备注</th></tr>
<tr><td rowspan="8">薪资福利费用</td><td rowspan="5">工资费用</td><td>核心人员</td><td></td><td></td><td></td><td></td></tr>
<tr><td>临时工</td><td></td><td></td><td></td><td></td></tr>
<tr><td>基本工资</td><td></td><td></td><td></td><td></td></tr>
<tr><td>绩效工资</td><td></td><td></td><td></td><td></td></tr>
<tr><td>加班工资</td><td></td><td></td><td></td><td></td></tr>
<tr><td rowspan="3">福利工资</td><td>津贴补助</td><td></td><td></td><td></td><td></td></tr>
<tr><td>社会保险</td><td></td><td></td><td></td><td></td></tr>
<tr><td>公积金</td><td></td><td></td><td></td><td></td></tr>
<tr><td colspan="2" rowspan="2">培训费用</td><td>内部培训</td><td></td><td></td><td></td><td></td></tr>
<tr><td>外部培训</td><td></td><td></td><td></td><td></td></tr>
<tr><td colspan="2" rowspan="2">招聘费用</td><td>网络招聘</td><td></td><td></td><td></td><td></td></tr>
<tr><td>现场招聘</td><td></td><td></td><td></td><td></td></tr>
<tr><td colspan="3">劳动保护费用</td><td></td><td></td><td></td><td></td></tr>
<tr><td colspan="3">员工活动费用</td><td></td><td></td><td></td><td></td></tr>
<tr><td colspan="3">劳动法律费用</td><td></td><td></td><td></td><td></td></tr>
<tr><td colspan="3">累计（元）</td><td></td><td></td><td></td><td></td></tr>
</table>

表格3：各部门薪酬标准表

部门	职位	基本工资	岗位补贴	通讯补贴	交通补贴
高管	总经理				
	副总经理				
人力资源部	经理				
	主管				
	员工				
财务部	经理				
	主管				
	员工				
销售部	经理				
	主管				
	员工				
客户服务部	经理				
	主管				
	员工				
技术部	经理				
	主管				
	员工				
……	……				

第3章

招聘与配置管理

（招聘＋面试＋试用期＋内部竞聘＋晋升）

人才是企业维持生存和发展必需的血液，而人力资源管理中的招聘就是为企业输入新鲜的血液，配置则是让这些新鲜血液发挥出应有的作用。那么，在招聘与配置管理工作当中又会涉及哪些规范、制度和表格工具呢？本章将进行详细介绍。

3.1 招聘与配置管理工作岗位体系

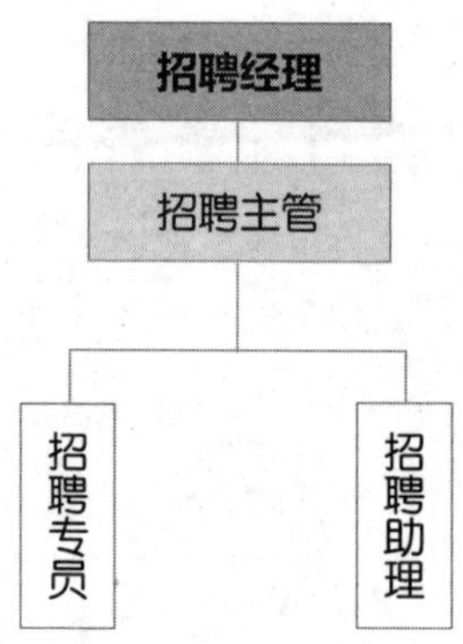

3.2 招聘与配置管理工作岗位配置及岗位职责

3.2.1 招聘经理

岗位名称：招聘经理

直属上级：总经理、董事长

直接下级：招聘主管

岗位职责	1. 全面负责招聘管理。 2. 根据现有编制及业务发展需求，确定年度月度招聘目标，汇总岗位需求数目，制定并执行计划。 3. 调查公司所需人才的外部人员存量与分布状况，并进行有效分析，规划招聘渠道，并做好开发与维护，保证人才信息量大、层次丰富、质量高，确保能有效满足公司的用人需求。 4. 搜集简历，对简历进行分类、筛选，安排聘前测试，确定面试名单，通知应聘者前来面试（性格测试），对应聘者进行初步面试（笔试）考核，出具综合评价意见。 5. 组织相关部门人员协助完成复试工作，确保面试工作的及时开展及考核结果符合岗位要求。 6. 对拟录用重要人员进行背景调查，与拟录用人员进行待遇沟通，完成录用通知。

岗位职责	7. 负责招聘广告的撰写，招聘网站的维护和更新，以及招聘网站的信息沟通。 8. 招聘费用的申请、合理控制和报销。 9. 总结招聘工作中存在的问题，提出优化招聘制度和流程的合理化建议，完成招聘分析报告。 10. 培养招聘专员的招聘方法与沟通技巧，提高招聘活动效率。 11. 负责建立企业人才储备库，做好简历管理与信息保密工作。 12. 搜集各地区人才市场信息，并熟悉各地区人事法规。
任职资格	1. 有 5 年以上招聘或人力资源管理相关工作经验，人力资源本科学历。 2. 具有中高端猎聘、内部推荐、校园招聘、招聘专场等各类项目型招聘推动经验。 3. 熟悉人力资源管理相关业务，掌握人力资源规划与配置方法、职位分析、人才测评、招聘面试等方面的专业知识和技巧。 4. 具有较强的系统思维能力与组织协调能力，有激情，能承受压力，愿意接受挑战。 5. 有较强的沟通、理解、表达和观察能力。 6. 自驱力强、三观端正、职业道德素养佳、学习能力佳、心态积极、脚踏实地。 7. 亲和力强、形象气质佳优先。

3.2.2　招聘主管

岗位名称：招聘主管
直属上级：招聘经理
直接下级：招聘专员、招聘助理

岗位职责	1. 协助人事经理完善招聘体系。 2. 根据企业战略目标、部门人才需求计划以及发展情况制定企业人才招聘计划。 3. 负责招聘信息的起草和招聘广告的发布工作。 4. 进行应聘人员的简历甄别、筛选、聘前测试、初试等相关工作。

岗位职责	5. 负责应聘人员资料库的建立和维护工作。 6. 负责办理人才录用的相关手续等工作。 7. 寻求与人才市场、招聘机构合作，并与其保持良好的合作关系。 8. 完成部门负责人交办的其他工作。
任职资格	1. 人力资源管理、劳动经济、行政管理或相关专业本科及以上学历。 2. 具备 3 年以上招聘经验，有猎头招聘经验。 3. 熟悉招聘流程，熟悉各种招聘渠道特点，有丰富的面试经验及人才定向搜寻经验。 4. 具备较强的简历筛选能力、面试技巧及谈薪技巧。 5. 具有较为丰富的人力资源管理各模块基本理论和专业知识，熟悉国家和地区劳动法律法规，熟悉招聘、录用方面的法律法规，掌握相关关键点和风险点。 6. 优秀的沟通能力、协调能力、承压能力和团队合作意识。 7. 积极主动，责任心强，工作踏实，有较好的抗压能力。

3.2.3 招聘专员

岗位名称：招聘专员
直属上级：招聘主管
直接下级：无

岗位职责	1. 根据公司人力资源规划，协助部门经理建立并完善公司各种员工招聘制度及政策，并根据需要进行及时调整、修改。 2. 根据公司人力资源规划和各部门的人力资源需求计划，协助部门主管制订员工招聘计划。 3. 定期或不定期地进行人力资源内外部状况分析及员工需求调查，并进行员工需求分析。 4. 利用公司各种有利资源，组织开拓和完善各种人力资源招聘渠道，发布招聘信息。 5. 根据公司人力资源规划的定编定岗状况，进行工作分析，并及时更新职位说明书。 6. 完成直接上级交办的其他工作。

任职资格	1. 本科及以上学历，人力资源管理专业优先。 2. 具有一年及以上人力资源岗位工作经验。 3. 有猎头从业经验者优先考虑。 4. 具有很强的人际沟通协调能力及团队协作精神，较强的观察力和应变能力。 5. 高度的敬业精神，工作态度积极乐观、认真仔细，有较强的工作责任心。 6. 有较强的文字功底，擅长撰写招聘文案，熟练运用 Office 等办公软件。

3.2.4 招聘助理

岗位名称：招聘助理
直属上级：招聘主管
直接下级：无

岗位职责	1. 根据各一线部门业务发展需求，与各部门保持沟通，负责完成招聘目标。 2. 负责招聘的实施工作，包括招聘信息的拟写发布、简历筛选、面试通知、初试接待、人才测评和复试安排等。 3. 负责人才市场招聘安排，展位协调、布置、海报制作、参展人员安排，完成人才市场招聘数据和分析报表。 4. 维护和跟进招聘渠道，充分利用各种招聘渠道满足公司对人才的需求。 5. 按时完成周 / 月 / 季 / 年度招聘报表，进行信息整合和分析。 6. 完成其他临时工作。
任职资格	1. 大专及以上学历，人力资源管理专业优先。 2. 具备 1 ～ 2 年相关工作经验，熟悉人力资源招聘流程优先。 3. 熟练使用 Office，对数据敏感，具有较强的逻辑思维能力，有数据分析工作经验优先。 4. 耐心、细致、有责任心，有良好的团队合作精神。 5. 性格开朗，积极主动，有一定的抗压性，喜欢有挑战性的工作。

3.3 招聘与录用管理

规范1：招聘计划编写流程规范

条目	规范内容
1	获取人员需求信息。
2	选择招聘信息的发布时间和发布渠道。
3	初步确定招聘小组。
4	初步确定考核方案。
5	明确招聘预算。
6	编写招聘工作计划。

规范2：招聘与录用原则

条目	规范内容
1	定岗定编原则。
2	直系亲属原则上不得在同一部门工作，面试考核人应回避本人亲属、朋友的面试考核。
3	招聘工作由公司人力资源部统一组织管理，用人部门可以推荐但不得自行招聘。
4	录用者须符合任职资格的基本要求。
5	曾被公司违纪辞退、开除者不得再次录用；自动离职者重新入职须经用人部门负责人提出使用意见由公司人力资源部审批。
6	不符合法律规定条件的人员不能录用。
7	公司人力资源部按岗位实际情况或用人部门要求，根据应聘者提供的资料进行背景核实调查，调查结果发现有作假者，将不予录用。

制度 1：招聘管理制度

范本

招聘管理制度

一、目的

为满足公司持续、快速发展的需要，优化和健全人才选用机制，及时补充公司空缺岗位，保证招聘的质量和效率，特制定本制度。

二、原则

1. 保证公司有序的发展，聘用管理严格执行公司人力编制管理要求，实行编制控制原则。

2. 保证聘用人员质量，依照岗位任职资格作为面试录用的考核标准。

3. 保证聘用人员的客观性、科学性，实行人力资源部初试与用人部门负责人复试以及分管副总或总经理审批的原则。

4. 招聘录用人员的行政级别及薪酬待遇由人力资源部根据公司薪酬体系确认，经由各分管副总或总经理批准后确认。

5. 选聘应从岗位职能当前与长远发展需要考虑，以公平、公正的方式择优录用。

三、适用范围

公司普通（T）、基层（C）和专业技术（D）员工招聘管理。

四、招聘形式

招聘形式分为外部招聘与内部招聘两种形式。

1. 外部招聘

（1）由人力资源部通过中介机构、校园和网络等渠道筛选简历或发布招聘信息，按程序面试考核录用。

（2）由内部员工推荐优秀人才，并按平等竞争、择优录用的原则按程序考核录用。

2. 内部招聘

根据组织架构、各部门业务关联与发展需要，结合岗位晋升计划以及岗位描述和公司用人标准进行内部调动或提升。

五、招聘面试流程说明

1. 人员申请：凡公司招聘人员（编制内）必须由用人部门负责人填写《人员需求申请表》，经分管副总经理审核，送人力资源部复核，再由人事经理报总经理批准后列入公司招聘计划。如招聘人员为编制外则由分管副总提出《人员需求申请表》，送人力资源部备案后经总经理办公室会议讨论后由总经理批准列入公司招聘计划。

流程：用人部门申请→分管副总审批→人力资源部审核→总经理审批。

2. 准备工作：人力资源部根据《人员需求申请表》拟订招聘方案和岗位说明，与相适合的媒介统一发布公开招聘信息或从公司内部人员推荐里选聘合适的人才。收集应聘材料后，根据用人部门对招聘人员的素质和技能要求进行初步筛选，发送面试通知。

流程：人力资源部选择合适的人才→通知面试。

3. 面试及审批：

（1）应聘人员由人力资源部接待、预约，指导应聘人员填写《应聘申请表》。

（2）由人力资源部进行初试，对应聘人员的智力、品德、经验和能力等进行综合考察和评价，并调查了解核实应聘人员所提供信息的真实性，填写《面试审核表》，选拔合格人员进入复试。

（3）复试由人力资源部与用人部门负责人一同进行，复试将采取面试、笔试和心理测试等多种方式。结果报分管副总审核，最后上报总经理审批。部分职位复试需由分管副总经理、总经理和专业人士共同参与。

流程：人力资源部初试→部门负责人复试或笔试→分管副总复试或审批→总经理复试或审批。

①普通员工（T级，办公室人员、现场管理员等），一般需大专以上文化，熟练使用电脑，严格按岗位要求进行招聘。应聘人员由人力资源部初试，再由用人部门负责人复试和笔试，通过复试后安排分管副总面试，最后由总经理进行审批。

②基层员工（C级，保洁工、保安和勤杂工等），一般需初中以上文化、身体健康（需提供正规医院的体检证明）、年龄在18周岁至55周岁之间和农村户口（特殊情况须总经理同意）。应聘人员由人力资源部初试，再由用人部门成立招聘考核组，由考核组集中面试考评，并将集体研究意见报分管副总审核和审批。

③专业人员（D级，如驾驶员、修理工等）除具备基层员工条件以外，须具备有效期内的相关技术证件（如驾驶证、从业资格证和操作证等），符合相关岗位的硬性要求。初试为用人部门的技术考核，通过考核后由人力资源部协同部门负责人进行复试，通过复试后由分管副总审核和审批。

六、人员录用

1. 由人力资源部向拟录用人员发送“录用通知书”，并要求其参加入职体检。录用人员薪酬福利、行政级别等由人力资源部按照公司的薪酬管理制度进行核定，由总经理审批。T级员工试用期为6个月，劳动合同期限为3年。C级、D级员工试用期为两个月，劳动合同期限为两年。

2. 被录用人员按照公司规定时间，携带规定材料到人力资源部门报到办理入职手续，如在录用通知规定时间不能正常报到者，取消录用资格，特殊情况除外。

3. 人力资源部对录用人员进行企业文化教育和岗前公司制度培训，并具体介绍工资的组成及福利待遇（如交综合保险、城镇社会保险等）。

4. 人力资源部安排录用人员到部门报到，部门经理负责介绍岗位细则、岗位要求、上下班时间和安排新进员工的食宿等。

七、本制度的拟订和修改由人力资源部负责，经总经理办公室会议讨论由总经理批准后执行。

八、本制度的最终解释权归公司人力资源部。

指点迷津：比较常用的外部招聘渠道有哪些？

当内部招聘已经无法满足企业的岗位需求时，企业就需要进行外部招聘，从而吸收更多满足要求的人才。外部招聘的渠道一般有如下几种。

1. 员工推荐，即通常所说的内推。内推不仅可以在一定程度上保证应聘者的质量，还可以有效节省招聘成本，企业大多鼓励员工推荐。之后由人力资源中心本着平等竞争、择优录用的原则按相应程序进行面试录用。

2. 媒体招聘，即通过各类招聘网站、相关刊物广告等媒体发布招聘信息。

3. 招聘会招聘，即通过参加各地区人才市场等举办的招聘会进行招聘。

4. 校园招聘。企业于每年春季将招聘信息及时发往有关学校就业办公室，并有选择地参加专业对口的院校举办的人才交流会。

5. 委托猎头公司招聘。对于企业的高级管理和技术岗位员工的招聘，可以委托给专门的猎头公司进行。

6. 中介招聘。在招聘基层人员时，可以利用企业周边各种招聘中介机构进行招聘。

制度2：员工录用管理制度

员工录用管理制度

第一章 总则

第一条 为规范员工的录用工作，明确录用双方的权责，特制定本规定。

第二条 公司本着量才适用、择优录取的原则，公开、公平、公正地进行人员录用程序，为公司延揽适用的人才。

第三条 行政人事部负责录用工作的实施，用人部门协助执行。

第二章 录用前的告知义务

第四条 员工在入职前，必须如实告知其真实履历，包括身体状况、教育状况等基本信息，确保其向公司提交的各种证明材料全面、真实、合法。

第五条 如果员工曾有过营私舞弊、严重失职等行为或受到过行政处分、刑事处分、劳动教养及原单位处分，或与原单位发生过劳动纠纷，员工须事先诚实且详细地向公司做书面说明。

第六条 员工入职前，行政人事部如实告知其入职条件、工作职责、工作地点、工作环境、工作时间、福利待遇、规章制度等，对员工所关心的其他事项也应作详细解答。

第三章 录用途径

第七条 有意到本公司服务的求职者，应向行政人事部申请。该部的职能是促进录用程序的实施。

第八条 公司也欢迎和鼓励员工推荐候选人。

第九条 公司为每一位员工提供充分的个人和职位发展机会。当出现职位空缺时，公司内部的提名总是会被优先考虑，员工可将简历按要求投至行政人事部，行政人事部将保密候选人信息。

第十条 无论是内部候选人，还是外部候选人，都应按预先确定的审查程序加以考虑和评价。最终的选择则以候选人的资格是否满足工作需要而定。部门负责人有责任支持本部门员工在事业方面的计划和发展。

第十一条 应该避免内部以不正当手段获取职位。员工有义务将自己感兴趣申请的新工作职位情况，在应聘之前通知主管领导和行政人事部。对内部工作职位选定，无论正式或非正式，用人部门负责人都必须与行政人事部协商而定。

第四章 亲属录用

第十二条 本公司员工可推荐亲属加入公司，但同样须接受行政人事部的正规招聘流程。

第十三条 被推荐人必须在职位申请表上注明与推荐人的关系，不得弄虚作假，反之无论是推荐人，还是被推荐人，都将受到公司的纪律处分。

第十四条 被推荐人的录用标准将与公司招聘人员标准一致，不得搞特殊化。

第五章 录用条件和要求

第十五条 录用员工年龄必须达到 18 周岁或以上，具有国家认可的有效身份证明。

第十六条 被录用员工必须身体健康，无传染性疾病、影响工作的慢性疾病或其他重大疾病（重大疾病参见国家相关规定）以及不适合招聘岗位的其他疾病。员工在签订劳动合同前必须出示公司指定的医疗机构的体检报告，否则公司不与其签订劳动合同。

第十七条 能力要求。员工应当具备应聘岗位所要求的教育背景、工作经验、专业能力和一定的辅助能力以及所应聘岗位的特殊要求。

第六章 录用禁忌

第十八条 凡有下列情形者，不得录用。

第七章 入职报到手续与流程

第十九条 被录用人员凭行政人事部发放的《录用通知书》，按指定时间、地点携带规定的证件、资料，亲自办理报到手续。不在规定时间内报到或不亲自前往办理的均视为拒绝受雇，该通知书自动失效。

第二十条 新员工均须到行政人事部办理报到手续，如实填写《员工档案》个人资料部分。行政人事部收取录用人员 1 寸免冠彩照两张、有效体检报告以及身份证、毕业证、职称证、流动人口计生证、暂住证等相关证件复印件。已依法与原公司办理解除或终止劳动合同手续的，应向公司出示相关劳动合同解除或终止证明，公司将视具体情况向其前公司核实。公司对录用人员的经历、背景、相关证件及以前工作表现情况保留核实的权利。

第二十一条 任何录用人员，必须在公司制作的《声明》表上做出声明。

第二十二条 员工的实际情况与《声明》《员工档案》和《求职申请表》等的内容不符或是员工刻意隐瞒不报弄虚作假的，公司一旦查实，将视员工为欺诈行为，公司将与其解除劳动合同并不作任何补偿。

第二十三条 行政人事部将录用人员的资料录入公司员工花名册内，对新入职员工档案进行编号。为新员工办理胸卡，发放员工手册，根据新员工具体需求进行用餐、住宿、劳保用品发放等安排。

第二十四条 行政人事部负责新员工入职培训工作，对新员工进行公司行政管理架构、行为规范、规章制度等的培训，协助相关部门对新员工进行生产安全、电气安全、消防安全等的培训，培训后需进行书面考核。

第二十五条 新员工入职培训考核合格后，行政人事部将安排新员工与用人部门负责人见面，接受工作安排，并与负责人指定的入职引导人见面。入职指引人除了向新录用员工介绍公司、部门的基本情况和工作任务外，还应指导新员工如何领取办公用品、使用办公设备等有关工作的具体事务。同时，用人部门应做好新入职员工岗前安全培训工作，经培训合格，方可安排新员工上岗作业。

第八章 特别规定

第二十六条 当员工姓名、住址、电话号码和学历进修等个人资料有更改或变动时，请员工及时将个人情况变更资料交行政人事部，以确保与员工相关的各项权益，否则，由此导致的责任自负。

第二十七条 公司实行亲属回避制度。

第二十八条 公司是员工唯一的雇主。

第二十九条 对于公司急需的特殊人才（如高级技术人才、高级管理人才和高级市场营销人员），可不经过行政人事部门的初试和面试甄选小组的复试。由行政人事部门负责搜集、核实及传递高级人才相关信息和初步筛选，由常务副总或总经理直接进行面试选拔，综合评定后直接录用，并可以执行特殊的薪酬政策。

第九章 附则

第三十条 本规定由行政人事部负责制定、解释，由总经理审批后颁布实施。修订、废止时亦同。

第三十一条 本规定自颁布之日起实施。

……

表格 1：招聘工作计划表

部门名称：　　　　　　　　　　　　　　　　填表日期：　　年　月　日

<table>
<tr><td rowspan="3">招聘计划</td><td colspan="2">岗位名称</td><td colspan="2">人员数量</td><td colspan="5">人员要求</td></tr>
<tr><td colspan="2"></td><td colspan="2"></td><td colspan="5"></td></tr>
<tr><td colspan="2"></td><td colspan="2"></td><td colspan="5"></td></tr>
<tr><td>发布时间</td><td colspan="9"></td></tr>
<tr><td rowspan="2">发布渠道</td><td>发布方式</td><td colspan="8">口报纸　口网站　口专业 / 行业杂志
口人才中介机构　口人才市场　口猎头　口其他</td></tr>
<tr><td>发布安排</td><td colspan="8"></td></tr>
<tr><td rowspan="2">招聘工作预算</td><td>项目</td><td colspan="2"></td><td colspan="2"></td><td></td><td></td><td></td><td>共计</td></tr>
<tr><td>金额</td><td colspan="2"></td><td colspan="2"></td><td></td><td></td><td></td><td></td></tr>
<tr><td rowspan="5">招聘小组成员分工</td><td>职务</td><td colspan="4">姓名</td><td colspan="2">所属部门</td><td colspan="2">工作职责</td></tr>
<tr><td>组长</td><td colspan="4"></td><td colspan="2"></td><td colspan="2"></td></tr>
<tr><td>副组长</td><td colspan="4"></td><td colspan="2"></td><td colspan="2"></td></tr>
<tr><td>成员 1</td><td colspan="4"></td><td colspan="2"></td><td colspan="2"></td></tr>
<tr><td>成员 2</td><td colspan="4"></td><td colspan="2"></td><td colspan="2"></td></tr>
</table>

填表说明：此表用于人力资源部门开展招聘工作以前的计划，由人力资源部填写，通知相关部门。

表格 2：月度招聘需求统计表

需求部门	岗位名称	计划招聘人数	岗位职责	任职资格	全年编制人数	在岗人数	空缺人数
（示例）	招聘经理						
	招聘主管						
	招聘专员						
	招聘助理	5	1. 根据各一线部门业务发展需求，与各部门保持沟通，负责完成招聘目标。 2. 负责招聘的实施工作，包括招聘信息的拟写发布、简历筛选、面试通知、初试接待、人才测评和复试安排等。 3. 负责人才市场招聘安排，展位协调、布置、海报制作、参展人员安排，完成人才市场招聘数据和分析报表。 ……	1. 大专及以上学历，人力资源管理专业优先。 2. 具备 1 ～ 2 年相关工作经验，熟悉人力资源招聘流程优先。 3. 熟练使用 Office，对数据敏感，具有较强的逻辑思维能力，有数据分析工作经验。 ……	8	3	5
……							

表格 3：应聘人员登记表

<table>
<tr><td>姓名</td><td></td><td>性别</td><td></td><td>年龄</td><td></td><td>出生日期</td><td></td></tr>
<tr><td>籍贯</td><td></td><td>民族</td><td></td><td>身高</td><td></td><td>体重</td><td></td></tr>
<tr><td>学历</td><td></td><td>职称</td><td></td><td>健康状况</td><td></td><td>婚姻状况</td><td></td></tr>
<tr><td>毕业院校</td><td colspan="3"></td><td>所属专业</td><td colspan="3"></td></tr>
<tr><td>第一外语</td><td></td><td>级别</td><td></td><td>第二外语</td><td></td><td>级别</td><td></td></tr>
<tr><td>联系方式</td><td colspan="3"></td><td>身份证号</td><td colspan="3"></td></tr>
<tr><td>期望薪资</td><td colspan="2"></td><td>上岗时间</td><td></td><td>其他要求</td><td colspan="2"></td></tr>
<tr><td rowspan="3">所受教育</td><td colspan="2">起止时间</td><td colspan="2">学校名称</td><td colspan="2">专业</td><td>学历</td></tr>
<tr><td colspan="2"></td><td colspan="2"></td><td colspan="2"></td><td></td></tr>
<tr><td colspan="2"></td><td colspan="2"></td><td colspan="2"></td><td></td></tr>
<tr><td rowspan="3">工作经验</td><td colspan="2">起止时间</td><td colspan="2">公司名称</td><td colspan="2">所担任职务</td><td>相关证明人</td></tr>
<tr><td colspan="2"></td><td colspan="2"></td><td colspan="2"></td><td></td></tr>
<tr><td colspan="2"></td><td colspan="2"></td><td colspan="2"></td><td></td></tr>
<tr><td rowspan="3">参加
的培训</td><td colspan="2">起止时间</td><td colspan="2">培训机构</td><td colspan="2">培训内容</td><td>获得的相关证书</td></tr>
<tr><td colspan="2"></td><td colspan="2"></td><td colspan="2"></td><td></td></tr>
<tr><td colspan="2"></td><td colspan="2"></td><td colspan="2"></td><td></td></tr>
<tr><td colspan="3">所受过的奖励及处分</td><td colspan="5"></td></tr>
<tr><td colspan="3">兴趣和爱好</td><td colspan="5"></td></tr>
<tr><td colspan="3">个人特长及自我评价</td><td colspan="5"></td></tr>
</table>

表格 4：招聘费用估算表

方式 部门	费用				
	报纸方式	广播方式	招聘会方式	网站方式	最后选择
×× 部					
×× 部					
×× 部					
×× 部					
合计					

表格 5：录用决定表

应聘人姓名	
机构名称	
部门	
拟聘职位	
面试人	
薪资福利情况	
入司日期	
综合评估	用人部门负责人签名及日期：

批准人：

总经理：

3.4 面试管理

规范 1：面试实施工作规范

项目	规范内容
开始阶段	营造良好的面试氛围，对应聘者进行热情友好的接待。首先进行自我介绍，从应聘者熟悉的话题着手以缓解其压力，从而以轻松的开场白开始面试。
实施阶段	此阶段为面试的核心阶段，应对应聘者进行多方面的考察。主要考察其心理特点、求职动机、能力和综合素质等。
结束阶段	这是面试的尾声，双方进行进一步的沟通。面试者检查有无遗漏需要向应聘者了解的信息以及需要向其介绍的信息；面试者需要咨询应聘者听完本公司介绍后的感想，从而了解其意向。
评估阶段	对应聘者在面试中的表现进行评估，为人员录用决策提供依据。

规范 2：面试工作的注意事项

条目	规范内容
1	面试准备工作要充分：面试时间的安排宜选在双方都有充足时间的阶段，面试场地要安静，要为面试官和应聘者准备茶水。
2	面试官要制造坦诚、轻松和融洽的氛围，尽量使应聘者感到亲切、自然和轻松。
3	面试官要尊重应聘人的人格、风俗习惯等。
4	面试官要随时记录面试重要事项。
5	面试官要把控整个面试过程。如发现应聘者情绪波动过大，应暂停发问，使其尽快恢复平静。
6	严禁向应聘者提与工作无关的、非法的问题。

制度 1：面试管理制度

范本

面试管理制度

第一条 总则

1. 为了招聘人才，为公司的发展服务，特制订本制度。

2. 有关应聘员工面试事项，均依本制度处理。

第二条 面试考官应具备的条件

1. 本公司人事部门工作人员为面试考官，面试人员本身需要给人一种好感，能够很快地与求职者交流意见。因此面试人员在态度上、表情上必须表现得十分开朗，让应聘者愿意将自己想说的话充分表达出来。

2. 面谈人员自己本身必须培养极为客观的个性，理智地去判断一些事务，绝不能因某些非评价因素而影响了对应聘者的客观评价。

3. 不论应聘者的出身、背景之高低，面试人员都应尊重应聘者所表现出来的人格、才能和品质。

4. 面试人员必须对整个公司组织情况、各部门功能、部门与部门间的协调情形、人事政策、薪资制度、员工福利政策，有深入的了解，才能应对应聘者随时提出问题。

5. 面试人员必须彻底了解该应聘职位的工作职责和必须具备的学历、经历、人格条件与才能。

第三条 从面试中应获得的资料

1. 观察应聘者的稳定性：应聘者是否无端常换工作，尤其注意应聘者换工作的理由，假如应聘者刚从学校毕业，则要了解应聘者在学校中参加哪些社团，稳定性与出勤率如何。另外从应聘者的兴趣爱好中也可以看出应聘者的稳定性。

2. 研究应聘者以往的成就：研究应聘者过去有哪些特殊工作经验与特别成就。

3. 应付困难的能力：应聘者过去面对困难或障碍是否经常逃避，还是能够当机立断挺身而出解决问题。

4. 应聘者自主能力：应聘者的依赖心是否极强，如应聘者从学校毕业，则可观察他在读书时是否一直喜欢依赖父母。

5. 对事业的忠心：从应聘者谈过去主管、过去部门、过去同事以及从事的事业，就可判断出应聘者对事业的忠心度。

6. 与同事相处的能力：应聘者是否有一直在抱怨过去的同事、朋友、公司以及其他各种社团的情形。

7. 应聘者的领导能力：当公司需要招聘管理者时，特别要注意应聘者的领导能力。

第四条 面试的种类

根据本公司状况，面试可分为下列两种。

1. 初试：初试通常在人事部门实施，初试的作用无非是过滤那些学历、经历和资格条件不合格的应聘人员，通常初试的时间约 15 ～ 30 分钟。

2. 评定式面试：经过初试，如果发现有多人适合这项工作，这时就要由部门主管或高级主管做最后一次评定式面试，这种面试通常为自由发挥式的面谈，没有一定的题目，由一个问题一直延伸到另一个问题，让应聘者有充分发挥的机会，这类面试通常 30 ～ 60 分钟。

第五条 面试的地点及记录

1. 面试的地点最好在单独的房间，房间只有面试人与应聘者，最好不要装电话，以免面试受到电话的干扰。

2. 面试的时候，必须准备面试表格。通常初试表格最好是对勾方式的。在评定式面试中，最好用开放式的表格，把该应聘者所说出来的一切记录下来。

第六条 面试的技巧

1. 发问的技巧

好的面试人员必须擅于发问，且问的问题必须恰当。

2. 学会听

面试人员要想办法从应聘者的谈话里，找出所需要的资料，因此面试人员一定要学会听的艺术。

3. 学会沉默

应聘人员问完一个问题时，应学会沉默，看应聘者的反应，最好不要在应聘者没有开口答时，或者感觉不了解你的问题时，就解释你的问题。这时若保持沉默，就可以观察到求职者对这个问题的反应能力。因为应聘者通常会补充几句，而这几句话通常是最重要的也是最想说的几句。

第七条 面试的内容（面试内容的重点事项）

1. 个人的特性

应聘者的个人特性包括应聘者的体格、举止健康情形、穿着、语调、坐和走路的姿势。应聘者是否积极主动、是否为人随和、是否有执行力以及个性内向或外向，这些要依靠面试人员对应聘者的观察。

2. 家庭背景

家庭背景资料包括应聘者小时候的家庭教育情形、父母的职业、兄弟姊妹、兄弟姊妹的兴趣爱好、父母对他的期望以及家庭的重大事件等。

3. 学校教育

应聘者就读的学校、科系和成绩，曾参加的活动，与老师的关系，在校获得的奖励，参加的运动等。

4. 工作经验

除了应聘者的工作经验外，更应该从问题中观察应聘者的责任心、薪酬增加的状况、职位的升迁状况和变化情形，以及变换工作的原因。从应聘者的工作经验里，我们可以判断出应聘者的责任心、自动自发的精神、思考力和理智状况等。

5. 与人相处的特性

从应聘者的结交情况来了解其与人相处的方式和特性，包括了应聘者的兴趣爱好，喜欢的社团以及所结交的朋友。

6. 个人的抱负

包含应聘者的抱负、人生的目标及发展的潜力、可塑性等。

制度 2：笔试管理制度

笔试管理制度

第一章 总则

第一条 目的

1. 规范公司抽出的笔试考核工作，使应聘者笔试管理更加科学化、制度化。

2. 提高招聘效果，确保招聘到适合公司发展的优秀人才。

第二条 适用范围

本制度适用于公司各类招聘的笔试考核工作。

第三条 原则

1. 公开、公平、竞争和择优原则。

2. 双向选择原则。

第二章 成立笔试小组

第四条 笔试小组人员组成

笔试小组由人力资源、用人部门和总经办组成。

第五条 笔试小组的职责

负责整个笔试工作的实施，包括试题的设计、监考和阅卷评估工作。

第六条 组长人选

笔试小组组长一般由人力资源主管与总经办领导担任，组长全面负责笔试小组的管理工作。

第三章 笔试试题设计

第七条 试题设计分工

1. 笔试小组收集招聘岗位的相关信息，依据岗位说明书，根据招聘岗位的特征、考核需要、试题设计原则、类型及考察内容等，编制笔试试题。

2. 综合素质类试题由人力资源负责设计，专业技术类试题由用人部门负责设计。

3. 总经办领导负责为笔试试题设计提供指导性意见和建议，并提供多方面的智力支持。

第八条 试题设计原则

设计试题时需要注意的事项如下：

1. 试题考查内容要有专业性，考查范围要全面。

2. 试题难度设计要适中，内容应该由简入难。

3. 试题用词要严谨，避免产生歧义。

4. 试题类型和项目分布要合理。

5. 试题内容要适量。

第九条 试题考查内容

笔试考查的项目及其主要内容如下：

1. 思想道德素质：政治思想水平、品德修养和工作态度等。

2. 知识素养：基础知识、专业知识和其他相关知识等。

3. 智力能力：观察力、记忆力、思维应能力、想象力和对新知识的学习能力等。

4. 工作能力：岗位所需技能、相关专业技能。

5. 个性特征：性格类型、人格气质等。

第十条 试题题型设计

笔试试题题型包括单项或多项选择题、简答题、推理判断题、案例分析题及论述写作题等。

第十一条 试题测试与应用

1. 笔试小组在编制好试题后应进行试题测试，根据测试结果对试题做进一步完善。

2. 笔试小组将完善后的试题报总经理审批，审批通过后应用。

第四章 笔试准备工作

第十二条 确定笔试地点

人力资源负责安排笔试地点，笔试地点应尽量选择在安静、整洁且采光好的房间。

第十三条 通知应聘人员

人力资源确定笔试时间，并及时通知参加笔试的应聘人员。

第十四条 笔试用具准备

人力资源准备好笔试所需的试卷、备用文具等材料。

第五章 笔试工作纪律

第十五条 考场纪律

1. 监考人员应提前 10 分钟到达笔试地点，做好笔试的相关准备工作。

2. 应聘人员进入笔试地点，除了携带必要的文具，如钢笔、签字笔等外，不得携带任何书籍、纸张等。

3. 应聘人员迟到 30 分钟以上，不得进入笔试地点内参加笔试。

4. 应聘人员不得向监考人员询问涉及试题内容的问题，若有试卷字迹模糊或者试题错误等问题，可以举手询问。

5. 答题一律用蓝、黑铅笔或水性笔，字迹要工整、清晰。

6. 应聘人员必须在规定的地方填写姓名，并且保持卷面清洁。

7. 应聘人员进入笔试地点后应保持安静，并且关闭所有的通信工具。

8. 应聘人员必须遵守笔试地点纪律，服从监考人员的安排，不准交头接耳。

9. 笔试结束时间到，应聘人员不得继续答题，并将试卷整理好放于桌面，在监考人员的安排下有序离开笔试地点。

第十六条 监考人员资格规定

笔试小组人员在招聘过程中，如发现有与其存在亲友关系或其他关系的应聘人员，应当主动回避，不得担任本次本场笔试的监考工作人员。

第十七条 安全保密规定

人力资源应加强试题的安全保密措施，对于在招聘与笔试工作中漏题或有相关舞弊行为的人员应从严处罚。

第十八条 罚则

1. 对违反招聘纪律的工作人员，人力资源应视情节轻重，给予相应的处分。

2. 对违反笔试地点纪律的应聘人员，人力资源有权取消其笔试资格。

第六章 笔试实施与阅卷评估

第十九条 宣读纪律与注意事项

笔试开始前笔试小组要向应聘人员宣读笔试纪律和注意事项。

第二十条 考场监督

在笔试过程中，笔试小组要随时维护笔试地点纪律，防止违纪现象的发生。

第二十一条 笔试过程指导

在笔试过程中，笔试小组可以回答应聘人员提出的诸如试卷字迹模糊、试题有误等方面的问题。

第二十二条 收卷与密封

笔试结束后，由笔试小组监督应聘人员停止答卷，及时收回试卷并密封。

第二十三条 试卷评判

笔试结束后，阅卷人员应秉持公平、公正和客观的态度负责对笔试试卷进行评判，并将成绩汇总至人力资源处。

第二十四条 确定人员名单

人力资源根据笔试成绩，确定进入下一轮考核的人员名单，并报总经理审阅。

第二十五条 下一轮面试通知

人力资源根据面试的时间、地点等安排，及时通知笔试合格的应聘人员参加面试。

第七章 附则

第二十六条 本规定由人力资源负责制定，修改时亦同。

第二十七条 本规定自下发之日起执行。

表格 1：面试通知单

________先生 / 女士：

您好！

首先感谢您对本企业的信任和大力支持。

经过初次接触，我们认为您基本具备加盟本企业的能力，因此特别通知您于以下时间、地点到本企业进行正式面试，具体要求如下。

<table>
<tr><td>面试时间</td><td colspan="3">年 月 日（星期 ） 午 时 分</td></tr>
<tr><td>面试地点</td><td></td><td>面试时限</td><td>小时 分钟</td></tr>
<tr><td>行车路线</td><td colspan="3"></td></tr>
<tr><td>个人准备</td><td colspan="3">1. 携带个人身份证及复印件、学历证书及复印件以及职称证书及复印件。
2. 资格证书及复印件、获奖证书及复印件。
3. 个人一寸免冠彩色照片两张。
4. 男士着装要求：
5. 女士着装要求：</td></tr>
</table>

良好的开端等于成功的一半，祝您成功！

单位名称：（盖章）

年 月 日

表格 2：面试记录表

<table>
<tr><td>申请人姓名</td><td></td><td>性别</td><td></td><td>年龄</td><td></td><td>最高学历</td><td></td></tr>
<tr><td>应聘岗位</td><td></td><td>主试人</td><td></td><td>面试时间</td><td></td><td>面试地点</td><td></td></tr>
<tr><td colspan="2">面试项目</td><td>优</td><td>良</td><td>好</td><td>可</td><td>差</td><td>备注</td></tr>
<tr><td colspan="2">1. 体能、体态状况</td><td></td><td></td><td></td><td></td><td></td><td></td></tr>
<tr><td colspan="2">2. 仪表、穿着与服饰</td><td></td><td></td><td></td><td></td><td></td><td></td></tr>
<tr><td colspan="2">3. 举止及应对礼仪</td><td></td><td></td><td></td><td></td><td></td><td></td></tr>
<tr><td colspan="2">4. 语言表达与口齿清晰</td><td></td><td></td><td></td><td></td><td></td><td></td></tr>
<tr><td colspan="2">5. 机智及反应能力</td><td></td><td></td><td></td><td></td><td></td><td></td></tr>
<tr><td colspan="2">6. 知识面宽广和渊博程度</td><td></td><td></td><td></td><td></td><td></td><td></td></tr>
<tr><td colspan="2">7. 性格特征与人际沟通</td><td></td><td></td><td></td><td></td><td></td><td></td></tr>
<tr><td colspan="2">8. 生活工作阅历是否丰富</td><td></td><td></td><td></td><td></td><td></td><td></td></tr>
<tr><td colspan="2">9. 外语能力（英、日）</td><td></td><td></td><td></td><td></td><td></td><td></td></tr>
<tr><td colspan="2">10. 学历、学位</td><td></td><td></td><td></td><td></td><td></td><td></td></tr>
<tr><td colspan="2">11. 对申请职位之经验</td><td></td><td></td><td></td><td></td><td></td><td></td></tr>
<tr><td colspan="2">12. 相关专业知识支撑</td><td></td><td></td><td></td><td></td><td></td><td></td></tr>
<tr><td colspan="2">13. 对新工作环境适应性</td><td></td><td></td><td></td><td></td><td></td><td></td></tr>
<tr><td colspan="2">14. 对新工作之稳定性</td><td></td><td></td><td></td><td></td><td></td><td></td></tr>
<tr><td colspan="2">15. 对新工作的信心与毅力</td><td></td><td></td><td></td><td></td><td></td><td></td></tr>
<tr><td colspan="2">16. 个人理想与企业一致</td><td></td><td></td><td></td><td></td><td></td><td></td></tr>
<tr><td colspan="2">17. 未来之可塑性</td><td></td><td></td><td></td><td></td><td></td><td></td></tr>
<tr><td>面试总体评价</td><td colspan="7"></td></tr>
<tr><td>现行工资</td><td colspan="3"></td><td colspan="2">期望工资</td><td colspan="2"></td></tr>
<tr><td>可提供待遇</td><td colspan="3"></td><td colspan="2">确认工资</td><td colspan="2"></td></tr>
</table>

续表

拟受聘岗位		拟确定级别		拟聘用开始时间	
部门经理意见	年　月　日				
人力资源部门意见	年　月　日				
领导意见	年　月　日				

填表人：　　　　　　　　　　　　　　　　审核人：

填表说明：此表由面试组长在征求招聘小组意见之后填写。面试评估的“备注”一栏用来填写面试过程中有用的信息或数据。

表格3：面试成绩评定表

考号		姓名		性别		年龄
应聘岗位			所属部门			
面试项目	好	分数	中	分数	差	分数
仪表	端庄整洁	5	一般	3	不整洁	0
表达能力	清晰流畅	20	基本达意	5	含糊不清	0
态度	诚恳	10	一般	5	随便	0
进取心	强烈	15	一般	10	欠缺	0
实际经验	丰富	15	一定经验	10	缺乏	0
情感	稳重	15	一般	10	较情绪化	0
反应	敏捷	20	一般	15	迟钝	0
评定总分			评定等级			
备注与评语						

评分人：　　　　　　　　　　　　　　　　评分日期：　　年　　月　　日

表格 4：面试评估报告表

<table>
<tr><td>应聘者姓名</td><td colspan="2"></td><td>性别</td><td></td><td>应聘职位</td><td></td></tr>
<tr><td>所属部门</td><td colspan="2"></td><td>工作地点</td><td></td><td>评估日期</td><td></td></tr>
<tr><td rowspan="9">能力素质评价</td><td rowspan="2">能力</td><td colspan="5">个人得分</td></tr>
<tr><td>1（差）</td><td>2（较差）</td><td>3（一般）</td><td>4（良好）</td><td>5（优秀）</td></tr>
<tr><td>领导能力</td><td></td><td></td><td></td><td></td><td></td></tr>
<tr><td>计划分析能力</td><td></td><td></td><td></td><td></td><td></td></tr>
<tr><td>判断决策能力</td><td></td><td></td><td></td><td></td><td></td></tr>
<tr><td>目标管理能力</td><td></td><td></td><td></td><td></td><td></td></tr>
<tr><td>开拓能力</td><td></td><td></td><td></td><td></td><td></td></tr>
<tr><td>客户服务意识</td><td></td><td></td><td></td><td></td><td></td></tr>
<tr><td>影响力</td><td></td><td></td><td></td><td></td><td></td></tr>
<tr><td rowspan="3">综合评价</td><td>优点</td><td colspan="5"></td></tr>
<tr><td>缺点</td><td colspan="5"></td></tr>
<tr><td>其他</td><td colspan="5"></td></tr>
<tr><td>建议</td><td colspan="6">□录用　　□待定　　□基本不符合条件
补充说明：</td></tr>
</table>

评估者：　　　　　　　　　　　　　　　　　　　　日期：　　年　　月　　日

表格 5：笔试成绩汇总表

笔试日期：　　　　　　　　监考人员：　　　　　　　　阅卷人员：

排名	考号	姓名	应聘职位	笔试成绩
1				
2				
3				
……				

3.5 试用期评估

规范 1：新员工试用期管理流程规范

项目	规范内容
入职手续	办理新员工相关入职手续，递交相关证明证书等，发送员工手册。
安排住宿	安排宿舍。
上岗欢迎仪式	1. 介绍新同事，表示欢迎。 2. 部门成员自我介绍。 3. 新员工发言。 4. 指定辅导师傅。
业务培训	对新员工进行基本技能、规范标准等培训。
周辅导	定时与员工就工作中的问题进行沟通。
关爱访谈	员工直接上级、人力资源部门定期与员工进行关爱访谈。
综合考评	对新员工工作内容、表现、能力和态度等进行评鉴。

规范 2：管理人员试用期考核流程规范

条目	规范内容
1	在新员工入职之前，人力资源部通知新员工主管领导。
2	新员工在办理入职当天，在人力资源部领取《试用期工作计划表》。
3	新员工与主管领导协商确定试用期的工作任务，并将填写完毕的《试用期工作计划表》交到人力资源部。
4	在新员工入职后第 7 周提交书面《转正申请》，人力资源部组织相关人员填写《试用期工作业绩评价表》，组织试用期 360 度考核及转正述职。
5	人力资源部根据相关考核意见，通知新员工办理转正手续或解除劳动合同。

制度 1：员工试用期管理办法

范本

员工试用期管理办法

一、目的

1. 提高人力资源开发质量，为公司各岗位配置合适的人才。

2. 帮助新员工尽快适应公司环境、达到岗位要求以及发挥作用。

3. 严格把好进人关，降低人力资源成本。

二、依据

1.《中华人民共和国劳动合同法》《××市劳动合同管理办法》相关条款。

2. 本公司《员工手册》中相关人事管理规定。

三、试用期规定

试用期是劳动合同当事人为了相互了解对方的情况（即用人单位了解劳动者是否合适从事特定工作以及劳动者了解用人单位的具体情况）而在劳动合同中约定的特定期限。公司对试用期做如下规定：

1. 试用期期限：新员工试用期为 1 ～ 3 个月。

2. 考察主体

新员工入职后的考察工作由所在部门、公司负责，行政人事部负责跟踪、反馈和协调工作。

3. 考察内容

（1）制度执行：新员工必须严格遵守公司各项制度规定，严格遵守薪资保密纪律、考勤制度以及公司新员工入职流程与转正流程。

（2）态度技能：新员工应尽快地熟悉岗位情况，展现工作技能，达到岗位要求，以积极、主动的工作态度完成本职工作。

（3）思想品质：新员工应诚实填写自己的工作履历，如实向公司提供个人信息与相应的各种劳动手续，接受公司背景调查并承担相应后果。

（4）培训学习：新员工应认真参加公司的入职管理制度学习；准时参加公司组织的新员工入职培训学习并取得 90 分以上考试成绩。

（5）总结自评：新员工从入职当天算起，入职后每半月进行一次自评，自评表内容包括入职以来的工作心态、所做出的成绩、不足的地方以及下阶段的工作目标 4 项基本内容。填写自评表，经部门领导认可签字后报行政人事部备查，转正前半月填写整个试用期的自评表报部门领导审核。

四、考察结果运用

1. 经过试用期考察，能够严格遵守公司各项管理制度，符合岗位要求，能够胜任本职工作的新员工由个人申请、部门、分管领导审批按转正流程上报公司审批，按期予以转正，表现突出者可以提前转正。

2. 对于在试用期间存在以下行为，个人在态度与潜力上具有改正提高的可能，经公司行政人事部与部门商议后，与新员工本人谈话，进行及时反馈并提出改进要求，限期进行改正提高，并视改进情况与效果提出转正、延长试用期或予以辞退意见，报公司批准后执行。

（1）试用期内请假时间累计超过 3 天。

（2）试用期内迟到，早退累计 10 次以内。

（3）试用期内无故不按时上报自评表超过 15 天以上。

（4）试用期内管理制度与入职培训考试成绩未达到 90 分。

（5）试用期内无故不参加公司组织的新员工入职培训。

（6）试用期内未能按期、保质、保量完成工作任务达两次。

3. 对于严重违反违犯公司制度、存在弄虚作假行为、不能胜任本职工作、不认同公司文化的新入职人员予以辞退。

（1）试用期内无故旷工一天或迟到，早退累计 10 次以上。

（2）试用期内请假时间超过 10 天将被视为自动离职。

（3）入职时提供的个人资料存在虚假、欺骗内容。

（4）试用期内被证明不符合录用条件或能力较差、表现不佳而难以完成工作任务。

（5）不认同企业文化、团队协作较差，不能与公司融为一体的。

（6）不符合本公司《员工手册》中其他要求的。

五、附则

1. 本制度由公司行政人事部负责解释。

2. 本制度只适用于新员工入职试用期内考察管理。

3. 本制度从下发之日起执行。

制度 2：员工转正管理办法

员工转正管理办法

一、总则

1. 目的

为规范员工试用转正考核流程，确保员工转正考核工作规范、有效，有章可循，特制定本办法。

2. 适用范围

本制度适用于试用期转正新员工的考核。

二、转正考核管理规定

1. 员工试用期限

（1）新员工试用期原则上为 1 ~ 3 个月（有特殊规定的按规定执行），在期限届满前 10 天可以提出转正申请。

（2）员工试用期间工作表现优秀，自己或直接上级可以提前提出转正申请。

（3）综合办负责组织相关手续的办理。

2. 试用期转正条件

（1）符合岗位任职资格要求，能够胜任岗位工作。

（2）通过直接上级的考核，经审核合格。

（3）认同公司企业文化，遵守公司各项管理制度，工作态度、工作任务完成符合要求，试用期间没有严重违纪和损害公司形象的行为。

（4）符合以上条件者方可办理转正手续。

3. 转正考核时间规定

一般情况下，员工在试用期间届满前 10 个工作日内可以提出转正申请，由综合办负责组织相关考核。各考核部门和人员应在员工提出转正申请 10 个工作日内（最迟不能超过员工的试用期最后一日）完成所有考核项目，并做出考核决定。

4. 转正考核形式

采取上级主管考核评价的形式。

5. 转正考核权重划分

（1）转正考核总成绩满分为 100 分，60 分以上为合格。

（2）基础类人员的总成绩为自评、直接上级评价、专业考试成绩 3 项。其权重比例为：自评 20%、直接上级评价 70%、专业考试分数 10%。

（3）主管及以上人员总成绩为自评、直接上级评价、管理中心评价 3 项。其权重比例为：自评 20%、直接上级评价 60%、管理中心评价 20%。

6. 考核成绩结果的运用

（1）考核分在 85 ~ 100 分（含）的可提前转正，试用期不少于 1 个月。

（2）考核分在 70 ~ 84 分（含）的试用期不少于 2 个月转正。

（3）考核分在 60 ~ 79 分（含）的试用期须延长至 3 个月转正。

（4）考核分在 60 分以下的不再试用，立即辞退。

三、转正考核流程

1. 转正考核通知

（1）人力资源部于每月 10 日前统计出当月可转正人员名单。

（2）人力资源部通知被考核人所在部门负责人，由部门负责人传达给被考核人员，并安排进行专业考试。此工作须在每月 12 日之前完成。

2. 填写转正相关表格

（1）被考核人员收到通知后须填写《转正申请表》《员工转正考核表》《新员工试用期自评表》，交至部门负责人处。

（2）此工作须在每月 14 日之前完成。

3. 被考核人上级进行考核评价

（1）部门负责人复核员工表格填写的完整情况后，签署相关意见后交至分管领导处审核并签字确认。

（2）此工作须在每月 16 日之前完成。

4. 管理中心负责人进行考核评价

（1）被考核人部门负责人将《转正申请表》《员工转正考核表》《新员工试用期自评表》、专业考试试卷及分数一同交予人力资源部。

（2）由管理中心负责人在《员工转正考核表》相关位置填写分数后，根据所交资料及分数的权重，计算出最终考核结果，在《员工转正考核表》及《转正申请表》填写相关意见。按相关审批权限进行审批，得出最终考核结果，最后备案。

（3）此工作须在每月 25 日之前完成。

（4）转正考核结果须在次月 6 日前报送人力资源部工资核算人员处核算工资。6 日以后报送的将延迟在次月工资中补发。

5. 考核结果通知与考核面谈

正式考核结论形成后，人力资源部通知被考核人所在部门负责人，由部门负责人传达给当事人。人力资源部负责人将在两个工作日内安排与被考核人进行考核结论面谈。

四、操作管理规定

1. 未按时间要求提交转正资料，导致转正延误者，人力资源部不担负任何责任。

2. 人力资源部在办理员工转正考核的过程中，若发现申请人不符合转正要求，将不予办理转正考核手续，并追究部门经理及相关负责人的责任。

3. 各级考核人员应严格把关，对申请人试用期间的表现进行客观评价，如有弄虚作假行为，一经查出，予以降职一级处理。

4. 有权限建议薪资调整（加薪、降薪）的高级管理人员，必须严格按本管理办法的条款进行考核操作。

五、附则

1. 本制度由人力资源部负责制定、解释、修订与实施。

2. 本制度经总裁审批后，自颁发之日起实施。

表格 1：新员工试用申请及核定表

<table>
<tr><td rowspan="10">试用申请</td><td>姓名</td><td></td><td>性别</td><td>□男　□女</td><td rowspan="6">试用部门</td><td rowspan="6">部　　　　厂处
依　　字第　　　号奉准增补
拟派任工作：
拟训练计划：
主管：　　　经办</td></tr>
<tr><td>籍贯</td><td colspan="3"></td></tr>
<tr><td>年龄</td><td colspan="3"></td></tr>
<tr><td>地址</td><td colspan="3"></td></tr>
<tr><td>服役</td><td colspan="3"></td></tr>
<tr><td>学历</td><td colspan="3"></td></tr>
<tr><td>专长</td><td colspan="3"></td><td rowspan="2">甄选主办部门</td><td rowspan="2">甄选方式：□公开招考
　　　　　□推荐挑选
甄选日期：　年　月　日
办理经过：
评语：</td></tr>
<tr><td>资历</td><td colspan="3"></td></tr>
<tr><td>直接主管意见</td><td colspan="3"></td><td>人事部门</td><td>预定试用日期：自　年　月　日
　　　　　　　至　年　月　日
拟暂工资：自试用日起暂支　　元
其他意见：</td></tr>
<tr><td>董事长意见</td><td colspan="3"></td><td colspan="2">经理意见：</td></tr>
<tr><td>事业关系室</td><td colspan="4"></td><td rowspan="3">试用部门</td><td rowspan="3">试用期间：自　年　月　日
　　　　　至　年　月　日
工作项目：
工作情形：
评语：
□拟下式任用　　□拟予辞退
拟给职位：自　月　日起以　任用
拟给工资：自　月　日起支　　元
其他：
主管经办：</td></tr>
<tr><td>人事部门</td><td colspan="4">考勤记录：
意见：　　　　职位：
　　　　　　　薪资：
　　　　　　　其他：</td></tr>
<tr><td>直接主管意见</td><td colspan="4"></td></tr>
<tr><td colspan="7">董事长：　　　　总经理：　　　　经理：</td></tr>
</table>

表格2：新员工试用表

<table>
<tr><td rowspan="4">基本信息</td><td>姓名</td><td></td><td>应聘职位</td><td></td><td>基本信息</td><td></td></tr>
<tr><td>所属部门</td><td></td><td>甄选方式</td><td colspan="3">□公开召考 □推荐遴选
□内部提升</td></tr>
<tr><td>年龄</td><td></td><td>学历</td><td></td><td></td><td></td></tr>
<tr><td>工作经验</td><td colspan="5">相关　年，非相关　年，共　年</td></tr>
<tr><td rowspan="7">试用计划</td><td>试用职位</td><td colspan="5"></td></tr>
<tr><td>试用期限</td><td colspan="5"></td></tr>
<tr><td>督导人员</td><td colspan="5"></td></tr>
<tr><td>督导方式</td><td colspan="5">□观察　□培训</td></tr>
<tr><td>拟安排工作</td><td colspan="5"></td></tr>
<tr><td>试用薪酬</td><td colspan="5"></td></tr>
<tr><td>人事经办</td><td></td><td>核准</td><td></td><td>拟定</td><td></td></tr>
<tr><td rowspan="7">试用结果考察</td><td>试用时间</td><td colspan="5">年　月　日至　年　月　日</td></tr>
<tr><td>安排工作及培训项目</td><td colspan="5"></td></tr>
<tr><td>工作情况</td><td colspan="5">□满意　□尚可　□差</td></tr>
<tr><td>出勤情况</td><td colspan="5">迟到　次，早退　次，病假　次，事假　次</td></tr>
<tr><td>评语</td><td colspan="5">□正式任用　□拟予辞退</td></tr>
<tr><td>正式薪酬</td><td colspan="5"></td></tr>
<tr><td>人事经办</td><td></td><td>核准</td><td></td><td>拟定</td><td></td></tr>
</table>

表格3：新员工试用期自评表

________部门：

________（姓名），__________（岗位），于____年__月__日入司，现试用期将满，为及时总结试用期的工作表现和需要改进之处，请你仔细认真填写《新员工试用期自评表》，在近期公司相关部门会对你的工作表现和工作能力进行评定。

<table>
<tr><td>姓名</td><td></td><td>所属部门</td><td></td><td>试用岗位</td><td></td></tr>
<tr><td colspan="6">试用期从事的工作描述：</td></tr>
<tr><td colspan="6">自我综合评价：（包括收获与存在的不足）</td></tr>
<tr><td colspan="6">希望公司提供哪些帮助，使你未来工作得更好：</td></tr>
<tr><td colspan="6">试用期分项自我考评</td></tr>
<tr><td colspan="6">一、对试用期间的工作感到：</td></tr>
<tr><td colspan="6">□非常满意；□还可以；□需要改进；□不满意</td></tr>
<tr><td colspan="6">二、对公司的人际关系感到：</td></tr>
<tr><td colspan="6">□非常融洽；□比较友好；□沟通不畅；□比较紧张</td></tr>
<tr><td colspan="6">三、对目前的工作强度感到：</td></tr>
<tr><td colspan="6">□轻松，可以承担更具挑战的工作；□合适，可适当加大强度；
□刚好适合本人目前的能力；□不太适应，略感吃力</td></tr>
<tr><td colspan="6">四、对目前的工作量感到：</td></tr>
<tr><td colspan="6">□太多；□略多；□刚好；□略少；□太少</td></tr>
<tr><td colspan="6">五、对目前的工作环境感到：</td></tr>
<tr><td colspan="6">□很好；□舒适；□一般；□较差</td></tr>
</table>

<table>
<tr><td colspan="4">六、对目前的工作待遇感到：</td></tr>
<tr><td colspan="4">□很高；□合适；□一般；□较差</td></tr>
<tr><td colspan="4">七、对从事的岗位希望：</td></tr>
<tr><td colspan="4">□继续从事现岗位工作；
□如有可能，希望变更至________部门________岗位工作；
□对本公司工作不适应</td></tr>
<tr><td colspan="4">八、对公司的意见与建议：</td></tr>
<tr><td colspan="4"></td></tr>
<tr><td>本人签名</td><td></td><td>填表日期</td><td></td></tr>
</table>

表格 4：员工试用期考核表

<table>
<tr><td>姓名</td><td></td><td>入职时间</td><td>职位</td><td colspan="2"></td><td colspan="2">期满总评</td></tr>
<tr><td>项目</td><td>考核目标</td><td>评分标准</td><td>初评</td><td>复评</td><td>用人部门</td><td>人力部</td></tr>
<tr><td rowspan="4">适应性</td><td rowspan="4">是否了解并遵守公司的各项规章制度，是否了解本职工作职责、工作程序及工作情况。
10 分</td><td>被动接受公司各种信息，不主动了解工作职责和工作程序。（1 ~ 4 分）</td><td></td><td></td><td></td><td></td></tr>
<tr><td>了解工作职责和工作程序，能够遵照执行。（5 ~ 7 分）</td><td></td><td></td><td></td><td></td></tr>
<tr><td>主动搜集与本岗位有关信息，了解并遵守公司规章制度。（8 ~ 9 分）</td><td></td><td></td><td></td><td></td></tr>
<tr><td>主动搜集与公司有关的各种信息，能够对工作职责和工作程序提出建设性意见。熟知并遵守公司的各项规章制度。（10 分）</td><td></td><td></td><td></td><td></td></tr>
</table>

工作能力	在工作实践是否掌握了业务知识，并把理论知识与业务知识更好地结合起来。12 分	知识和经验不足，常常出错，需要加以指点。（1 ~ 6 分）				
		具备目前工作所必需的知识和经验。（7 ~ 9 分）				
		具备丰富的知识和经验，能克服困难，做好工作。（10 ~ 11 分）				
		具备丰富的知识和经验，能够胜任比目前更重要的工作。（12 分）				
理解能力	对上级指示、指导的理解能力。12 分	理解能力较差，需要反复指导。（1 ~ 3 分）				
		理解能力一般，需要加以提示。（4 ~ 6 分）				
		对上级的指导、训示能够理解，不需要他人帮助。（7 ~ 9 分）				
		理解能力较强。（10 ~ 11 分）				
		理解力超群，并能举一反三。（12 分）				
人际关系	是否能尽快融入新环境与他人友好交往。10 分	沉默寡言，不善与人交谈。（1 ~ 5 分）				
		与他人交谈较少，仅限于工作往来。（6 ~ 7 分）				
		很快与同事和其他部门的员工建立友好的往来。（8 ~ 9 分）				
		善于广泛与他人交往，建立良好的人际关系。（10 分）				

<table>
<tr><td rowspan="4">责任心</td><td rowspan="4">对履行责任的态度如何，在实际工作中是否敢于承担责任。
12分</td><td>对工作漫不经心，没有责任感。（1 ~ 3分）</td><td></td><td></td><td></td><td></td></tr>
<tr><td>能够完成任务，但有时较草率。（4 ~ 7分）</td><td></td><td></td><td></td><td></td></tr>
<tr><td>工作认真，并能克服困难完成任务。（8 ~ 10分）</td><td></td><td></td><td></td><td></td></tr>
<tr><td>有责任感，工作尽心，敢于承担责任。（11 ~ 12分）</td><td></td><td></td><td></td><td></td></tr>
<tr><td rowspan="3">判断力</td><td rowspan="3">对工作中出现的问题能做出判断与估计的能力。
4分</td><td>常出现判断失误，琐碎之事举棋不定。（1 ~ 2分）</td><td></td><td></td><td></td><td></td></tr>
<tr><td>判断过程需要较长时间，并偶有失误。（3分）</td><td></td><td></td><td></td><td></td></tr>
<tr><td>判断正确、迅速。（4分）</td><td></td><td></td><td></td><td></td></tr>
<tr><td rowspan="4">进取心</td><td rowspan="4">不断学习工作有关的新知识，接受新观念的能力。
10分</td><td>常常在困难面前退缩。（1 ~ 4分）</td><td></td><td></td><td></td><td></td></tr>
<tr><td>满足现状，不思进取。（5 ~ 6分）</td><td></td><td></td><td></td><td></td></tr>
<tr><td>能运用所学的知识，做好本职工作。（7 ~ 9分）</td><td></td><td></td><td></td><td></td></tr>
<tr><td>工作精益求精，善于学习与工作有关的新知识，提高工作能力。（10分）</td><td></td><td></td><td></td><td></td></tr>
<tr><td rowspan="4">合作性</td><td rowspan="4">能否与周围同事配合好，齐心协力做好工作。
10分</td><td>经常关心自我利益，与同事合作共事有困难。（1 ~ 3分）</td><td></td><td></td><td></td><td></td></tr>
<tr><td>能够与同事合作，不产生摩擦和冲突。（4 ~ 6分）</td><td></td><td></td><td></td><td></td></tr>
<tr><td>乐于与他人合作共同完成本部门工作。（7 ~ 9分）</td><td></td><td></td><td></td><td></td></tr>
<tr><td>以集体利益为重，与任何人都能合作，并对他人施以好的影响。（10分）</td><td></td><td></td><td></td><td></td></tr>
</table>

勤奋性	工作是否勤奋努力，是否遵守工作纪律。 8 分	缺乏工作热情，工作不主动。（1 ~ 4 分）				
		能够遵守工作纪律，完成工作任务。（5 ~ 7 分）				
		工作勤恳认真，经常提前完成工作任务。（8 分）				
工作效果	工作效果如何。 12 分	经常出错或失误，不能单独工作。（1 ~ 4 分）				
		偶尔出错或失误，需要加以指导。（5 ~ 8 分）				
		工作效果良好，能够胜任。（9 ~ 11 分）				
		工作成绩优秀，有发展潜力。（12 分）				
得分标准：A：正式任用 70 ~ 100 分； B：延长试用 50 ~ 70 分；C：停止试用 50 分以下						
考核意见	用人部门意见： 签名：		总经理意见： 签名：			

表格 5：员工转正申请表

姓名		部门		职务	
职级		入职日期		申请日期	
申请类别	□提前转正　□期满转正　□延期转正				
试用期自评	见《新员工试用期自评表》				
直接上级考评结果	试用期工作完成情况： 签名 / 日期：				

<table>
<tr><td>分管领导
意见</td><td colspan="3">

签名 / 日期：</td></tr>
<tr><td>间接领导
意见</td><td colspan="3">

签名 / 日期：</td></tr>
<tr><td rowspan="3">管理中心
意见</td><td colspan="3"></td></tr>
<tr><td>转正薪资 / 福利</td><td colspan="2"></td></tr>
<tr><td>执行日期</td><td></td><td>签名 / 日期：</td></tr>
<tr><td>总经理
意见</td><td colspan="3">

签名 / 日期：</td></tr>
</table>

表格 6：员工转正考核表

<table>
<tr><td colspan="2">姓名</td><td colspan="2"></td><td>部门</td><td></td><td>职务</td></tr>
<tr><td colspan="2">试用日期</td><td colspan="5">年　月　日至　年　月　日</td></tr>
<tr><td>项目</td><td>考核内容</td><td>分值</td><td>员工自评（权重 20%）</td><td>直接上级评价（权重 60%）</td><td colspan="2">管理中心评价（权重 20%）</td></tr>
<tr><td rowspan="7">称职能力</td><td>1. 沟通与协调能力</td><td>10</td><td></td><td></td><td colspan="2"></td></tr>
<tr><td>2. 团队建设与领导能力</td><td>10</td><td></td><td></td><td colspan="2"></td></tr>
<tr><td>3. 决策与判断能力</td><td>10</td><td></td><td></td><td colspan="2"></td></tr>
<tr><td>4. 按时、保质完成工作任务</td><td>10</td><td></td><td></td><td colspan="2"></td></tr>
<tr><td>5. 工作效率</td><td>10</td><td></td><td></td><td colspan="2"></td></tr>
<tr><td>6. 实际工作经验和解决问题能力</td><td>10</td><td></td><td></td><td colspan="2"></td></tr>
<tr><td>7. 工作计划与条理性</td><td>10</td><td></td><td></td><td colspan="2"></td></tr>
</table>

<table>
<tr><td rowspan="4">称职能力</td><td>8. 工作技能</td><td>6</td><td></td><td></td><td></td></tr>
<tr><td>9. 专业知识</td><td>5</td><td></td><td></td><td></td></tr>
<tr><td>10. 工作中提出创新见解和方法</td><td>5</td><td></td><td></td><td></td></tr>
<tr><td>11. 对本岗位职能和职责的认识程度</td><td>4</td><td></td><td></td><td></td></tr>
<tr><td rowspan="4">工作态度</td><td>12. 责任感和敬业精神</td><td>3</td><td></td><td></td><td></td></tr>
<tr><td>13. 对公司价值及企业文化的认知度</td><td>3</td><td></td><td></td><td></td></tr>
<tr><td>14. 工作主动性与积极性</td><td>2</td><td></td><td></td><td></td></tr>
<tr><td>15. 遵守公司制度及出勤情况</td><td>2</td><td></td><td></td><td></td></tr>
<tr><td colspan="6">考核结果</td></tr>
<tr><td colspan="2">考核总分：　　分</td><td colspan="4">□优秀（85 分以上）；□良好（70 分以上）；
□一般（60 分以上）；□很差（60 分以下）。</td></tr>
<tr><td colspan="6">用人部门确认：

经理签名 / 日期：</td></tr>
<tr><td colspan="6">管理中心确认：

经理签名 / 日期：</td></tr>
</table>

3.6 内部竞聘与晋升考核

规范 1：内部竞聘工作流程规范

项目	规范内容
信息发布	竞聘办公室发布内部竞聘信息，包括部门、岗位类别、岗位名称、人数、岗位主要职责、学历及专业要求、能力及技能要求和工作年限要求等。

续表

项目	规范内容
个人申请	竞聘办公室将《内部竞聘申请表》下发到相关单位，相关员工必须在规定时间内领取。如不领取则视为自动弃权，无权参加此次竞聘。员工须在规定时间内填写完毕并上交竞聘办公室。
资料整理	由员工提交竞聘申请（附个人资料），同时各相关单位将《员工综合绩效考评统计表》提交至竞聘办公室，由竞聘办公室对相关资料进行整理。
资格审查	1. 竞聘办公室对各职位竞聘人员的竞聘资格进行审查。 2. 选定参加竞聘人员后，由竞聘办公室公布参加竞聘人员名单及综合绩效考评得分。 3. 竞聘监督工作组对该过程进行监督。 4. 对不具备竞聘资格者进行剔除后，应将申请表返还本人，并在申请表上注明返还原因，个人对此有申诉的权利。
考试	由考评小组组织考试、计算考试成绩及总分，竞聘监督工作组进行过程监督。竞聘办公室公布考试得分及总分。
人员聘用	在竞聘办公室公布考试得分及总分后，由竞聘考评小组初步确定聘任人员，报主管副总批准后，由竞聘办公室公布聘任人员名单。
就任	在竞聘办公室公布聘任结果后，如员工有重大意见反馈上交竞聘考评小组，根据实际情况可推迟上岗；无特殊情况则被聘任人员与用人单位签订聘任合同后正式上岗就职。

规范 2：内部竞聘参与条件规范

项目	规范内容
基本条件	人力资源部结合用人部门提交的招聘申请，按照其要求年龄、学历、性别、入职时间、岗位以及相关工作经验等标准在内部进行初步筛选。
具体条件	1. 在公司工作 6 个月以上，无重大过失、无处罚记录人员。 2. 最近一次考核不合格的员工取消本次竞聘资格。 3. 需要由所在部门负责人对其具体评价。 4. 其他要求参考招聘申请和岗位说明书。

制度 1：内部竞聘制度

范本

内部竞聘制度

第一章 总则

第一条 目的

为有效实现企业发展战略目标，更好地选拔、任用人才，促进各项业务良性发展，鼓励员工自我增值，特制定本竞聘管理制度。

第二条 方式

对于空缺岗位，公司优先考虑内部招募，实行公开竞聘上岗。其中管理类采用竞聘提案、能力考察、综合绩效考评、公开演讲与答辩相结合的方式，普通员工类采用笔试、能力考察和综合绩效考评相结合的方式。

第三条 原则

1. 公开、公平和公正的原则。

2. 竞争与择优相结合。

3. 员工申请和岗位需要相结合。

4. 人、事、岗相匹配。

5. 双向选择原则。

第二章 竞聘岗位与范围

第四条 竞聘岗位公告

因企业的不同发展阶段，竞聘岗位公告可以有以下 3 种形式。

1. 当企业处于快速扩张阶段，结合企业新的组织架构、战区划分和岗位设置方案，开展集中竞聘。

2. 当企业设立新分、子公司或项目部时，结合其岗位设置方案开展集中竞聘。

3. 当出现个别岗位空缺时，结合岗位要求开展个别竞聘。

本竞聘方法主要针对第 1、2 种情况。

第五条 竞聘岗位要求

竞聘岗位公告应结合其《工作说明书》提出岗位任职条件、技术和能力要求，并向员工公示该岗位职责。

第六条 竞聘范围

竞聘以公开方式公告，全体正式员工均有竞聘资格，可选择任一符合条件的职位进行竞聘申请，最多申请不超过 3 个岗位。

实习人员、试用期员工暂不参加竞聘。

第三章 竞聘组织与评审

第七条 集中竞聘

开展集中竞聘时，应成立专门竞聘领导小组，由公司相关领导组成，负责该次内部竞聘的组织和领导工作。竞聘领导小组组长由总经理或主管副总经理担任，下设竞聘办公室、竞聘考评小组和竞聘监督工作组，其具体组成如下。

1. 竞聘办公室

竞聘办公室设在人力资源部。竞聘办公室负责组织竞聘日常工作，具体职责是：

（1）贯彻落实相关文件和政策，拟定竞聘方案，报竞聘领导小组批准。

（2）公布竞聘方案。

（3）公布竞聘岗位和任职条件。

（4）准备和下发相关资料和表格。

（5）收集整理业绩考评资料。

（6）受理竞聘报名并整理报名材料。

（7）公布参加竞聘人员名单及绩效考评结果。

（8）公布竞聘演讲得分和综合得分。

（9）公布聘用人选。

（10）负责竞聘资料归档工作。

2. 竞聘考评小组

竞聘考评小组负责竞聘工作中对竞聘人员的审查、评定和确定聘任人选。竞聘考评小组又分为中层管理人员竞聘考评小组、一般管理人员竞聘考评小组和普通员工竞聘考评小组。

（1）中层管理人员（多指部门经理、部长级别人员）竞聘考评小组

组长：总经理或主管副总经理

成员：公司相关领导、外部专家和部门中层竞聘考评小组负责审查、评定和最终聘任中层管理人选。各部门经理被聘任之后，可参加一般管理人员竞聘考评小组对一般管理人员的竞聘考评。

（2）一般管理人员竞聘考评小组由主管副总、总监、各部门负责人及外部专家（或由部门中层竞聘考评小组成员、各部门经理）组成。一般管理人员竞聘考评小组负责审查、评定和聘任一般管理人员。

（3）普通员工竞聘考评小组由总监、部长、人力资源部部长及其他相关人员组成，负责审查、评定和聘任普通员工。

对员工申请多个岗位均竞聘合格者由竞聘领导小组、部门领导征求本人意见后协商决定。

3. 竞聘监督工作组由竞聘考评小组外的其他中高层管理人员组成，根据公平、公

正和公开的原则，负责对竞聘全过程进行监督，受理员工反映意见，重大问题上报竞聘领导小组。

第八条 个别竞聘

个别竞聘由用人部门与人力资源部组成竞聘小组，进行选拔、测评工作，测评按该竞聘岗位要求进行。

第四章 附则

第九条 本制度的拟定和修改由人力资源部负责，由主管副总经理审核，由总经理审批。

第十条 本制度制定具体实施办法在人力资源部备案。

第十一条 本制度由人力资源部负责解释。

第十二条 本制度自公布之日起实施。

指点迷津：内部竞聘是柄双刃剑，如何用好是关键

首先需要认清楚的是，内部竞聘是一柄双刃剑。对企业而言，用得好则可以为员工创造更好的发展条件，使优秀员工得到重用，减少论资排辈的情况；而如果用得不好，则适得其反，可能造成员工离职等情况出现，使企业遭受损失。

那么，如何做好内部竞聘呢？这里给出以下 4 点建议，以供参考。

①确定竞聘岗位，并详细说明任职资格以及参与竞聘的条件。

②内部竞聘应以客观的方法进行考评，尽量减少主观因素的影响。

③保证内部竞聘的公平性、透明性，避免竞聘失败者对公司产生抱怨情绪。

④明确内部竞聘的目的。

制度 2：晋升考核制度

晋升考核制度

一、目的

为了提升公司员工的个人素质和能力，充分调动全体员工的主动性和积极性。在公司内部营造公平、公正、公开的竞争机制，规范公司员工的晋升、晋级工作流程，特制定本制度。

二、适用范围

适用于公司的全体员工。

三、权责

1. 行政人事部负责制定、修改、完善公司《晋升考核制度》。

2. 本部门经理负责对本部门员工的晋升进行考核及推荐。

3. 总经理、副总经理负责对部门经理（助理）的晋升综合考核及推荐。

四、晋升原则

1. 公司员工晋升必须符合公司的发展需要，本着“开发人才、储备人才”缺岗补充的原则。

2. 公司内部出现职位空缺时，首先考虑公司内部员工，必须坚持公平、公正、公开的原则。

3. 公司内部员工晋升，有利于提高员工的综合素质，做到量才适用，有利于增强员工的凝聚力和归属感，减少员工流动率。

4. 管理层的晋升必须建立在考核结果的基础上，遵循有利于提高其综合素质的原则，着重培养管理人员的综合管理能力。

5. 晋升必须坚持以工作业绩、工作能力为准绳，杜绝论资排辈的现象。

五、晋升形式

公司可以根据工作需要，对员工的岗位或职位进行必要的调整，在公司职位空缺的情况下，员工也可以根据本人的专业能力爱好向公司申请工作调动。

1. 员工晋升可分为部门内晋升和员工部门之间的晋升。

（1）部门内晋升

是指员工在本部门内的岗位变动，由各部门经理根据部门实际工作情况，经考核后，把《员工晋升推荐表》送行政人事部提出意见后报总经理审批。

（2）公司员工部门之间的晋升

是指职员在公司内部各部门之间的流动，需经考核后拟调入部门须填写《员工推荐表》，由总经理审批后，交由人事部调动。

2. 员工晋升的形式分为定期或不定期

（1）定期：公司每年根据公司的营业情况，在年底进行统一考核晋升员工。

（2）不定期：在年度工作中，对公司有特殊贡献、表现优异的员工，随时予以晋升。

（3）试用期：在试用期间，工作表现优秀者，由本部门经理推荐，人事部门组织考核，对业绩突出符合提前进行晋升条件的，可报经行政经理批准晋级。

六、晋升任命权限

1. 部门经理、主管由总经理、副总经理以上级别提议并呈董事长核定任命。

2. 普通员工的晋升分别由部门经理或主管提议，呈总经理核定，并通知人事部办理晋升手续。

七、晋升资格

无论何种晋升通道，为保证晋升成功，降低管理风险，防止晋升以后产生的管理副作用，晋升必须具备以下条件才具有晋升的资格。

1. 试用期员工晋升为正式员工的，原则上需在同类岗位工作满 3 个月以上，工作能力突出的可提前转正，但工作时间不低于两个月。

2. 行政职能岗位晋升条件：连续 3 个月绩效考核 ≥ 80 分 + 晋升考核表评分 ≥ 70 分。

3. 业务岗位晋升条件：连续 3 个月完成业绩考核 + 晋升考核表评分 ≥ 70 分。

4. 考评小组组成：高管层 + 中层管理 + 各部门员工代表各一个人。

5. 经理晋升分管副总（总监）级必须在公司工作满 3 年以上，且在同类职能部门工作满两年以上，团队领导能力和专业业务能力非常丰富；有丰富的社会阅历、很高的社会道德和企业责任感，公关能力、人际关系很强。综合条件突出者，同类职能部门工作最低满 18 个月，学历最低在大专以上方可作为晋升评估考察对象。

6. 职务晋升原则上与上次晋升时间最少在同类岗位工作 6 个月以上。

7. 所有人员必须按时、按质完成相应工作任务方可考虑列为晋升评估考察对象。

表格 1：内部竞聘申请表

申请人姓名		性别		出生年月	
最高学历		毕业院校		所学专业	
职称 / 技术等级		英语 / 普通话等级		联系电话	
现工作部门			现任职务		
竞聘部门			竞聘岗位		
个人特长 / 受过何种培训					
工作简历					
所获公司表彰或荣誉					

竞聘报告	请另附页（不少于800字）内容包括个人在公司的成长经历、竞聘目的、对竞聘岗位的认识、竞聘工作思路等内容
部门评价	（说明：自荐员工此处暂不用填写） 签名 / 盖章：
领导审核意见	符合竞聘条件 □　　　　不符合竞聘条件 □ 盖章：
备注：1. 每位竞聘者最多只可报名竞聘两个岗位。 2. 部门评价可以从竞聘者日常工作业绩、工作能力和敬业程度等方面给出客观、公正的评价。	

表格 2：员工晋升推荐表

被推荐人姓名		性别		年龄	
加入公司时间		文化程度		专业	
毕业学校				毕业时间	
现任部门、职位		拟推荐部门、职位			
工作经历（本人填写）	（请从您最后毕业时间起开始填写。此处如填写不下，请另附说明）				
工作业绩及自我评价（本人填写）	（重点填写您在本公司的工作业绩。若此处填写不下，请另附说明）				
部门负责人意见	（推荐意见包括：对该员工工作表现的基本评价；职业素质、工作能力、工作态度、就任新职位的潜力等；该员工对新岗位的工作意愿）				

行政人事部意见	（是否符合岗位基本要求、以往的绩效考核情况） 签字：　　年　月　日
总经理（室）意见	签字：　　年　月　日

表格 3：员工晋升考评表

姓名			性别		年龄	
学历			专业		职位	
此前一年内考核情况						
以下由考评小组评定						
工作经验	标准及分值	13 年以上	2 年以上	2 年以上	1 年以上	1 年以下
		10 分	8 分	5 分	3 分	0 分
	实际得分					
领导能力	标准及分值	10 分	8 分	5 分	3 分	0 分
	实际得分					
政策贯彻	标准及分值	10 分	8 分	5 分	3 分	0 分
	实际得分					
工作能力	标准及分值	10 分	8 分	5 分	3 分	0 分
	实际得分					
工作态度	标准及分值	10 分	8 分	5 分	3 分	0 分
	实际得分					

<table>
<tr><td rowspan="2">建议能力</td><td>标准及分值</td><td>10 分</td><td>8 分</td><td>5 分</td><td>3 分</td><td>0 分</td></tr>
<tr><td>实际得分</td><td></td><td></td><td></td><td></td><td></td></tr>
<tr><td rowspan="2">创新能力</td><td>标准及分值</td><td>10 分</td><td>8 分</td><td>5 分</td><td>3 分</td><td>0 分</td></tr>
<tr><td>实际得分</td><td></td><td></td><td></td><td></td><td></td></tr>
<tr><td rowspan="2">发展潜力</td><td>标准及分值</td><td>10 分</td><td>8 分</td><td>5 分</td><td>3 分</td><td>0 分</td></tr>
<tr><td>实际得分</td><td></td><td></td><td></td><td></td><td></td></tr>
<tr><td>总分</td><td colspan="6"></td></tr>
<tr><td colspan="2">推荐部门意见</td><td colspan="5"></td></tr>
<tr><td colspan="2">行政人事部意见</td><td colspan="5"></td></tr>
<tr><td colspan="2">总经理（室）意见</td><td colspan="5"></td></tr>
</table>

第4章

培训与开发管理：

课程管理 + 培训需求 + 员工培训 + 培训考核

培训与开发可以使企业员工快速掌握工作技巧，胜任本职工作以及提高专业能力。使员工个人能力得到充分的发挥和提升，并实现应有的价值，对企业产生更多的认同感和归属感，从而整体提升企业的工作效率，使企业具备足够的竞争优势。本章主要介绍在培训与开发工作中会涉及的一些常用制度、表格等模板。

4.1 培训与开发管理工作岗位体系

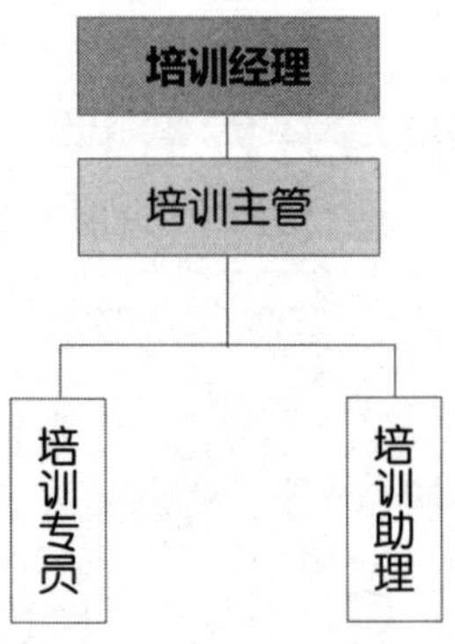

4.2 培训与开发管理工作岗位配置及岗位职责

4.2.1 培训经理

岗位名称：培训经理
直属上级：总经理、董事长
直接下级：培训主管

岗位职责	1. 根据公司的总体战略建立培训体系，包括制度建立、资源整合及运作管理，制订、组织及落实公司年度和月度培训计划。 2. 根据各部门情况及员工素质需求，协助各部门制订培训计划，并检查计划实施情况。 3. 总体培训情况和各部门培训检查情况进行总结，对培训效果做出客观评估，提出培训新方案。 4. 拓展培训渠道和培训资源，积累培训经验和资料，开发培训课题，编制培训教材，编写培训教案。 5. 选拔、培养和管理内部培训师，为内部培训师提供咨询和指导，提高培训质量及效果。 6. 负责做好员工培训各科目考核与验收工作，做好培训考核和培训评估的管理工作；并撰写员工培训的评估报告，呈交公司总经理。

岗位职责	7. 与外部培训机构保持良好关系，并从中选择高质量的培训机构为公司提供培训。 8. 确保每一位新选用的员工在正式上岗工作之前都必须经过岗前培训和提高培训，使其具备岗位所要求的素养和知识。 9. 制定年度培训预算，根据各季度、月度实际培训情况制作滚动预算及预算达成。 10. 完成公司总经理交办的其他工作。
任职资格	1. 本科及以上学历，人力资源管理或相关专业。 2. 具备 5 年及以上人力资源工作经验，其中 3 年及以上培训管理与组织实施经验。 3. 精通现代企业经营管理理念及管理技术，熟悉管理培训资源、管理咨询培训流程及关键步骤。 4. 具有较强的亲和力和敬业精神，为人正直、诚实，性格开朗。 5. 思维敏捷，具有较强的组织、协调、沟通能力及分析问题、解决问题的能力；良好的文字和语言表达能力。 6. 具备丰富的培训课程开发和实施经验。 7. 具备培训需求分析、培训计划制定、培训项目管理以及培训评估的能力。 8. 内部培训师的培养与管理能力。 9. 建设学习型组织的能力。

4.2.2　培训主管

岗位名称：培训主管 直属上级：培训经理 直接下级：培训专员、培训助理	
岗位职责	1. 建立并完善公司培训体系、培训制度及相关流程。 2. 根据公司战略开展培训需求调研，并制定年度培训计划。 3. 指导各系统培训计划的实施及公司级培训计划的实施。 4. 负责内部培训师队伍的建立、管理，外部培训机构的甄选和管理。 5. 制定年度培训经费预算并对其进行管理。

岗位职责	6. 建立培训档案，根据不同的培训内容及目的设计培训效果评估方式。 7. 协助指导员工职业生涯发展规划，并创建适合其职业发展的培训课程。
任职资格	1. 人力资源、企业管理或教育相关专业本科以上学历。 2. 具备 3 年以上大中型企业培训管理相关工作经验。 3. 熟练掌握培训需求调查、效果评估方法。 4. 具备独立开发培训项目、培训课程和培训教材的能力，以及独立授课能力。 5. 具有较强的组织协调能力、沟通能力、分析能力、执行力及亲和力；语言和文字表述能力强。 6. 具有良好的职业操守和服务意识，性格开朗、乐观，工作细致。 7. 熟练使用办公软件。

4.2.3 培训专员

岗位名称：培训专员
直属上级：培训主管
直接下级：无

岗位职责	1. 协助培训主管拟订培训计划。 2. 了解公司内部培训需求，会同直属上级共同确认需求。 3. 协助培训主管实施公司培训计划，并跟进培训后进行效果反馈。 4. 组织培训材料，开发利用培训辅助设施。 5. 执行培训效果评估工具，编写评估报告。 6. 管理员工培训档案，编制培训类报表和分析报告。 7. 负责内部培训系统运行，制作培训教材。 8. 依据培训教材独立讲授新员工入职、人力资源制度等基础培训。 9. 根据公司需求，独立开发课程。 10. 每月整理培训数据，对各部门培训信息进行收集并整理汇总。
任职资格	1. 大专（全日制）或以上学历，人力资源管理相关专业毕业。 2. 有两年以上在中型企业专职培训组织及实施经验。 3. 能熟练运用办公软件，可以独自开发培训课件和组织各级员工培训。

任职资格	4. 有主导储干、内部晋升、企业内外训等培训经验。 5. 较强的亲和力和感染力，性格稳重，认真负责。 6. 良好的沟通、表达、协调组织能力。

4.2.4　培训助理

岗位名称：培训助理
直属上级：培训主管
直接下级：无

岗位职责	1. 协助上级建立并优化培训制度和体系。 2. 协助上级编制并完善公司的年度培训计划并组织实施。 3. 协助在线培训平台搭建、课程和信息导入、运行管理。 4. 按照上级安排协调管理重点培训课题开发小组的工作进程。 5. 协助完成具体培训项目的组织、实施、评估，并持续改善。 6. 管理内部及外部师资库、教材库、试题库和案例库等。 7. 安排和协调培训人员和场地使用时间，发放培训资料。 8. 整理各项培训资料、归档及统计相关数据，维护和更新培训档案系统。 9. 填写培训报表及其他报表。 10. 完成上级交办的其他事务性工作。
任职资格	1. 人力资源或相关专业大专以上学历。 2. 一年以上培训助理或人事助理经验。 3. 熟悉人力资源部门的日常工作流程，熟悉国家的劳动法规。 4. 敬业、稳重、严谨，能够熟练处理琐碎复杂的日常工作，并有一定组织管理能力。 5. 普通话标准，良好的语言表达、沟通及协调能力；具备一定的文字功底，具有团队合作精神。 6. 熟练使用 Office 办公软件。 7. 责任心强、办事踏实认真、勇于承担工作。

4.3 培训课程管理

规范 1：培训课程设计规范

条目	规范内容
1	培训课程的设计应以企业和学员的需求为依据，这是企业培训课程设计的基本原则。企业的培训课程设计与学校的课程设计不同，它要以学员的需要、兴趣、能力以及过去的经验作为课程要素决策的基础。
2	参与企业培训课程的都是成年人，因此培训课程设计要符合成人学员的认知规律，培训课程的目标应该明确，注重实用性。教学内容的编排、教学模式与方法的选择、教师的配备以及教材的准备等方面都要以成人学习的特点为出发点，形成学员的合作学习方式。
3	培训课程的设置应体现企业培训功能的基本目标，进行人力资源开发。

规范 2：编辑培训计划的基本原则

项目	规范内容
注重系统性原则	1. 全员性，即全员都是受训者；全员都是培训者。 2. 全方位性，主要体现在培训的内容丰富宽广，满足不同层次的需求。 3. 全程性，企业的培训过程贯穿于员工职业生涯的始终。
理论与实践相结合的原则	1. 符合企业要求的培训目的，即为了提高广大员工在工作中解决具体问题的能力，从而提高企业的效益。 2. 发挥学员学习的主动性。理论与实践相结合的原则决定培训时要积极发挥学员的主动性，强调学员的参与和合作。
培训与提高相结合的原则	1. 全员培训就是有计划、有步骤地对在职的各级各类人员都进行培训，这是提高员工素质的必由之路。 2. 组织和自我提高相结合。在个人成长环境中，组织和个人的因素都是相当重要的。

续表

条目	规范内容
人格素质培训与专业素质相结合	培训知识、技能和态度三者必须兼备，缺一不可。在培训中应将人格素质的训练融入知识技能的学习中，而不是与现实脱节，成为一种形式主义。
人员培训与企业战略文化相适应	1. 培训应服务于企业的总体经验战略。 2. 培训应有助于优秀企业文化的塑造和形成。 3. 培训应有助于企业管理工作的有序和优化。 4. 人员培训必须面向市场。 5. 人员培训必须面向时代。

制度 1：培训课程设计管理制度

培训课程设计管理制度

一、目的

为规范培训课程的设计，提高培训课程的设计质量，提高员工培训质量，增强培训效果，特制定本制度。

二、适用范围

本制度适用于公司经理级及以下员工的培训课程设计。

三、课程设计原则

培训课程设计应遵循实用性、针对性、可操作性和系统性的原则。

四、课程设计权责

1. 各部门负责组织开发与本部门专业相关的培训课程。

2. 人力资源部审核各部门的培训课程设计，总体负责培训的日常工作安排。

五、课程设计立项

1. 人力资源部以公司培训课程目录系统为指导，编制课程设计工作计划。

2. 课程设计工作计划列入公司“年度培训建设计划”。

3. 人力资源部列入“年度培训建设计划”的课程设计项目应明确课程名称、培训对象、培训目标、培训课程主要内容、开发周期和项目责任人等，视为课程设计立项。

4. 公司已经拥有课程的教材（讲义）、教学大纲和习题集等完整文档资料的，不属于课程设计范畴，不予立项。

六、项目实施计划

1. 课程设计项目立项后，由人力资源部下达“课程设计项目任务书”，确定课程设计项目负责人。

2. 项目责任人拟订“课程设计项目实施计划表”，该计划应包括项目参与人、教材（讲义）方案、主要教学方式、工作安排、完成时间和项目相关经费预算等，经人力资源部组织审核通过后生效。

3. 对于重大课程设计项目，项目责任人可以组建项目小组。

七、培训课程设计过程

1. 培训课程内容要求

（1）培训课程内容选择要与公司生产经营活动相关，能反映公司生产经营的实践要求，并适应公司生产经营的发展趋势。

（2）培训课程既要满足学员的兴趣，又要满足培训需求。

（3）培训课程类型应多样化，将学科课程、活动课程、核心课程以及模块课程有机结合，从而提高学员学习的兴趣和动力，以达到培训效果。

（4）培训课程设计必须包含课程大纲、培训师手册等内容。确定后的课程大纲、培训师手册需交人力资源部审核批准后方可作为培训教材使用。

2. 项目难度系数确定

（1）课程设计项目难度系数从工作量、创新性、开创性、课程内容深浅程度和开发质量等因素进行评估。

（2）课程设计项目难度系数由项目成果评审会评委评估，并填写“课程设计项目难度系数评估表”。

3. 培训课程设计方式

公司根据培训目的和要求组织设计课程。当各部门设计的课程无法达到要求或自主设计的课程成本太高、周期太长时，也可考虑通过人力资源部引进或委托学院进行培训课程设计。

4. 培训课程设计流程

（1）人力资源部在各部门的配合下对培训需求状况进行调查，了解员工的培训需求状况。

（2）人力资源部与各部门根据培训需求调研情况、课程目标、课程对象等内容讨论确定培训课程大纲。

（3）各部门按照培训课程大纲的安排选择相应的培训课程设计方式，完成培训课程设计。

（4）人力资源部审核培训课程大纲、培训师手册等内容。

5. 培训课程重新设计规定

当培训课程设计中出现以下情况时，需对课程进行重新设计。

（1）培训课程内容不适合公司的发展要求。

（2）培训课程内容不符合当前知识的发展趋势。

（3）培训效果评估显示课程内容不能满足提高工作绩效的要求。

八、课程设计成果管理

课程设计成果包括课程设计项目实施完毕后，交人力资源部验收的全部文档资料，具体有教材（讲义）、教学大纲和习题集等内容。

1. 教材管理

（1）通过外购教材可以基本满足教学要求，原则上外购。

（2）若外购教材不能完全满足教学要求，由项目责任人提出建议，在外购教材的基础上编写补充教材（讲义）。

（3）若教材（讲义）无法外购时，由项目责任人提出教材编撰方案，组织相关人员自主编撰。

2. 教学大纲管理

教学大纲的主要内容包括课程任务、教学目的和要求、教学方法与手段、课程内容、教学重点和难点、教学设施和教具、实验实习安排以及学时分配等。

3. 习题集管理

公司所有课程设计项目均应按照“课程设计项目任务书”的要求编撰单独成册的习题集。

4. 成果验收程序

（1）人力资源部组织项目成果评审会，并由公司人力资源部人员和相关领导担任评委。

（2）在规定的验收时间前，项目责任人可申请提前评审验收。

（3）评审会议前一周，评委预先审阅项目成果，提出评审意见。

（4）评审会中，由课程设计项目负责人讲解项目成果，回答评委的提问。

（5）经评委讨论，由评审会主持人提出评审结果，其主要包括以下 3 种结果。

①无修改意见，一致通过验收。

②有少量修改意见，修改后原则上可以视为通过验收。

③修改较大，不能通过验收，返回项目负责人做出修改或重做后，再次进行评审。

（6）验收通过后，项目成果移交人力资源部，该课程可进入实施环节。

制度2：培训经费管理制度

培训经费管理制度

一、目的

为加强员工培训经费管理和监督，提高经费使用效益，保障公司员工培训工作顺利进行，现结合公司实际情况，制定本管理制度。

二、适用范围

本制度适用于公司员工培训经费支出。

三、职责权限

1. 总经办是培训经费的归口管理部门，主要负责编制公司年度培训经费的预算、公司各部门培训经费的审核审批，并指导各部门对培训经费进行管理，负责对外签订或者协商培训协议。

2. 财务部门负责培训经费的支付，并对其使用的合理性进行审核与监督。

3. 各部门负责本部门月度、年度培训经费的预算申报工作，并做好培训经费的合理支出和管理。

四、内容

1. 培训经费的使用范围

培训经费的使用以“知识、技能培训为重点；技术研发部门的培训优先于服务部门；管理干部、技术技能人才培训重于一般员工培训”的分配原则，使用范围如下：

（1）内部培训师授课课时费。

（2）教学用品、教材开发、购置及印刷费、资料费和特种作业人员培训证书制作费。

（3）教学设备购置费、设施及场地租赁费（会务费）。

（4）聘请外部教师授课费、食宿费和交通费等。

（5）专业技术人才继续教育学费或考试费，此部分费用根据具体情况，公司给予一定比例报销。

（6）外出培训的学费、资料费和食宿交通费。

（7）劳动竞赛、岗位技能操作等培训活动费。

（8）师带徒培训费。

（9）培训产生的其他费用。

2. 经费管理

（1）各部门根据本部门提交的部门年度培训计划及月度培训计划编制部门的年度及月度培训经费预算，并提交总经办。

（2）总经办根据各部门提报年度及月度经费预算确定当年培训经费预算，并制定培训经费的使用计划，在年度培训规划中明确培训经费使用。

（3）培训计划内项目，在项目实施前，由总经办落实具体的培训费用交由总经理审批方可执行；在项目实施后，由部门申报，总经办审核，领导审批后报销相关培训费用。

（4）培训计划外项目，由部门填报计划外培训费用审批表，总经办审核，报总经理审批后，由总经办安排费用项目实施。

3. 经费报销

（1）培训计划内项目在培训项目实施时所发生的费用，走报销流程，具体报销流程详见款项支出与费用报销管理制度 (财务发)。

（2）委托外培项目所发生的费用由提报部门申请，经总经理审批，按照款项支出与费用报销管理制度 (财务发) 具体执行。

（3）员工自行参加的与岗位直接相关的培训项目，应由员工本人先提出申请，部门领导初审后报总经办审核，经总经理审批后方可实施培训，费用报销比例根据实际情况而定。

4. 其他管理规定

（1）由公司承担费用的培训学习，员工在学习结束后应向本部门、总经办或者有关领导报告学习的相关情况，及时将必要的学习资料、档案材料等送交总经办备案存档；同时还应将所学到的新知识、新技能等与本单位和其他相关单位的员工进行交流与分享。

（2）公司承担培训学习期间各类费用（含报销的学习费用及脱产学习期间的工资等），员工需与公司签订培训协议（详见员工培训管理制度），保证服务年限按照每 2000 元折算为一年的办法计算（折算结果尾数不足半年的不予计算，满半年的按半年计算），但最长不超过 5 年，保证服务年限从员工培训学习结束之日起计算。按照 2000 元 / 年的折算方法仅作参考，具体执行时，依据培训内容的重要程度来规定服务年限。

（3）员工违反所签培训协议规定的，在保证服务年限未满前因离职等原因离开公司的，应向公司支付违约赔偿金。赔偿金数额 = 总的培训费用 / 约定服务月份 × 未完成服务月份，并在停止工作之日起 5 个工作日内全额支付。

五、附则

1. 本管理制度自发布之日起执行。

2. 本管理制度由总经办负责解释并修订。

指点迷津：如何在保证效果的情况下降低培训成本

虽说对员工进行培训是企业提高竞争力的有效途径，花费必要的培训成本是非常值得的。但即使如此也不能让培训与开发模块偏离人力资源管理的初心，即“降本增效”。因此，作为“只懂花钱”的部门，如何在保证员工培训效果的情况下，为企业降低培训成本是需要考虑的问题。

下面介绍3点降低培训成本的建议，以供参考。

①选择合适的培训模式。仅仅只靠培训师在课堂上讲授知识往往只能在短时间内产生一定的作用，企业花费了高额成本，却并未产生预期的效果。因此，根据企业实际情况，选择合适的培训模式是关键。

②因材施教。即给出培训课程，由员工主动选择感兴趣的课程并填写申请。对员工进行培训切忌“平均主义”，强制性的培训会使员工产生抵触。而由员工主动申请的培训则可以更大程度地调动其学习的积极性。

③留住人才。员工经过一系列培训后，能力得到了足够的提升，自然期望其职位、薪资等全方位都有所提升。这时，根据员工能力合理调配职位和薪资是非常必要的，以避免出现“花钱为竞争对手培养人才”的情况。

制度3：内部培训讲师管理制度

内部培训讲师管理制度

一、目的

通过积极开发和有效利用公司内部培训资源，推动和完善公司培训体系建设，改进培训质量，提高全体员工整体素质，增加公司核心竞争力，特制订本制度。

二、适用范围

本制度适用于公司内部兼职讲师的聘用、管理及激励。

三、任职条件

1. 内部讲师来源：各级管理层、业务和技术骨干。

2. 具有专业技术及管理水平，在该领域居于领先地位，在本职工作岗位上表现突出，并愿意与其他同事分享自身知识和技能。

3. 思想进步，有良好的职业道德，遵守公司各项管理制度，认同公司的企业文化和经营理念。

4. 具备良好的书面和口头表达能力，有一定的组织能力。

四、内部讲师职责

1. 积极接受公司综合管理部安排的教学任务，认真编写所授课程的教学方案和培训资料并定期改进，做好教学准备。
2. 及时掌握所在部门本专业的行业动态、新技术、新信息并及时反馈给综合管理部。
3. 协助综合管理部开展培训需求信息的调查与分析工作，积极对培训工作提出合理化建议，共同改进公司的培训质量。
4. 参与对培训学院的课程考试或考察，考后阅、评卷工作，后期培训跟进、答疑等工作。
5. 参与建立公司的培训体系，培训课程结束后需按要求提交相应资料。包括：培训签到表（每课一份）、员工评价表（1/3 参培人数随机评议）、培训方案表（每课一份）。

五、内部讲师选拔程序

1. 发布招聘通知，个人报名或部门推荐（填写《内部培训讲师申请表》），由综合管理部初审，总部主管领导审核，总经理办公室通过，总经理批准。
2. 审定通过的内部培训讲师由综合管理部颁发内训师上岗证（有效期一年）。

六、内部讲师评选标准

1. 教案要求
（1）内容丰富，有深度，针对性强，能够理论联系实际，具有实效。
（2）主题鲜明，具有先进性、超前性。
（3）文笔流畅通顺，精炼，容易理解。
（4）逻辑思路清晰，培训目的明确。
（5）时间安排合理，有弹性。
2. 教学风格要求
（1）仪容仪表良好，气质好，亲和力强，有感染力。
（2）现场互动、反馈交流积极，讲解透彻。
3. 效果评估
培训后即时评估授课满意度，跟踪调查培训效果。
4. 培训技术要求
（1）能够选择适合课程内容的培训方式，并熟练运用各种培训方法，为培训主题服务。
（2）课程方向或内容具有新颖性，促进公司经营取得突破性进展。

七、内部讲师待遇

1. 授课补贴标准：每课时 80 元（授课时长不少于 50 分钟），课时费每半年结算一次。
2. 根据每次讲课《授课满意度调查表》（即所有授课人员打分的平均分）满意度

高低值及授课效果评估，在年底评选出“优秀内部培训讲师”，授予“荣誉证书”记录于个人工作档案，并作为员工晋级、调薪的重要依据。

3. 同等情况下，优先享受带薪参加外部培训、职业培训和认证培训等个人能力提升机会。

八、内部讲师管理

1. 综合管理部负责培训资料的收集及讲课费的汇总、审核、发放和备案。

2. 内部兼职讲师由综合管理部统一管理，安排授课任务（每年至少 4 次培训任务），其中部门工作指导、业务交流等正常工作不属于授课任务范围，不享受课时费待遇。

3. 内部讲师需提高自身业务素质，总结生产实践中的先进经验和做法，吸收行业最新信息和技术，保证教材的科学性和先进性，热情认真完成培训任务。

4. 根据讲师授课能力，评价两次不合格（低于 60 分）者，撤销任职资格，自动丧失内训师所享受的一切待遇。

5. 根据讲师授课态度，不积极配合培训工作，影响培训任务，视情节轻重给予警示、撤销资格的处罚。

表格 1：培训课程汇总表

序号	课程名称	培训对象	授课方式	课时	费用 / 期	每年期数	备注

表格 2：计划外培训费用申请表

<table>
<tr><td>申请部门</td><td colspan="2"></td><td colspan="2">申请日期</td><td colspan="2"></td></tr>
<tr><td>培训方式</td><td></td><td>培训时间</td><td colspan="2"></td><td>培训类型</td><td></td></tr>
<tr><td>培训对象及人数</td><td colspan="2"></td><td>培训地点</td><td colspan="3"></td></tr>
<tr><td>培训内容</td><td colspan="6"></td></tr>
</table>

<table>
<tr><td>需要说明事项（实施计划外培训事由等）</td><td colspan="3"></td></tr>
<tr><td rowspan="5">培训费用</td><td colspan="2">教师授课费</td><td></td></tr>
<tr><td colspan="2">教材费、资料费</td><td></td></tr>
<tr><td colspan="2">教学用品费</td><td></td></tr>
<tr><td colspan="2">其他费用</td><td></td></tr>
<tr><td colspan="2">合计</td><td></td></tr>
<tr><td>申请部门领导意见</td><td></td><td>综合各管理部意见</td><td></td></tr>
<tr><td colspan="2">总经理意见</td><td colspan="2"></td></tr>
</table>

注：1. 培训类别包括：①学历教育，②上岗证培训，③专业知识技能提高培训，④意识培训，⑤其他培训。

2. 培训方式包括：①外派，②专家授课，③部门内部培训。

表格 3：内部培训讲师申请表

<table>
<tr><td colspan="5">申请人基本信息</td></tr>
<tr><td>姓名</td><td></td><td>工号</td><td></td><td rowspan="3"></td></tr>
<tr><td>部门</td><td></td><td>岗位</td><td></td></tr>
<tr><td>学历 / 专业</td><td></td><td>入职时间</td><td></td></tr>
<tr><td>申请讲师类别</td><td colspan="4">□管理技能类　□岗位技能类　□基础技能类（通用）　□其他</td></tr>
<tr><td>申请授课内容</td><td colspan="4"></td></tr>
</table>

<table>
<tr><td colspan="4">申请说明</td></tr>
<tr><td rowspan="3">个人情况介绍</td><td colspan="3">工作经历（在司工作经历优先）：</td></tr>
<tr><td colspan="3">受训经历：</td></tr>
<tr><td colspan="3">授课经验：</td></tr>
<tr><td colspan="4">资格鉴定</td></tr>
<tr><td>人力资源主管审核意见</td><td colspan="3">□经审核，申请人符合内部讲师资格。
□经审核，申请人不符合内部讲师资格。
签字：</td></tr>
<tr><td>部门意见</td><td></td><td>综合管理部主管意见</td><td></td></tr>
<tr><td>部 / 子公司主管领导意见</td><td></td><td>公司主管领导意见</td><td></td></tr>
</table>

表格 4：培训效果反馈表

<table>
<tr><td>培训课程</td><td colspan="3"></td><td colspan="4">培训讲师</td><td colspan="2"></td></tr>
<tr><td>培训日期</td><td colspan="3"></td><td colspan="4">培训时间</td><td colspan="2"></td></tr>
<tr><td colspan="10">为了不断提高我们的培训质量，请您认真、完整填写此份调查表。请在相应的数字上划“√”。</td></tr>
<tr><td rowspan="2">培训满意度评价项目</td><td colspan="2">很满意</td><td colspan="2">满意</td><td colspan="2">一般</td><td colspan="2">不满意</td><td rowspan="2">得分统计（组织人员填写）</td></tr>
<tr><td>10</td><td>9</td><td>8</td><td>7</td><td>6</td><td>5</td><td>4</td><td>3</td></tr>
</table>

<table>
<tr><td rowspan="5">课程内容</td><td>课程适合我的工作和个人发展需要</td><td></td><td></td><td></td><td></td><td></td><td></td><td></td><td></td><td></td></tr>
<tr><td>课程内容深度适中，易于理解</td><td></td><td></td><td></td><td></td><td></td><td></td><td></td><td></td><td></td></tr>
<tr><td>课程内容切合实际、便于应用</td><td></td><td></td><td></td><td></td><td></td><td></td><td></td><td></td><td></td></tr>
<tr><td>课程重点内容突出、主次分明</td><td></td><td></td><td></td><td></td><td></td><td></td><td></td><td></td><td></td></tr>
<tr><td>课程让我获得了新知或启发</td><td></td><td></td><td></td><td></td><td></td><td></td><td></td><td></td><td></td></tr>
<tr><td rowspan="5">讲师表现</td><td>讲师的仪表标准、个人形象</td><td></td><td></td><td></td><td></td><td></td><td></td><td></td><td></td><td></td></tr>
<tr><td>讲师有充分的准备</td><td></td><td></td><td></td><td></td><td></td><td></td><td></td><td></td><td></td></tr>
<tr><td>表达清晰、语言简练、重点突出</td><td></td><td></td><td></td><td></td><td></td><td></td><td></td><td></td><td></td></tr>
<tr><td>讲师课堂气氛及互动情况</td><td></td><td></td><td></td><td></td><td></td><td></td><td></td><td></td><td></td></tr>
<tr><td>讲师培训技能及方法</td><td></td><td></td><td></td><td></td><td></td><td></td><td></td><td></td><td></td></tr>
<tr><td rowspan="3">组织工作</td><td>培训开展筹备工作充分</td><td></td><td></td><td></td><td></td><td></td><td></td><td></td><td></td><td></td></tr>
<tr><td>培训时间 / 地点安排合理</td><td></td><td></td><td></td><td></td><td></td><td></td><td></td><td></td><td></td></tr>
<tr><td>现场秩序维护周到</td><td></td><td></td><td></td><td></td><td></td><td></td><td></td><td></td><td></td></tr>
<tr><td colspan="10">总计得分</td><td></td></tr>
<tr><td colspan="11">1. 您认为这种课程最好采用哪种培训方式？（请在对应字母上划“√”，可多选）
A. 讲授；B. 现场演示；C. 分组讨论；D. 案例分析；E. 游戏互动；F. 拓展训练；G. 头脑风暴；H. 网络学习；I. 角色演练
2. 您对本次课程内容、讲师表现或培训组织工作的建议？（请简要写出您的宝贵意见）

3. 再有此类课程您是否还愿意参与？除了本课程外，您目前还对哪些培训课程较为感兴趣？（请简要写出您的宝贵意见）

4. 其他您想提出的宝贵意见？</td></tr>
<tr><td colspan="2">培训组织方签名 / 日期</td><td colspan="9"></td></tr>
</table>

表格 5：培训课程计划表

受训对象	类别	专题或具体内容	目的	受训课时	培训方式	组织部门	备注
新入职或初级人员	制度培训	行政人事制度培训	了解公司办事流程	4H	集中授课	人资部及部门主管	此项每年一次（全员参与）
		相关联部门的管理制度	了解相关部门流程	2H			
		本部门管理制度	知悉本部门操作	1H	本部机动授课		
		自身岗位的操作流程	清楚自身岗位的实操	1H			
	职业化培训	职业心态	提高职业水平，树立良好心态	2H	讲师授课或光盘讲座	人力资源部或部门主管	
		职业礼仪	培养良好的行为习惯	2H			
		团队意识	增强团队意识	2H			
		时间管理	提高时间管理能力	2H			
		有效沟通	提高沟通能力	2H			
		事务管理	提高事务管理能力	2H			
	安全培训	消防安全知识	提高消防安全意识	3H	光盘	人力部	

中级晋升高级	制度培训	新出台的行政人事制度	了解新出台规章制度	1H	授课	人力部	
	专业知识	相关设计软件操作	提高团队专业水平	2H	光碟	主管	不定时
		专业设计师职称培训	提高个人的专业水平	机动	外训	个人	
	管理知识培训	执行能力	提高中层管理的执行力	1.5H	光碟	人力部	
		目标管理	提高目标管理能力	1.5H	光碟	人资部	
		成本控制	掌握成本控制规定	1.5H	集中授课	人资部、财务部	
		成本预算	掌握成本预算规定	1.5H			
高级晋升管理	制度培训	新出台的行政人事制度	了解新出台规章制度	1H	集中授课	人资部、财务部	
		成本控制	掌握成本控制规定	1.5H			
		成本预算	掌握成本预算规定	1.5H			
	技能培训	新产品销售策略培训	掌握新产品销售方案	1H	集中授课	人资部、市场部	
		现代市场营销知识	提高营销知识水平	2H			不定时
		专业设计师职称培训	提高个人的专业水平	机动	外训	个人	
	管理知识培训	领导能力培训	提高管理人员的领导能力	2H	光碟、专家授课	人力资源部	
		企业运营相关法律培训	提高管理人员的法律意识及法律知识水平	2H			
		非人力资源管理人员的人力资源管理培训	提高管理人员的人力资源知识水平	2H			
		非财务人员的财务知识培训	提高管理人员的财务知识水平	2H			

4.4 培训需求与员工培训管理

规范 1：培训需求分析工作规范

条目	规范内容
1	做好培训前期的准备工作。
2	制定培训需求调查计划。
3	实施培训需求调查工作。
4	分析与输出培训需求结果。

规范 2：培训人员纪律管理规定

条目	规范内容
1	所有参与培训的员工必须自带笔记本、笔和培训资料等文具及用品。
2	学员按时参加培训，不迟到、早退和无故缺席等。
3	学员按照培训师要求预习、复习培训课程，并及时完成各项培训作业。
4	培训期间，学员须服从培训部的统一安排和管理；以积极的态度对待培训，上课认真听讲，服从培训师的指导。
5	培训前，参加培训人员应提前 5 分钟到达培训地点，按要求亲自在《培训签到表》上签名，不得代替他人签名或请他人代签。
6	若学员因任何原因不能参加培训的，必须在培训课前向培训经理递交《请假单》，该单据上必须有相关部门经理的审批签字。如遇紧急情况时，学员也可在课前先口头向培训经理请假，但必须在第二天递交书面《请假单》至培训部存档，逾期不交者，视为缺勤。
7	学员因特殊原因不能按时参加培训的，应当填写《请假审批单》，员工、领班、主管报部门经理审批，部门经理报部门长（中层）批准，并交培训部备案；假条后补无效。迟到、早退及未请假缺席的，按相应条款处理。

续表

条目	规范内容
8	学员在培训开始前应将通信工具调至震动或静音状态，以免影响培训的正常进行；如因特殊原因需接听电话的，须到培训室外接听。
9	学员在培训期间应认真做好培训笔记，积极参与课堂互动。
10	学员在培训期间不允许打扰课堂或中途要求离开。如遇紧急情况，需要离开时必须先得到相关部门经理、培训部培训经理同意后方可离开。
11	学员在培训期间严禁抽烟、睡觉或阅读其他刊物。
12	学员在培训期间必须讲文明、讲礼貌、讲卫生、不随地吐痰、不乱丢垃圾，保持培训室内外的环境卫生以及爱护公共财产，培训结束后应将桌椅摆回原位。
13	培训期间无论何种原因，若因缺课达全年培训项目总课时的 50%，培训经理有权利取消或延迟其参加晋升等资格。

制度 1：员工外派培训管理制度

员工外派培训管理制度

一、目的

为了规范公司培训管理，通过外派培训使员工学习先进知识、管理技能等，提高员工综合素质，特制定此制度。

二、试用范围

本制度适合公司全体部门。

三、外派培训内容

1. 外派培训的形式分为全脱产、半脱产和在职培训。培训内容包括参加专题业务研修班、员工进修培训、企业经理人培训、证件考取和参观考察等。

2. 外派培训适用情形

（1）公司重要岗位、紧缺专业等需要通过外派培训培养人才，提高企业管理能力和技术力量。

（2）新管理体系、新技术和新设备引进等所需要的外派培训。

（3）公司内部没有相关讲师或讲师能力不能达到培训要求的重要课程。

四、外派培训人员资格

1. 外派培训人员基本要求

（1）认同公司企业文化，并且有长期服务于公司的意愿。

（2）在公司任职满两年以上，并且年度绩效考核为合格及以上。

（3）公司管理、技术骨干人员或被列为公司人才储备和培养的人员。

2. 根据外派培训项目的具体要求，制定对外派人员关于学历、能力等方面的资格要求，必要时进行考试选择。

五、外派培训处理程序

1. 外派培训人员分为指定、推荐及个人申请 3 种情况。

2. 参加培训的员工均须填写《外派培训申请表》，经审批后方可报名参加，人事部门须做好外派培训备案。

3. 外派参加的培训，由公司总经理审批。

4. 由公司出资外派培训进修的员工，出资费用达到一定额度须与所在单位签订《外派培训协议书》，约定服务期等相关事项。

六、培训费用约定

1. 外派管理者培训，上年度完成本部门的业绩目标，该培训费用由公司承担；如未完成上年度业绩目标，该培训费用公司承担一半，另外一半费用由管理者自行承担。

2. 员工参加外派培训应注重节约费用，发生的交通费、食宿费，公司按照必须发生的最低标准来报销。

3. 外派培训结束后，如果员工因个人原因而没有取得学历证书或相关证件，培训所有费用由员工自行承担。

4. 员工须在培训结束后 7 天内凭有效票据到财务部门办理报销手续，报销手续须经人事部门对报销事项、标准等审核签字后，按财务审批权限报销。

七、培训效果评估

1. 培训结束后 7 天内，员工应向公司人事部门递交《培训合格证书》（未办证除外）、《培训（考察）报告》、培训记录、学习笔记及相关培训资料（或复印件）。

2. 培训结束一个月内，员工须整合培训重点内容，形成讲义或课件，在人事部门的安排下针对目标对象授课。

3. 参训人员的直属上级应以适当方式考察员工接受培训的效果，员工是否将所学知识技能应用于工作岗位，将作为其绩效考核的依据之一。

制度 2：员工职前培训管理制度

员工职前培训管理制度

范本

第一章 总则

第一条 为提高新进员工素质和技能，推行职前培训体制，特制定本制度。

第二章 适用范围

第二条 凡公司新进初、中级员工均须进行职前培训。

第三章 培训程序

第三条 在新进员工报到后，全体新进员工进行一定时间的集中培训。

第四条 由公司人事部主持员工职前培训，制定职前培训计划，并经公司领导批准后实施。

第五条 新进员工应积极参加职前培训，并填写新进员工职前培训表。

第六条 各部门应配合人事部对新进员工进行培训工作。凡涉及介绍本部门职责、功能的，均应认真准备。

第七条 新进员工培训毕，将其培训成绩记录在案。《员工职前培训表》在员工签字及各级主管评价后留存人事部。

第八条 对在职能培训中表现极差的，公司可以予以辞退。

第四章 培训内容

第九条 培训内容

1. 公司简介（概况、公司历史、公司精神、经营理念、未来前景和公司组织说明）。
2. 公司人事规章和福利（作息、打卡、门卫检查、用餐、服饰、礼仪、休假、加班及奖惩）。
3. 员工手册说明。
4. 财务会计制度（费用报销）。
5. 办公设备使用和材料采购、申领、报废。
6. 消防安全知识普及，紧急事件处理。
7. 本岗位职责、工作内容、工作规程。
8. 投诉及合理化建议渠道。
9. 参观有关工厂现场、企业荣誉室。

10. 引领本人到岗位工作场所，并与同事见面。
11. 指引存车处、乘车处、更衣处、厕所、就医处、食堂和饮水点等位置及注意事项。

第五章 注意事项

第十条 新员工抵达公司时，公司应营造欢迎新员工的热烈气氛，专人迎接，并贴标语。

第十一条 培训过程中介绍情况先务虚、后务实，按轻重缓急安排培训内容。

第十二条 培训过程中书面讲解、参观现场和操作示范相结合。

第十三条 在新进的前半个月中指定人员对新进员工进行个别辅导，及时解答其疑问，肯定成绩，指出不足，帮助解决。

第六章 附则

第十四条 本办法由人事部解释、补充，经公司总经理批准颁行。

表格1：年度部门培训需求表

部门				部门员工数			
序号	所需培训内容（或课程名称）	培训方式	培训岗位	培训时间	培训人数	培训需求原因	备注
合计							
其他培训需求建议：							
部门负责人意见： 填写日期： 年 月 日							

填表说明：1. 培训方式：内部培训、外部培训。

2. 培训需求原因：持证上岗、新技术培训、岗位职责变动要求、绩效改进，其他（请注明）。

3. 本需求计划表由各部门经理统一填写后，总经理审核后，交到行政部统一汇总制订下一年度培训计划。

表格 2：外派培训申请表

姓名		部门		职务	
课程名称				培训费用	
申请理由					
部门负责人意见					
人事部意见					
总经理审批					

表格 3：培训记录表

培训内容		培训地点	
培训时间		培训师	
培训对象		记录人	
培训记录			
培训评价			

表格 4：培训报名表

<table>
<tr><td>报名课程</td><td colspan="2"></td><td>组织部门</td><td colspan="2"></td><td>培训时间</td><td></td></tr>
<tr><td>报名人</td><td></td><td>部门</td><td></td><td>岗位</td><td></td><td>职务</td><td></td></tr>
<tr><td colspan="8">您是否清楚了解培训组织部门安排这次培训的目的？
是□　　否□</td></tr>
<tr><td colspan="8">这个培训对您目前的工作是否有帮助？
是□　　否□</td></tr>
<tr><td colspan="8">您参加这次培训的目的是什么？</td></tr>
<tr><td colspan="8">您会积极配合讲师，尽可能多地吸收新知识、新方法吗？
是□　　否□</td></tr>
<tr><td colspan="8">您会积极配合培训组织部门，严格遵守培训纪律，一旦出现迟到、早退、事先未书面请假而旷课等情况时甘愿受罚吗？
是□　　否□</td></tr>
<tr><td colspan="8">从讲师培训的知识变为自己的知识还有相当长的时间，您会在参加完培训后将学到的东西加以运用、巩固吗？
是□　　否□</td></tr>
<tr><td colspan="8">您会积极配合培训组织部门跟踪培训效果吗？
是□　　否□</td></tr>
<tr><td colspan="8">以下请报名人的部门主管填写</td></tr>
<tr><td colspan="8">您是否希望您的下属参加这个培训，并将指导其合理安排培训当日的工作？
是□　　否□</td></tr>
<tr><td colspan="8">您是否与您的下属充分地沟通过，并非常明确这次培训的目的和意义吗？
是□　　否□</td></tr>
<tr><td colspan="8">当培训与您的下属工作有冲突时，您怎样处理？</td></tr>
<tr><td colspan="8">一般来说，培训结束后学员的吸收效果只有 30%，需不断地将所学知识运用、实践，吸收效果才会逐步提高。您会在培训组织部门的协助下，对您的下属进行培训效果的跟踪及督促吗？
是□　　否□
领导签名：</td></tr>
</table>

以下由培训组织部门培训主管填写
该学员是否为本课程适宜的培训对象？ 是□　　　　否□

非常感谢您的合作！我们将尽力做好本次培训工作。

表格 5：员工培训签到表

<table>
<tr><td colspan="3">培训时间</td><td colspan="2"></td><td colspan="2">培训地点</td><td colspan="2"></td></tr>
<tr><td colspan="3">培训组织部门</td><td colspan="2"></td><td colspan="2">参加对象</td><td colspan="2"></td></tr>
<tr><td colspan="3">培训负责人</td><td colspan="2"></td><td colspan="2">主讲</td><td colspan="2"></td></tr>
<tr><td colspan="3">培训目的</td><td colspan="6"></td></tr>
<tr><td colspan="3">培训内容</td><td colspan="6"></td></tr>
<tr><td colspan="9">参加培训人员签到</td></tr>
<tr><td rowspan="2">序号</td><td rowspan="2">部门</td><td rowspan="2">姓名</td><td colspan="2">__年__月__日</td><td colspan="2">__年__月__日</td><td colspan="2">__年__月__日</td></tr>
<tr><td>上午</td><td>下午</td><td>上午</td><td>下午</td><td>上午</td><td>下午</td></tr>
<tr><td></td><td></td><td></td><td></td><td></td><td></td><td></td><td></td><td></td></tr>
<tr><td></td><td></td><td></td><td></td><td></td><td></td><td></td><td></td><td></td></tr>
<tr><td></td><td></td><td></td><td></td><td></td><td></td><td></td><td></td><td></td></tr>
<tr><td></td><td></td><td></td><td></td><td></td><td></td><td></td><td></td><td></td></tr>
<tr><td></td><td></td><td></td><td></td><td></td><td></td><td></td><td></td><td></td></tr>
<tr><td></td><td></td><td></td><td></td><td></td><td></td><td></td><td></td><td></td></tr>
<tr><td></td><td></td><td></td><td></td><td></td><td></td><td></td><td></td><td></td></tr>
<tr><td colspan="9">旁听人员签到：</td></tr>
</table>

4.5 培训考核与员工能力评价

规范 1：培训考核管理规定

条目	规范内容
1	各部门组织的集中形式的内部培训，每次都应有考核成绩，考核成绩将作为员工提薪、升职的必要条件之一。
2	集中培训的考核指标如下：无故不参加考核者罚款 100 元 / 次；无故迟到者罚款 50 元 / 次；考试不合格者罚款 50 元 / 次；连续 3 次及以上考试不合格者扣发当月绩效工资。
3	各部门根据公司下发的相关业务知识题库，每日向部门内部员工发放一题；每周根据实际情况组织开展部门内部集中培训一次；每月组织部门内部员工实施业务考试考核一次。由公司综合部不定期对各部门的培训考核机制落实情况展开抽查，实施评估，评估结果与部门月度工作绩效评分挂钩。
4	各部门内部培训计划的落实情况以及培训效果，纳入公司季度检查项目，未按要求执行的部门，按照公司季度检查奖惩考核办法进行考核。

规范 2：员工能力评价规定

条目	规范内容
1	员工能力评价要始终坚持公平、公正和公开的原则，避免闭门造车，禁止暗箱操作，以保证评价结果能够服众。
2	能力评价必须是实事求是、严谨科学及讲究实效的，杜绝一切主观主义和形式主义，严禁滥用权力等一切不负责任的作风。
3	能力评价工作要以为公司提供有效的人力资源配置为核心，通过科学的方法，对员工进行准确的评价。
4	能力评价工作始终以保证公司战略发展计划和目标的实现为最终依据。
5	能力评价不符合要求者，需进行相关培训。培训后考核仍不合格者，由所属部门领导及人力资源部制定调整方案，经公司批准后对其进行转岗学习或另行安排。

制度 1：培训考核管理制度

范本

培训考核管理制度

一、目的

为提高对培训工作的管理力度，加强对员工参加培训和培训师的考核管理，保证培训质量，提升核心竞争力，更好地适应公司发展需要，特制定本管理制度。

二、适用范围

本制度适用于公司所有计划内、计划外培训项目。

三、职责权限

1. 总经办负责部门、员工、培训师、培训项目的监督、考核和评价工作，并公布考核结果、保存考核记录。

2. 各部门协助总经办做好考核工作。

四、内容

为督促员工培训工作扎实有效地开展，公司推行对部门、员工培训考核方式采取定期检查和不定期抽查，并以不定期抽查为主来推动员工培训工作的深入开展和提高员工对培训内容的重视程度。

1. 部门考核

各部门于每月 30 日前将部门的员工培训总结、培训记录评价表、员工培训签到表、培训教材、员工培训总结、培训相关资料提交至总经办，总经办根据各部门的年度、月度培训计划对各部门培训情况进行考核，填写部门考核检查表，并在公司 OA 系统公布考核结果。

2. 员工考核

（1）新进员工参加完公司级及部门级的培训后，由培训组织部门进行考核，并进行新员工培训考核成绩登记，有学习评估的新进员工要参加相应的考试，培训后形成的考试试卷（考试试卷结合培训内容来定）等各项记录交由总经办统一存档备案。

（2）员工参加其他类型内部培训必须提交培训工作总结，以便考查员工对培训内容的理解和掌握情况。

（3）对于参加外部培训员工的考核，以取得相应参培合格结果证明作为考核依据，外部培训方提供的员工培训相关考核资料作为参考依据。

3. 培训师考核

内部讲师主要从培训课时、培训效果、工作态度和课件开发等方面进行考核。

五、附则

1. 本管理制度自发布之日起执行。

2. 本管理制度由总经办负责解释并修订。

指点迷津：培训考核应全面

许多企业在进行相关培训活动后，只注重对受训人员的考核，片面地认为受训人员的培训效果取决于员工本人，其考核结果即可完全代表整个培训的效果；而对于培训管理者、培训讲师和培训项目本身，则缺乏关注，更没有进行有效的分析和评估。这种培训考核显然是不合理的。

科学的培训考核应该是全面的，既要对受训人员进行考核，也要对培训讲师和培训管理者进行合理的评价，还要对培训项目本身进行分析和评估。

制度2：持证上岗管理制度

持证上岗管理制度

一、目的

完善人力资源管理制度，建立科学准确、多层次、多维度的岗位认证管理体系，考核员工工作能力，提升企业人力资源队伍专业素质，适应企业未来发展需要。

二、适用范围

适用于集团及各事业部各专业、各职能领域的员工。

三、基本原则

1. 持证上岗制度必须得到员工的普遍理解和认同，保证持证上岗制度有稳固的群众基础，必须坚持公开、公正和公平原则。

2. 持证上岗应以工作能力的考核为导向，把持证上岗作为提高公司所属单位（部门）和个人工作业绩的管理工具。

3. 持证上岗考核工作的目的是改进员工能力，提高工作效率。任何利用考核手段打击、压制和报复被考核者的行为都将受到严肃处理。

4. 依靠考核者与被考核者之间有效的沟通，确保持证上岗考核制度取得预期效果，消除和化解持证上岗考核过程中的矛盾和冲突。

5. 各级考核组必须把持证上岗考核作为管理过程，有效地利用考核工具，提高自己的管理水平。在持证上岗考核过程中，各级管理者有责任指导、帮助、激励和约束下属，使下属不断发展，下属的工作表现是各级管理者管理绩效的重要体现。

6. 被要求持证上岗者只有通过个人自身努力，才能通过考核持证上岗。被要求持证上岗者有权利了解个人的考核依据与结果，有权依照制度规定的程序对不公正的考核结果进行申诉。

四、职责权限

1. 公司成立持证上岗考核组（由人力资源与职能部门组成），负责持证上岗工作的领导、监督、检查和指导工作。

2. 由考核组中人力资源管理人员负责搜集胜任岗位需要掌握的相关知识与技能，建立岗位胜任标准，并根据标准编制试题库。组织实施专业考试，监督考试纪律，并根据考试结果撰写考核报告。

3. 由考核小组中职能部门人员负责分析本职能相关岗位所需的知识与技能，对试题进行审核，协助组织实施专业考试并监督考试纪律。

4. 各事业部、子公司都要成立相应考核组，具体实施对所属单位人员的试题编制及考纪监督工作。

五、持证上岗考核内容

1. 持证上岗考核内容以岗位培训标准内容为依据，主要包括岗位应知应会，以应会内容考核为主。

2. 应知内容包括本职能部门设置及业务分工、岗位职责、业务流程、专业知识和岗位相关专业知识。

3. 应会内容包括工作方法、工具的应用以及与业务关联度较大的专业知识。

六、持证上岗考核的申诉与监督

1. 持证上岗考核结束后，考核者有向被考核者通知和说明的义务，被考核者有权了解自己的考核结果。

2. 被考核者如对考核结果存有异议，应首先通过沟通方式解决。在解决不了时，员工有权向人力资源部提出申诉及相关说明材料。

3. 人力资源部需在一周内，会同其所在单位（部门）的负责人研究，对员工的申诉做出答复。

4. 整个考核由人力资源部进行监督。对借考核之机对被考核者进行打击报复的行为将给予严肃处理。

七、持证考核结果的应用

考核结果作为评价是否胜任岗位工作、公司年度评比先进、岗位定级的重要依据。

表格1：新员工培训跟踪评估表

姓名		部门		岗位	
入职日期		培训日期		部门负责人	
一、入职以来所感受到公司的企业文化？请用几个字概括。					
二、新员工参加培训以后的出勤状况和工作表现？					
三、新进人员对各项规章制度的了解情况？					
四、新进人员对本职工作的了解和掌握情况？					
五、目前在工作中所表现出来的优势？					
六、目前在工作中所表现出来的不足？					
七、目前在工作中是否遇到困难？是否需要提供协助？					
八、在以后的工作中针对自己的不足采取的改进措施？如何落实这些改进措施？					
九、根据目前你对公司的了解，是否有在公司发展的规划？你准备怎样规划自己的发展通道？					
十、对新员工专业知识和专业技能进行评核，分析其工作专长，判断其适合何种工作？并列举理由说明。					
直接主管		培训专员		人力资源部	

表格2：培训合作证书

<table>
<tr><td>姓名</td><td></td><td>性别</td><td></td><td rowspan="3"></td><td rowspan="4">说明
一、本证发给参加岗位培训，经考试（考核）合格的人员，作为上岗、任职的依据之一。
二、本证由××公司人事部制定发放，培训承办部门填写持证人所参加培训的名称、内容、学时和考试（考核）成绩等，最后报人事部加盖公章。
三、本证应妥善保存，不得擅自转让、伪造或涂改，如有损坏或遗失，应及时向发证部门申报补发。</td></tr>
<tr><td>出生年月</td><td></td><td>民族</td><td></td></tr>
<tr><td>文化程度</td><td></td><td>岗位</td><td></td></tr>
<tr><td colspan="5">在岗于___年___月至___年___月参加岗位培训班学习，修完规定全部课程，经考试（考核）成绩合格，特此证明。

承办部门________负责人签字________

（公司盖章）

___年__月__日（签发）</td></tr>
</table>

表格3：员工培训考核成绩汇总表

培训项目		培训时间		讲师	
序号	姓名	部门	考评成绩	补考成绩	备注
1					
2					
3					
4					
5					
6					
……					

填表人：　　　　　　　　　　　　　　填表日期：

表格4：员工转岗培训考核表

<table>
<tr><td>转岗员工姓名</td><td></td><td>转入部门</td><td colspan="2"></td><td rowspan="2" colspan="2">调入时间：
年　月　日</td></tr>
<tr><td>员工工号</td><td></td><td>转出部门</td><td colspan="2"></td></tr>
<tr><td colspan="7">直接上级对转岗员工适应能力、接受能力的评价：</td></tr>
<tr><td colspan="7">直接上级对转岗员工现有能力与所转岗位工作匹配度的评价：</td></tr>
<tr><td colspan="7">直接上级总评转岗员工：
1. 该员工新岗胜任度评价：□优良　　□一般　　□不胜任
2. 该员工是否转正：
□能力胜任，在新岗可顺利转正。
□能力欠缺，建议不予转正。</td></tr>
<tr><td colspan="7">部门经理对转岗员工适应能力、接受能力的评价：</td></tr>
<tr><td colspan="7">部门经理对转岗员工现有能力与所转岗位工作匹配度的评价：</td></tr>
<tr><td colspan="7">部门经理总评转岗员工：
1. 该员工新岗胜任度评价：□优良　　□一般　　□不胜任
2. 该员工是否转正：
□能力胜任，在新岗可顺利转正。
□能力欠缺，建议不予转正。</td></tr>
<tr><td colspan="2">部门经理</td><td colspan="2">部门总监</td><td colspan="2">人力资源经理</td><td>总经理</td></tr>
<tr><td colspan="2">意见：</td><td colspan="2">意见：</td><td colspan="2">新岗顺利转正□
不予转正□</td><td>意见：</td></tr>
<tr><td colspan="2">签名：</td><td colspan="2">签名：</td><td colspan="2">签名：</td><td>签名：</td></tr>
</table>

表格 5：员工培训考核表

姓名		部门		职务 / 工种	
入职日期		考核日期		培训考核人	
序号	考核项目	配分	得分	培训考核人签字	被培训考核人签字
1					
2					
3					
4					
5					
6					
7					
8					
成绩	合计				
自评	被培训人 / 日期：				
考核评价意见： 评价人 / 日期：					
注：1. 考核表满分 100 分，根据考核项目合理配分。 2. 评价等级：优秀：90 分以上；良好：80 分 ~ 89 分； 合格：70 分 ~ 79 分；不合格：70 分以下。 3. 考核不合格者进行重新培训、考核。					

表格 6：委托培训实习鉴定表

<table>
<tr><td>委托单位</td><td></td><td>姓名</td><td></td><td>性别</td><td></td><td>年龄</td><td></td></tr>
<tr><td>学历</td><td></td><td>职务</td><td></td><td>职称</td><td></td><td>技术等级</td><td></td></tr>
<tr><td>培训部门</td><td></td><td>岗位</td><td></td><td colspan="4">培训时间　月　日起至　月　日止</td></tr>
<tr><td colspan="8">培训鉴定</td></tr>
<tr><td>劳动态度</td><td colspan="2">劳动纪律</td><td>职业道德</td><td colspan="2">礼节礼貌</td><td colspan="2">岗位技能操作能力</td></tr>
<tr><td></td><td colspan="2"></td><td></td><td colspan="2"></td><td colspan="2"></td></tr>
<tr><td rowspan="3">岗位
专业
知识</td><td colspan="3"></td><td>成绩</td><td colspan="3">口试答辩成绩</td></tr>
<tr><td colspan="3"></td><td></td><td colspan="3">培训考核员签名</td></tr>
<tr><td colspan="3"></td><td></td><td colspan="3"></td></tr>
<tr><td>实习
部门
意见</td><td colspan="7">签名：　年　月　日</td></tr>
<tr><td>人力
资源
经理
意见</td><td colspan="7">签名：　年　月　日</td></tr>
</table>

第5章

绩效管理：

绩效管理 + 考核 + 应用 + 反馈 + 改进

于企业而言，绩效管理是一种有效提高企业生产力的方法。科学的绩效管理能够提升员工个人和团队的业绩水平，从而整体提升企业绩效，创造更多价值。同时，绩效管理还能为人力资源管理提供重要依据，如员工晋升、降职或辞退等都可以绩效考核结果为依据。本章将会对绩效管理工作中的规范、制度和表格等模板进行介绍。

5.1 绩效考核管理工作岗位体系

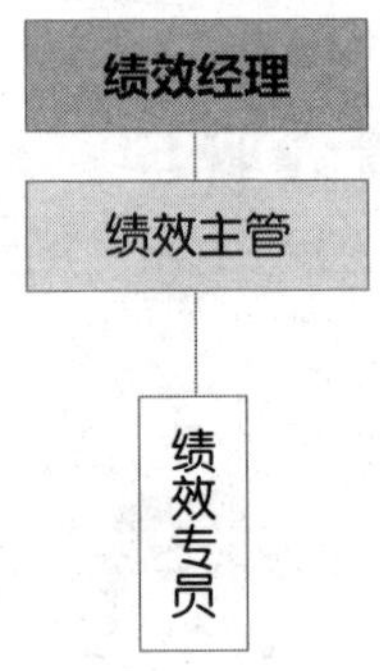

5.2 绩效考核管理工作岗位配置及岗位职责

5.2.1 绩效经理

岗位名称：绩效经理 直属上级：总经理、董事长 直接下级：绩效主管	
岗位职责	1. 设计与完善公司绩效管理体系。包括：根据公司战略发展及管理需要，制定或完善集团绩效管理体系（包括 KPI 制定、日常追踪和考核激励等）。 2. 制定或修订各类绩效管理制度和考核流程，并指导、监控集团各事业部及子公司执行。 3. 参与设计年度目标责任书并监督分解，根据公司年度战略发展及经营目标，参与设计公司各层级员工年度目标责任书及各事业部和子公司年度业绩考核。 4. 指导各层级员工考核工作的组织及实施，为各事业部及子公司提供绩效管理工具与方法，提升公司整体绩效管理水平。 5. 负责定期组织召开绩效访谈会，分析各组工作中存在的问题。

岗位职责	6. 根据绩效考核结果负责绩效应用工作，包括年终奖核算、年度调薪审核、职位竞聘、培训资格审核等。 7. 组织子公司制定年度绩效考核内容和指标，并组织年终考核。 8. 协助搭建起草、修订和完善人力资源相关管理制度和工作流程。 9. 完成领导交办的其他工作事项。
任职资格	1. 人力资源管理或相关专业统招本科以上学历。 2. 具备 5 年以上人力资源相关工作，至少 3 年以上非传统行业绩效管理工作经验，具有集团化管理思路及经验。 3. 熟练掌握人力资源专业绩效、薪酬福利等领域，熟悉绩效管理工具。 4. 熟悉现代企业薪酬绩效管理体系设计方法。 5. 熟悉国家和地区人力资源管理相关法律法规，熟练使用人力资源信息系统和相关办公软件。 6. 精通 Excel 常用功能及函数，逻辑思维能力强，数字敏感度好，善于进行数据分析。 7. 工作细致严谨、正直诚信、踏实稳重，具有较强的执行力和高度的责任心，具备良好的团队精神与职业道德，保密意识和抗压力强。 8. 具有较强的书面和口头表达、组织、协调和沟通能力。

5.2.2　绩效主管

岗位名称：绩效主管
直属上级：绩效经理
直接下级：绩效专员

岗位职责	1. 根据公司发展目标，建立、健全绩效管理制度，组织拟定绩效考核实施管理标准和管理细则；构建绩效管理体系，并持续优化，以确保绩效管理工作有序开展和绩效结果的准确性。 2. 根据公司战略发展规划和人力资源部年度计划，制订年度绩效工作计划，监督计划有效落实，确保绩效管理目标的有效达成。 3. 负责对绩效管理情况进行跟踪和监督，并提供咨询与技术指导。配合绩效结果的应用，实现有效激励，促进员工工作绩效的持续改善。

岗位职责	4. 负责主管级以上员工绩效考核日常工作的开展。绩效合同制订、绩效数据的收集、汇总、分析和报告，确保考核制度落到实处。 5. 负责指导项目一线员工绩效考核工作，跟进绩效实施情况。根据绩效考核要求，收集、汇总相关考核资料。 6. 检查、督促项目员工绩效工作的开展，确保按时间节点如期完成。 7. 负责绩效考核标准和实施过程的解释工作，协助各部门（或项目）确定各岗位绩效考核标准，建立关键业绩指标库，并不断完善绩效管理制度。 8. 负责依据绩效考核结果，核算绩效奖金。 9. 负责协调绩效考核及评估中出现的各类问题、疑问及突发事件，提出解决方案，并协助绩效评估复议事宜。 10. 负责绩效数据的收集、归档，为岗位晋升、调整和评优等提供绩效考核基础数据资料。 11. 负责检查、指导和培训项目人事绩效工作的开展，针对绩效模块完成情况给予考核评分。
任职资格	1. 统招本科及以上学历，人力资源及相关专业优先。 2. 至少 3 年以上互联网企业薪酬、绩效模块工作经验。 3. 具备绩效管理体系建立、实施以及结果应用的实操经验并有成功案例。 4. 具有现代人力资源管理理念和扎实的理论基础，熟悉企业绩效管理体系设计方法，擅于运用各种考评与分析工具，实务操作经验丰富。 5. 对绩效执行与管理有深刻的个人领悟，能够很好地执行并维护绩效管理体系运行，提出合理的改善建议并推动实施。 6. 熟悉国家相关政策及薪酬福利相关的法律法规。 7. 熟练使用相关办公软件，PPT、Word 和 Excel 等。 8. 逻辑思维缜密、对数字敏感、具有较强的学习能力。 9. 较强的抗压能力、沟通能力，做事耐心细致、谨慎务实。 10. 良好的职业操守、强烈的敬业精神，工作原则性强。 11. 积极主动、强烈的责任心，能独立开展工作，较强的抗压及自我管理能力，较强的组织协调及沟通能力，较强的领导能力和团队协作意识。

5.2.3　绩效专员

岗位名称：绩效专员
直属上级：绩效主管
直接下级：无

岗位职责	1. 协助制定各部门的绩效考核制度，协助完成绩效考核体系的建立和完善，规范绩效管理各项流程。 2. 收集、整理考核方法和考核依据的信息，根据考核制度协助制定各部门考核指标。 3. 组织和推动绩效考核的实施，跟踪和解决绩效考核实施过程的相关问题。 4. 负责对各项考核结果进行总结和反馈，并定期维护与制定相关改进方案。 5. 定期进行绩效相关内容的全员培训，帮助各部门管理人员强化绩效意识。 6. 汇总统计归档绩效考核数据，建立员工绩效考核档案。 7. 根据绩效考核结果，组织各部门经理对员工进行绩效沟通和辅导，提高员工工作业绩，提升公司绩效水平。 8. 负责员工社保、公积金相关事宜。 9. 完成上级领导安排的其他工作内容。
任职资格	1. 大专及以上学历，人力资源管理、工商管理等相关专业毕业。 2. 具备两年以上人力资源管理绩效工作经验，有薪酬体系设计或绩效考核体系建设实操经验。 3. 熟悉绩效管理理论，掌握一定的绩效考评方法、工具设计等。 4. 了解国家相关法律政策以及社会保险等。 5. 善于总结、善于发现问题，能结合公司业务提出绩效改善建议。 6. 数据敏感性、逻辑思维能力强，具备较强的数据分析和总结能力。 7. 具备良好的文字功底，能进行公文写作。 8. 抗压能力、原则性和时间把控能力强。 9. 良好的人际沟通、主动性和团队协作意识。 10. 熟练运用 Word、Excel、PPT 和 Visio 等工具软件。

5.3 员工绩效管理

规范 1：绩效管理体系设计规范

条目	规范内容
1	以战略为导向构建绩效考核指标体系，把企业的战略目标落实到各部门乃至基层各组织单元，让部门的工作任务能够支撑企业战略目标的实现。
2	为保障绩效管理有效执行，成立绩效管理委员会和绩效日常管理小组，并明确组织的权限及职责。
3	绩效考核结果的等级分布应清晰可见。
4	绩效管理的重点不在于对员工进行奖惩等，而在于改进绩效，绩效管理应以绩效改进为核心。
5	扩大绩效考核结果应用领域。绩效考核的结果不应该只用于对员工进行奖惩，还可为员工薪酬调整、评优和培训等提供依据。

规范 2：员工加班管理规范

条目	规范内容
1	员工在正常工作时间以外的时间工作为加班。
2	因生产需要员工必须在正常工作时间外提供劳动，并通过加班审批确认为加班。
3	确因工作需要加班或值班，才予批准。
4	公司如因工作需要，可要求员工加班加点，被指定的员工不得无故拒绝。
5	加班时间以 0.5 小时作为起点计时单位（加班时间累计或者累计后的零头按四舍五入计算）。
6	对于每日加班情况，相关管理人员有权对加班情况进行检查。
7	加班完成后，加班时间需经值班长或部门主管确认。

制度1：员工提案奖励管理制度

范本

员工提案奖励管理制度

为提高企业的经营效率，倡导员工参与企业管理，不断提出有利于改善工作的方案，达到降低成本、提高质量和企业经济效益的目的，特制定此制度。

一、提案的项目内容

1. 凡是有利于生产、技术、业务发展，有利于企业建设的提案，均可提出。

2. 提案的提出应以书面形式，详细地列出建议事由、原有缺失、改进意见和建议以及预期所达到的效果等。需要附图的，应附图说明。

3. 公司不予受理的提案有：与企业建设发展无关的提案；曾经提过的、内容相同或相似的提案；与专利法相悖的提案；无具体改进或改革实施的提案。

4. 公司不予受理的提案，由行政部发还给提案者。

5. 提案建议书应注明提案者姓名、所属部门，以便日后进行奖励或退回。

二、提案审核准则与程序

1. 由企业设立提案审查委员会，专门负责推进和处理与提案有关的各项事宜。

2. 提案审查委员会在收到提案者的提案建议书之后，应在15 ~ 30天内对建议书的内容进行核查、评定，并将评定结果核准后公布。

3. 提案委员会根据提案所涉及的效率、产品质量、适用性、创造性和投资回收性等为原则，确定提案的分数。

4. 提案委员会在提案评定时，还应考虑提案者的努力程度（努力程度一般与学历成反比）和年度提案采用数量两方面因素，最终确定提案的等级。

三、提案成果实施与检查

1. 提案经提案委员会审定采纳后，应在3日内将提案的详细资料及提案委员会的核定表一同上交给总经理，请总经理审定。

2. 准予实施的提案，各实施部门应认真落实，定期填写提案改善成果报告表，上报给提案委员会，提案委员会根据所提交的报告表进行审查核定。

3. 提案内容如涉及国家专利，专利获得权益一概属于企业所有。

四、提案的奖励

1. 鼓励奖：凡提出改善方案者，无论审查后采用与否，均当即由所属主管人员发予鼓励奖，奖品由提案委员会决定。

2. 成果奖：提案采用实施后，依据提案审核准则和程序评定的提案分数与等级，奖励提案者500 ~ 2000元不等的现金。

3. 特殊贡献奖：提案涉及到国家专利或提案实施后，经过跟踪调查，确实能够给企业带来巨大的经济效益和社会效益的，企业奖励提案者10000 ~ 100000元不等的现金。
4. 团体贡献奖：单位、集体多次提案，半年内，被采纳3次以上者，颁发锦旗及现金3 000 ~ 10 000元不等；若涉及国家专利方面，企业根据个人贡献的大小，另行嘉奖。
五、其他方面
1. 企业股东、关系厂商、经销商及客户所提改善方案的审查，均适用本制度。
2. 本制度经董事长核准后公布实施，修改时亦与此相同。

制度2：中高层员工绩效管理制度

中高层员工绩效管理制度

一、目的
1. 落实公司年度经营计划，分解指标至中高层管理人员。
2. 通过绩效分析与改进，优化管理。
3. 合理评价中高层管理人员创造的价值，为其他人力资源政策提供依据。
二、适用范围
在职满一个月的部门副经理级及以上管理人员。
三、原则
1. 战略导向：考核内容以公司经营计划为导向，按照一定的逻辑关系分解至各部门。
2. 客户导向：考核的导向是提升客户的满意度，包括外部客户和内部客户。
3. 量化考核：考核内容全部量化或可衡量，不可衡量或定性的不考核。
4. 公平公正：所有考核依据和过程坚持实事求是，严禁徇私舞弊。
四、职责分工
1. 总经办：负责全面主持绩效管理工作。
2. 总经办稽核组：督促各部门提交详尽的指标实施与整改方案；稽查各部门考核实施方案、整改方案的落实情况。
3. 考核组：统计、收集考核数据；稽查考核数据的真实性；验证考核结果。
4. 各级管理人员：当作为被考核人时，提出关于考核计划的建议并采取措施，完成绩效目标；当作为被考核人的上级时，与下属一起制定考核计划；当作为数据提供人时，保证数据提交的及时性、准确性。
五、考核方法、内容与周期
1. 考核方法：KPI考核法，即关键绩效指标考核法。

2. 考核内容：考核内容按照指标来源可分为战略指标、常规指标和临时指标 3 类。

（1）战略指标：根据公司年度经营计划由上至下按照逻辑关系分解的关键指标，属于结果指标。

（2）常规指标：以被考核人的岗位职责为依据提炼的关键指标，但不与公司的战略直接相关，属于过程指标，如培训计划完成率。

（3）临时指标：根据公司阶段性重点工作计划提炼的关键指标，该类指标持续一段时间，当阶段性目标完成后，取消考核。

3. 考核周期：每月统计与核算、季度考核。

六、管理流程

1. 计划阶段

（1）制定《绩效目标责任书》：

①公司级的指标由总经理制定。

②部门指标从公司级指标分解，财务类指标由财务最高负责人组织分解，非财务类指标由人力资源最高负责人组织分解。

③每月的 27 日至 30 日，被考核人以公司年度经营计划为导向制定目标，修订个人下月的《绩效目标责任书》，与直接上级沟通确认。

（2）审批《绩效目标责任书》：考核组每月 3 日前，组织各部门负责人对《绩效目标责任书》进行修订，各部门负责人修订后确认签字，主管领导核准后生效。

2. 实施阶段

（1）制定《绩效目标达成计划》：各责任人以绩效目标为导向，于每月 5 日前制定《绩效目标达成计划》，由直接上级审批后报总经办、人力资源部备案。

（2）反馈绩效目标实施情况：各责任人可通过总经办会议、例行业务汇报会和经营管理分析会等形式反馈绩效目标责任书进展情况。

（3）意见与指导：直接上级定期对下属的 KPI 达成情况进行检查和评估，并及时提出针对性的改进意见和建议。

（4）收集数据：考核组收集各项 KPI 指标的数据和公司重点项目推进的相关信息，为绩效评价提供数据及信息支持；各部门定期（一般为一周）提供考核数据至考核组。

3. 评价阶段

（1）数据收集与整理：每月 7 日前，考核组整理月度考核数据，提交给考核人与责任人确认。未按时提交数据的责任部门负责人，从考核总分中扣除未提交数据指标的权重分数。提供的绩效数据存在弄虚作假、徇私舞弊的，责任人记小过一次，部门负责人当月绩效为 0。

（2）计算绩效分数：每月 9 日前，考核组依据绩效数据和《绩效目标责任书》，制定各责任人的《绩效考核表》，并计算绩效分数，提交主管领导审核、总经理审批。

4. 沟通总结阶段

（1）开展绩效面谈：每月12日前，直接上级就责任人在上一个月绩效达成过程中的表现与责任人面谈，分析讨论优点与不足，并提出改善意见，达成共识后，形成《绩效面谈记录表》。

（2）制定《绩效指标改善措施》：每月15日期间召开经理级绩效总结分析会议，考核组提交绩效总结报告，各部门总监、经理就上月绩效做分析与检讨，制定《绩效指标改善措施》。

七、结果应用

1. 核算绩效工资

应发绩效工资＝应发个人绩效工资 + 应发公司绩效工资。

2. 其他运用：考核系数评定结果还是培训发展、评选先进、职务升降、年终考核奖励以及个人职业生涯规划的重要依据。

八、考核内容调整规定

1. 考核指标调整

2. 考核目标调整

3. 指标权重调整

九、附则

1. 本制度的解释、修订和废止权归公司总经办。

2. 本制度自发布日起开始生效。

……

表格1：绩效指标库

序号	指标类别	指标名称	公式	考核周期	说明

表格 2：绩效数据收集通知单

______：

根据绩效管理需要，现需收集 / 反馈________部门____年___月有关绩效指标完成情况（详见下表）：

序号	职务 / 岗位	所在公司或部门	考核指标	需提供考核数据的项目	基本目标值	实际完成值	备注
1							
2							
3							
4							
5							
6							
7							
……							

请及时组织贵部相关员工做好绩效数据收集工作，并于考核月度结束后次月 3 日内填写完毕后反馈使用部门。

特此通知。

绩效数据来源部门签收人：____________　绩效数据来源部门签名：__________　绩效数据接收部门签名：__________

时间：____年____月___日　数据提交时间：____年____月___日　接收数据时间：____年____月___日

表格 3：述职报告评价表

被考核人		所在部门				
述职报告内容	权重	评价				
		评委 A	评委 B	评委 C	评委 D	评委 E
期初绩效目标完成情况	%					
考核期内成功事项分析	%					
考核期内失败事例分析	%					
面临的挑战与机会分析	%					
绩效改进要点与措施	%					
能力提升要点及方法	%					
要求得到的支持与帮助	%					
目标调整及新目标的确定	%					
其他						
考核人签字：		时间：　　年　　月　　日				

表格 4：员工绩效记录表

员工姓名：	部门：		职位：
年 / 月 / 日	关键事件	涉及绩效指标	备注

5.4 员工绩效考核

规范 1：绩效考核的原则

项目	规范内容
价值导向原则	引导员工正确的价值观，即工作是为企业创造价值以及实现个人价值，而非为讨好领导等的表面工作。
同步发展原则	让员工分享企业的发展成果，让付出多的员工回报多，让团队绩效的提升惠及每个成员。
动态考核原则	新增岗位、新开辟区域不容易快速获得绩效，必须考虑客观差异，适当降低绩效标准，让这些岗位员工看得到努力的方向，让他们感受逐步提高绩效带来的好处。如果员工都不愿意流向新增岗位，就会影响企业战略的实现。
横向可比原则	标准宽严一致。过宽过严都不重要，关键是员工认为公平合理就行。不能让某些岗位因考核吃亏，也不能让某些岗位因考核占便宜，不能让考核不公伤害员工积极性、打击团队士气。
引导合作原则	企业必须权衡整体利益、长远利益，引导员工互相配合、互相协作，共同提高绩效。对幕后英雄、对那些辅助岗位给予重视，让他们分享企业整体绩效提升带来的好处，有意识地限制单打独斗的个人英雄主义行为。若如此，企业的团队凝聚力就会上升，企业的整体绩效也会攀升。

规范 2：绩效考核实施流程规范

条目	规范内容
1	确定考核周期，然后按照周期编制工作计划。
2	校正量效化指标，即量化（数据）指标和效化（成效）指标。
3	调控考核过程。
4	验收工作成效。
5	考核结果运用。

制度 1：绩效考核分类制度

绩效考核分类制度

第一章 总则

第一条 目的

为了保证公司整体目标的实现，建立有效的监督激励机制，加强部门之间的配合协作能力，辅助公司更好地做好绩效考核，特制定本制度。

第二条 原则

遵循公平、公正、公开的原则，形成绩效考核的良性竞争机制。

第三条 适用范围

本制度适用于公司所有员工的分类绩效考核。

第二章 绩效考核分类

第四条 按时间划分

1. 定期考核。企业考核的时间可以是一个月、一个季度、半年或一年。考核时间的选择要根据企业文化和岗位特点进行选择。

2. 不定期考核。不定期考核有两方面的含义，一方面是指组织中对人员的提升所进行的考评，另一方面是指主管对下属的日常行为表现进行记录，发现问题及时解决，同时也为定期考核提供依据。

第五条 按内容划分

1. 特征导向型。考核的重点是员工的个人特质，如诚实度、合作性和沟通能力等，即考量员工是一个怎样的人。

2. 行为导向型。考核的重点是员工的工作方式和工作行为，如服务员的微笑和态度，待人接物的方法等，即对工作过程的考量。

3. 结果导向型。考核的重点是工作内容和工作质量，如产品的产量、质量和劳动效率等，侧重点是员工完成的工作任务和生产的产品。

第六条 按目的划分

绩效考核按目的划分，可分为例行考核、晋升考核、转正考核、评定职称考核、培训考核和对新员工考核等。

第七条 按考核对象划分

绩效考核按考核对象划分，可分为对员工考核、对干部考核。对干部考核，又可分为对领导干部、中层干部和科级人员的考核。

第八条 按考核主体划分

绩效考核按考核主体划分，可分为上级考核、自我考核、同事考核、专家考核和下级考核，以及综合以上各种方法的立体考核。

第九条 按考核形式划分

绩效考核按考核形式划分，可分为口头考核与书面考核、直接考核与间接考核、个别考核与集体考核。

第十条 按考核标准的设计方法划分

绩效考核按考核标准的设计方法划分，可分为绝对标准考核和相对标准考核。所谓绝对标准考核即按同一尺度去衡量相同职务人员，它可以明确地判断员工是否符合职位要求以及符合的程度，如小组内部同类人员相互比较做出评价。它可以确定人员的优劣顺序，但不能准确地把握员工与职位要求之间的符合程度。

第十一条 按主观客观划分

1. 客观考核方法。客观考核方法是对可以直接量化的指标体系所进行的考核，如生产指标和个人工作指标。

2. 主观考核方法。主观考核方法是由考核者根据一定标准设计的考核指标体系，对被考核者进行主观评价，如工作行为和工作结果。

第三章 附则

第十二条 本制度自发布之日起开始执行。

第十三条 本制度的编写、修改及解释权归人力资源部所有。

指点迷津：绩效考核的客观考核方法

绩效考核中常用的客观考核方法有 4 种，分别为指标定量法、周报告法、360 度评估法和强制分布法，下面简单进行介绍。

指标定量法即是在订立绩效标准时尽量量化指标，然后以数据进行客观评判。

周报告法就是对每周的关键业绩汇总报告的一种方式。

360 度评估法则是通过被考核者的上级、下级、同事以及自己等各层级相关人员对其进行业绩评估的方式。

强制分布法就是强制规定每个部门各考核等级的比例，如评为优秀的员工只能占部门的 5% 等。这种方式适合于人数较多的部门。

制度 2：绩效考核管理制度

绩效考核管理制度

第一章 总则

第一条 目的

1. 通过绩效考核，传递组织目标和压力，促使员工提高工作绩效，达到“培养员工、提高员工的工作能力、纠正员工偏差、使之更好地为公司服务，达到公司与个人之间的双赢”的目的。

2. 加强公司的计划性，改善组织的管理过程，促进管理的科学化、规范化。

3. 客观、公正地评价员工的绩效和贡献，为薪资调整、绩效薪资发放、职务晋升等人事决策和组织员工培训提供依据。

4. 反馈员工的绩效表现，加强过程管理，强化各级管理者的管理责任，促进其指导、帮助、约束与激励下属。

5. 月度绩效考核主要目的在于：通过对 1 个月内工作计划安排和任务完成情况进行考核，全面评价员工的工作业绩。为员工绩效工资提供必要的依据，也为人力资源部门（目前隶属于综合管理部）对员工的晋升、降职、解聘和岗位调整提供依据，从而有效提升公司整体绩效。

6. 年终考核目的：评价年度员工和部门工作绩效，为年终奖金发放、工作效率、岗位目标执行、人事调整政策评价提供依据。

第二条 理念

1. 以目标计划为基础，以关键业绩量标准 / 指标对绩效进行考核，强调绩效的达成。

2. 以绩效的提高为目标。

3. 强调绩效管理过程，而不是简单的结果评判。

第三条 考核原则

1. 相对一致性：在一段连续时间内，考核的内容和标准不能有较大的变化，至少应保持在 1 年内考核的方法具有一致性。另外，在必要的时候，基于适当的原因可对考核的具体指标及权重分配做相应的调整。

2. 客观性：考核要客观地反映员工的实际工作情况，避免由于光环效应，亲近、偏见等带来误差。

3. 公平性：对同一职类员工使用相同的考核标准，最大限度地防止评估结果的不一致性和偏见性。

4. 公开性：每位员工都必须清楚体系是如何运作的，考核结果员工应签名，有意见可表述、申诉，无签名考核结果同样有效。

5. 保密性：主管及被考核者不能将考核结果泄露给第三方（公司绩效考核管理必要的参与者除外）。

6. 管理人员主导性：公司各级管理人员要正确认识绩效考核体系在员工管理中所起的作用，如果大部分人把实施本体系作为一个负担，则说明考核制度应做出相应修改。

第四条 适用范围

本制度适用于公司全部员工。

第二章 考核规程

第五条 考核要素

第六条 考核责任

第七条 考核责权

第八条 考核权限

第三章 人员考核的具体实施

第九条 月度绩效考核

月度考核分为员工自评和直接上级考评两个环节，考核依据是员工当月工作表现和实际工作业绩。

第十条 月度绩效考核时间：当月 5 日前。

第十一条 年度绩效考核流程

第四章 考核结果及运用

第十二条 考核等级

考核等级主要是对员工绩效进行综合评价的结论。分为 A（优秀，90 及以上）、B（良好，80 ~ 89 分）、C（合格，70 ~ 79 分）、D（差，60 ~ 69 分）和 E（不合格，平均分值 59 分及以下）。

第十三条 考核结果的运用

考核结果将作为工资、奖金、职务晋升（降）、任职资格等级调整、员工培训安排的重要依据，现薪资中的绩效月薪、奖金部分按考核分数换算后的系数发放。

第十四条 奖惩措施

第五章 附则

第十五条 解释权

本制度的解释说明权属人力资源部。

第十六条 实施细则

本制度未尽事宜及相关实施细则，由公司人力资源部与各部门共同补充，由总经理核准后实施。公司根据此管理制度规定，拟定员工考核办法。

第十七条 修改、废除权

本制度的最终决定、修改和废除权属公司。

第十八条 实施时间自本制度发布日起执行。

……

表格 1：部门绩效考核表

部门：				考核时间段：			填表时间：				考核得分：		分
序号	KPI 考核指标		指标定义	权重		目标值		计分标准	责任部门数据提供	责任部门数据提供确认	得分	被考核者确认	考核者确认
						基础目标	理想目标						
1	财务类												
2													
3	客户类												
4	内部管理												
5	学习与成长												
加分													
减分													
合计与备注	最高得分不得超过 110 分。												

表格 2：员工通用项目考核表

考核项目	考核要素	考核内容	标准分	加、扣分		
			4	自评	考核小组	考核得分
职业道德（20）	忠于职守	热爱本岗位工作	4			
	工作素质	热爱集体，尊重领导，配合支持工作	4			
	团结精神	关心他人，团结协作	4			
	业务学习	钻研业务，勤奋好学，要求上进	4			
	服务态度	对内、外用户服务周到、热情	4			
工作态度（20）	遵守制度	遵守公司规章制度	4			
	出勤情况	满勤	4			
	积极性	对高标准做好职务范围内的业务的热情	4			
	责任性	完成本职工作的持续性和责任性	4			
	协调性	与同事、上司合作的情况	4			
工作成果（32）	完成任务	是否完成任务的具体计划安排	10			
	成本意识	努力减少时间、物质上的损失	8			
	创新能力	提出改进工作的建议情况	5			
	特殊成果	给公司在某方面解决重大问题	5			
	培养人才	参加培训或对他人进行培训	4			
其他管理（18）	能源管理	节约能源（水、电等）	3			
	设备管理	爱护设备，保养好	3			
	财务管理	节约开支，精打细算，遵守财务制度	3			
	物资管理	按计划领用物资，节约，杜绝浪费	3			
	安全防火	安全防火意识强，能主动做好工作	3			
	计划生育	严格执行计划生育政策	3			
总计			100			

表格 3：员工自我鉴定表

姓名		部门		职位	
入司日期		学历		出生日期	
现任主要工作					
项目					
目前工作	你认为目前担任的工作对你是否合适？工作量是否恰当？ 在你执行工作时，你曾感到什么困难？				
工作希望	你认为你比较适合哪些方面的工作？ 你不适合哪些方面的工作？ 其中最适合你的工作是什么？ 你对你现在的工作有什么希望？				
薪资及职位	你认为你的工作报酬是否合理？ 职位是否合理？ 职称是否合理？ 理由何在？你的希望？				
教育训练	这些年你是否参加过公司内部或外部举办的训练？ 曾参加什么训练？ 你希望接受什么项目的训练？你对本企业训练的意见如何？				
工作分配	你认为你的部门当中工作分配是否合理？ 什么地方急待改进？				
工作目标	你的工作目标是什么？ 这个目标你已做到了什么程度？				
贡献	认为本年度对公司有较大贡献的工作是什么？ 你做到了什么程度？				
工作构想	在你担任的工作中，你有什么更好的构想？请具体说明：				

表格 4：员工考核标准表

考核项目		满分	考核标准
工作业绩（45 分）	工作目标完成度	10 分	（10 分）同年工作数量多，超额完成年初确定的工作目标、职责内工作、上级交办工作，达成每周计划的工作目标，工作客观难度较大，完成度超过期望值
			（8 分）同年工作数量较多，达成年初确定的工作目标、职责内工作、上级交办工作，完成每周工作计划，工作客观难度较大，完成度与期望值相符
			（6 分）同年工作数量一般，基本达到年初确定的工作目标、职责内工作、上级交办工作，完成每周工作计划，工作客观难度一般，完成度与期望值相符
			（4 分）同年工作数量较少，未达到年初确定的工作目标、职责内工作、上级交办工作，周工作计划完成度欠佳，工作客观难度一般，完成度与期望值不符
	工作效率	10 分	（10 分）工作效率极高，工作时间与工作成果成正比，总能提前完成工作任务，完成工作迅速高效，无浪费时间或拖拉现象
			（8 分）工作效率高，工作时间与工作成果成正比，经常提前完成工作任务，完成工作迅速，通常无浪费时间或拖拉现象
			（6 分）工作效率一般，能按时间要求完成工作任务，无浪费时间或拖拉现象
			（4 分）工作效率差，不能按时间要求完成工作任务，有浪费时间或拖拉现象
	工作质量	10 分	（10 分）工作质量极高，远远超过期望值，工作结果正确，不反复
			（8 分）工作质量高，达到期望值，工作结果正确，偶尔反复
			（6 分）工作质量较高，达到期望值，工作结果基本正确，偶尔反复
			（4 分）工作质量极差，不符合期望值，工作结果经常错误，常反复
	执行情况	15 分	（15 分）执行力度极高，工作严格遵循上级指示、决议、计划执行，不擅作主张，并注重检查跟进
			（10 分）执行力度高，基本遵循上级指示、决议、计划执行，不擅作主张，注重检查跟进
			（7 分）执行力度一般，遵循上级指示、决议、计划执行，偶尔擅作主张，不注重检查跟进
			（4 分）执行力度差，不遵循上级指示、决议、计划执行，擅作主张，不注重检查跟进

<table>
<tr><td rowspan="19">工作能力（30分）</td><td rowspan="5">专业知识与技能</td><td rowspan="5">6分</td><td>（6分）完全胜任工作岗位，完全掌握并熟悉运用担任职务所需的知识与技能，有很高的工作专业素养，总能够解答他人的专业疑问</td></tr>
<tr><td>（5分）胜任工作岗位，较熟悉掌握、运用担任职务所需的知识与技能，工作专业素养高，经常能够解答他人的专业疑问</td></tr>
<tr><td>（4分）可以满足工作岗位需求，掌握、运用担任职务所需的知识与技能，工作专业素养较高，一般能够解答他人的专业疑问</td></tr>
<tr><td>（3分）基本满足工作岗位需求，具有担任职务所需的知识与技能，工作专业素养一般</td></tr>
<tr><td>（1分）不能满足工作岗位需求，不具备担任职务所需的知识与技能，工作专业素养差</td></tr>
<tr><td rowspan="5">计划与组织能力</td><td rowspan="5">6分</td><td>（6分）善于制定计划，有条不紊地按计划组织实施，通过有效的计划提高工作效率，以完成工作计划为目的</td></tr>
<tr><td>（5分）能根据上级的要求，制定相应计划，明确目标和方针，在权限范围内配置资源，按计划组织实施，完成工作计划</td></tr>
<tr><td>（4分）基本上能根据上级的要求，制定工作计划，对目标和方针不太明确，需要他人指导</td></tr>
<tr><td>（3分）制定计划和组织实施有难度，需要别人帮助方能进行</td></tr>
<tr><td>（1分）做事无计划，缺乏组织能力</td></tr>
<tr><td rowspan="5">理解与判断能力</td><td rowspan="5">6分</td><td>（6分）总能够正确理解领导意图，出色地完成任务；迅速把握复杂的事物，发现关键问题并找到解决办法</td></tr>
<tr><td>（5分）能够理解领导的主要意图，较好地完成任务；问题发生后，能够分辨关键问题，找到解决办法</td></tr>
<tr><td>（4分）基本上能够理解领导的要求，完成任务，偶尔会出一些小问题；发现问题，抓住关键，想办法解决</td></tr>
<tr><td>（3分）有时因不能理解领导的要求而完不成任务；发现问题，能够想办法解决，但有时抓不住关键</td></tr>
<tr><td>（1分）经常因误解领导的要求而没有做正确事情，完不成任务；遇到问题，找不到解决办法</td></tr>
<tr><td rowspan="4">表达与沟通能力</td><td rowspan="4">6分</td><td>（6分）表达清晰、简洁，易于理解；精于与人沟通合作，在增进了解和传达信息方面有出色表现</td></tr>
<tr><td>（5分）比较准确的表达意见；善于同周围的人沟通和合作，准确传达信息，值得信赖和依赖</td></tr>
<tr><td>（4分）能表达清楚主要意图；善于同周围的人沟通，信息传达准确</td></tr>
<tr><td>（3分）尚能表达清楚主要意图；不善于同周围的人沟通，传达信息尚可</td></tr>
</table>

工作能力（30分）	表达与沟通能力	6分	（1分）表达不清楚自己的意思；不善于同周围的人沟通，经常错误传达信息
	创新与应变能力	6分	（6分）具有很强的创新与应变能力，能在具体工作实施与变化中产生应对的创意和策略，能审时度势，随机应变
			（5分）具有较强的创新与应变能力，经常能产生新的思路、方法、措施，在变化中应对灵活
			（4分）基本具有创新与应变能力，能产生新的思路、方法和措施，在变化中能够变通，寻找解决方法
			（3分）创新与应变能力一般，遇到变化或意外事故变通困难，需要别人帮助或指导
			（1分）无创新与应变能力，墨守成规，固执拘泥，在变化面前不知所措
工作态度（15分）	工作积极性与责任心	5分	（5分）有强烈的工作责任心，积极主动地承担工作任务，能够提出有创新的工作方法，勇于从正面角度反应不同意见
			（4分）有较强的工作责任心，积极主动地承担工作任务，能够提出新方法以促进工作的有效进行
			（3分）有相当的工作责任心，能够主动承担工作任务并认真完成，具有工作热情
			（2分）有一定的工作责任心，以领导检查为工作导向，不能积极主动地承担工作任务，需经常监督与检查
			（1分）基本上没有工作责任心，被动工作、照章办事、偷懒，需不断监督与检查
	团队协作	5分	（5分）主动协助同事出色地完成工作；对同事提出合理工作协助要求每次及时响应并尽快协助解决问题；服务态度非常好
			（4分）经常主动协助同事较好地完成工作；对同事提出合理工作协助要求大多数及时响应并尽快协助解决问题；服务态度好
			（3分）能够主动协助同事完成工作；对同事提出合理工作协助要求能及时响应并及时协助解决问题；服务态度比较好
			（2分）根据同事的请求能够提供一般协助；对同事提出合理工作协助要求少数及时响应并协助解决问题；服务态度一般
			（1分）不能积极响应同事的请求或者协作任务的完成质量较差；对同事提出的合理工作协助要求不能及时响应和协助解决问题；服务态度不好

工作态度（15分）	纪律性	5分	（5分）能够长期严格遵守工作规定与标准，有非常强的自觉性和纪律性
			（4分）能够严格遵守工作规定与标准，有很强的自觉性和纪律性
			（3分）能够遵守工作的规定和标准，有较强的自觉性和纪律性
			（2分）基本能够遵守工作规定和标准，基本能够遵守纪律，但有时出现自我要求不严的情况
			（1分）不能遵守工作规定和标准，经常发生违规情况，自觉性和纪律性差
学习（10分）	学习与运用能力	10分	（10分）领悟力强，并不断更新知识，善于在工作中学习，并将所学的专业知识和技能用到工作当中
			（8分）领悟力强，能够自觉地从书本及工作中学习新知识，并注意知识积累，将所学的专业知识和技能用到工作当中
			（6分）注意学习书本知识，并能从工作中吸取经验，将部分所学的专业知识和技能用到工作当中
			（4分）能够从工作中吸取新经验，但不注意学习书本知识
			（2分）不注意学习吸收新知识、新经验，领悟能力差

表格5：员工考核结果部门汇总表

部门：				考核负责人：		
序号	姓名	职位	考核分数	考核等级	考核等级所占比	备注
说明：						

部门负责人		部门分管领导		人力资源部负责人		总经理	
审批意见： 总经理签名：							
注：请按考核等级的高低予以排列，并统计各考核等级所占的比率。							

5.5 结果应用与绩效反馈

规范 1：绩效考核结果的用途

项目	规范内容
培训需求分析	根据员工绩效考核结果及相关记录，可发现员工与岗位工作标准的差距，然后进行培训需求分析，判断其是否需要培训以及需要哪方面的培训。
人事调整	对于连续考核优秀的员工，可予以晋升；对于连续绩效不良的员工，予以降级或调岗。
员工职业发展计划	通过绩效考核结果运用，可以使员工职业生涯实现有序发展，而员工职业生涯的发展，也促进了企业的发展。
薪资调整	对于绩效不良的员工，要降低绩效工资，促进尽快改善。绩效优秀的员工根据标准进行合理的调整。
奖金分配	明确奖金分配是以绩效考核结果为主要依据，达到什么绩效水平就可以拿多少奖金，从而减少因奖金分配不合理产生的矛盾。

规范 2：绩效反馈应遵循的原则

项目	规范内容
经常性原则	绩效反馈应是经常性的，这样做的原因有两点：首先，管理者一旦意识到员工在绩效中存在缺陷，就有责任立即去纠正；其次，绩效反馈过程有效性的一个重要决定因素是员工对于评价结果基本认同。
对事不对人原则	在绩效反馈面谈中双方应该讨论和评估的是工作行为和工作绩效，也就是工作中的一些事实表现，而不是讨论员工的个性特点。
多问少讲原则	在与员工进行绩效沟通时要遵循 20/80 法则：80% 的时间留给员工，20% 的时间留给自己。而自己在这 20% 的时间内，可以将 80% 的时间用来发问，20% 的时间用来指导、建议，因为员工往往比经理更清楚本职工作中存在的问题。

续表

项目	规范内容
着眼未来的原则	绩效反馈面谈中很大一部分内容是对过去的工作绩效进行回顾和评估，但这并不等于绩效反馈面谈要集中于过去。谈论过去的目的并不是停留在过去，而是要从过去的事实中总结出一些对未来发展有用的东西。
正面引导原则	不管员工的绩效考核结果是好是坏，都应该多给员工一些鼓励。既让员工清楚自己绩效成绩不理想，又不会使其失去工作信心，引导其找到努力的方向，并积极工作。
制度化原则	绩效反馈必须建立一套制度，只有将其制度化才能保证其持久地发挥作用。

制度 1：绩效奖金管理规定

绩效奖金管理规定

第一章 总则

第一条 为规范员工绩效奖金的发放程序，配合员工绩效考核和奖惩工作，达到激励员工、提高工作效率的目的，根据公司的实际情况，特制定本规定。

第二条 本规定适用于公司除总经理和各位副总以外的所有员工。

第三条 公司绩效奖金分为季度奖金、年终奖金。

第四条 人力资源部的职责

1. 负责奖金总额的归口预算、报批和控制工作。

2. 负责各期奖金的核算和统计工作。

第五条 部门经理的职责

1. 充分发挥奖金的激励作用，对考核评分的结果负责。

2. 对部门奖金总额的浮动负责。

3. 有停发员工奖金的权力。

第二章 奖金总额和奖金基数规定

第六条 每年一月份，人力资源部核定上年奖金总额报公司总经理审批，同时将本年度奖金总额预算报公司总经理审批。

第七条 本年度奖金总额预算以上一年度 12 月份工资总额为基数，根据上一年度公司的经营业绩，由人力资源部上报总经理。

第八条 每季度开始的第一周，人力资源部核定上季度的奖金总额，报公司总经理审批。

第九条 员工季度奖金基数是固定比例，一般是该员工月工资的25%，并随季度考核成绩的排名有所不同，排名靠后的员工没有季度奖金。

第十条 员工年终奖金基数为浮动比例，与部门年终考核成绩（A、B、C三等）挂钩，具体奖金基数参考《绩效奖金基数对照表》。

第三章 季度奖金发放管理

第十一条 季度奖金按季度发放，在每季度发放第一个月工资的同时发放上个季度的季度奖金。

第十二条 季度奖金的发放依据为《员工季度考核表》中的考核成绩及考核等级。

第十三条 考核成绩合格（即季度考核得分不低于70分）的员工享有季度奖金，试用期间的员工不发放季度奖金。

第十四条 在季度中出现公司内部跨部门调动的，于第二个月15日及以前调入的，视为调入部门员工；于第二个月15日以后调入的，视为调出部门员工。

第十五条 人力资源部根据各部门员工的季度考核成绩以及《季度考核结果与员工季度奖金对应表》核算季度奖金。

第四章 年终奖金发放管理

第十六条 公司规定每年一月底发放上一年度的年终奖金。

第十七条 年终奖金的发放依据为部门年度考核结果和员工在年度考核中的成绩及考核等级。

第十八条 在当年10月（含）以后到岗的新员工，不享有年终奖金。

第十九条 人力资源部根据各部门员工的年终考核成绩与《考核系数与员工年终奖金对应表》核算年度奖金。

第五章 绩效奖金发放程序管理

第二十条 部门经理将《部门季度（年终）奖金核算表》提交人力资源部，要认真填写序号、姓名、考核成绩。

第二十一条 人力资源部负责核算各部门员工奖金，填写《部门季度（年终）奖金核算表》，提交主管副总、总经理审批。

第二十二条 总经理批复后，人力资源部将《部门季度（年终）奖金核算表》交财务部。

第二十三条 财务部经理在《部门季度（年终）奖金核算表》上签字确认后，在规定时间内发放奖金。

第六章 附则

第二十四条 本规定的解释权归人力资源部所有。

第二十五条 本规定经总经理审批后自颁布之日起开始执行。

制度 2：绩效面谈实施细则

绩效面谈实施细则

第一章 总则

第一条 目的

1. 充分发挥各部门负责人在绩效管理工作中的指导、支持作用，使绩效管理工作开展得更加规范、高效。

2. 掌握员工工作过程中出现的问题以及员工发展的需要，并制订有针对性的培训计划。

3. 通过向员工反馈工作执行情况和执行结果，为员工创造了解自身优缺点的机会，培养员工以自我认知为基础的自我发展态度。

4. 帮助员工订立自我发展目标，加深员工对工作的关心，培养员工的责任感。

5. 保持公司与员工的良好沟通，从而形成公司良好的协调、沟通氛围。

第二条 适用范围

本细则适用于公司所有员工的绩效反馈与面谈工作。

第三条 各部门的管理职责

1. 人力资源部负责公司绩效面谈的组织、实施与培训指导工作。

2. 被考核者的上级主管在人力资源部的协助、监督下，与被考核者进行绩效面谈。

第四条 绩效面谈的原则

1. 直接、具体的原则。面谈交流要直接而具体，不能做泛泛的、抽象的或一般性的评价。

2. 互动原则。面谈是一种双向的沟通，为了获得对方的真实想法，上级主管应当鼓励员工多说话，让其充分表达自己的观点。

3. 基于工作的原则。绩效面谈中涉及的是工作绩效，是工作的一些事实表现，面谈的内容应该为员工是怎么做的，采取了哪些行动和措施，效果如何，而不应该讨论员工个人的性格。

4. 分析原因原则。绩效面谈需要指出员工的不足之处，但不需要批评。面谈应立足于帮助员工改进不足之处，指出绩效未达成的原因。

5. 互相信任原则。绩效面谈是上级主管与员工进行双向沟通的过程，双方若要达成理解、共识，就必须建立互相信任的关系。

第二章 绩效面谈的内容划分与组织实施

第五条 绩效面谈内容

绩效面谈包括绩效计划面谈、绩效指导面谈和绩效反馈面谈，在不同的面谈类别中，面谈的内容也是不同的。

第六条 面谈人绩效面谈准备

1. 上级主管应提前确定面谈的时间和地点，并告知员工。

2. 上级主管应提前准备好面谈资料，如员工评级表、员工的日常表现记录、岗位说明书、薪金变化情况等资料，并告知员工准备相关的面谈资料。

3. 上级主管应事先了解员工的个性特点，以及自己管理或沟通方面的能力限制。

4. 上级主管应详细阅读员工的绩效自评表，了解员工需要讨论和指导的行为事宜。

5. 上级主管应事先拟定好面谈程序，计划好如何开始、如何结束，面谈过程中先谈什么、后谈什么，以及各阶段的时间分配。

第七条 被考核者绩效面谈准备

1. 员工应提前填写自我评价表。员工要客观地做好自我评价，这样便于与主管考核结果达成一致，有利于面谈的顺利进行以及个人发展目标的切实制定。

2. 员工应提前准备好个人的发展计划。面谈时提出个人发展计划，有利于上级主管有针对性地进行下期的工作安排。

3. 员工应提前准备好向上级主管提出的问题，这一过程是员工改变上级主管对自己评价和下期计划的关键时刻。

4. 员工应提前安排好自己的工作，避免因进行面谈而影响正常的工作。

第八条 绩效面谈的实施

1. 面谈人应营造一种和谐的面谈气氛。

2. 面谈人应说明面谈的目的、步骤和所用时间。

3. 面谈人根据预先设定的绩效指标谈论员工的工作完成情况，并分析其成功与失败的原因。

4. 双方讨论员工的行为表现与公司价值观相符的情况，以及员工在工作能力上的强项和有待改进的方面。

5. 双方为员工下一阶段的工作设定目标以及绩效指标，并讨论员工需要的资源和帮助。

6. 双方经协商达成一致意见后签字确认。

第九条 确定绩效面谈结果

1. 上级主管设定员工下阶段工作改进计划及时间表。

2. 依公司管理制度，上级主管对员工晋升、调薪或调职提出合理建议。

第十条 绩效面谈的技巧和注意事项

面谈人员在绩效面谈过程中，需要掌握的技巧及需要明确的注意事项。

1. 面谈前的准备阶段

（1）需预先安排合适的时间、场所，给员工一种平等、轻松的感觉。

（2）材料准备充分，并在面谈前进行熟悉，做到心中有数，不至于在面谈时手忙脚乱、尴尬冷场。

2. 暖场阶段

（1）创造轻松、融洽的气氛，让员工心情放松。

（2）设计一个缓冲带，时间不宜太长，可以先谈谈工作以外的其他事情。

3. 员工自评阶段

（1）认真倾听员工的解释，撇开偏见，控制情绪，耐心听取员工讲述。

（2）不时地概括或重复对方的谈话内容，鼓励员工讲下去，帮助分析原因。

4. 面谈人员评价阶段

（1）对业绩进行评价，指出成绩和不足。

（2）对能力进行评价，指出优势和劣势。

第三章 附则

第十一条 本细则由人力资源部制定，其解释权和修订权归人力资源部所有。

第十二条 本细则自发布之日起正式实施。

指点迷津：绩效面谈的 4 种类型

绩效面谈是绩效改进与提升非常重要的依据之一。根据绩效面谈的内容和形式不同，可以将其分为多种类型，如根据其具体内容可以划分为以下 4 种绩效面谈类型。

①绩效计划面谈。即在绩效管理初期，上级主管与下属就本期内绩效计划的目标和内容，以及实现目标的措施、步骤和方法所进行的面谈。

②绩效指导面谈。即在绩效管理活动的过程中，根据下属不同阶段上的实际表现，主管与下属围绕思想认识、工作程序、操作方法、新技术应用和新技能培训等方面的问题所进行的面谈。

③绩效考评面谈。即在一个绩效考核周期结束之后，根据下属本期的绩效计划的贯彻执行情况，以及其工作表现和工作业绩等方面所进行的全面回顾、总结和评估。

④绩效反馈面谈。即在本期绩效管理活动完成之后，将考评结果以及有关信息反馈到员工本人，以及为下期绩效管理活动创造条件的面谈。

制度 3：绩效评议与申诉制度

绩效评议与申诉制度

第一章 总则

第一条 目的

1. 全面、客观、公正地评议各部门及其人员的工作表现、工作实绩。

2. 拓宽监督、评议的渠道，公司全员共同参与，增加绩效考核工作的透明度。

3. 使绩效考核工作更加民主化、科学化、规范化。

4. 为了确保绩效考核质量，保障员工的合法权益，对有偏差的绩效考核及时纠正。

5. 加强企业文化建设，构建互相促进、良性竞争、和谐向上的工作氛围。

第二条 适用范围

本制度适用于公司各部门所有岗位人员的绩效考核。

第三条 工作原则

1. 坚持客观公正、公开、竞争择优、注重实效的原则。

2. 坚持考核与评议、申诉管理相结合的原则。

3. 坚持考核标准设定的可比性、可操作性原则，便于评估和核实。

4. 坚持分级负责的原则。

5. 加强协作的原则。

第四条 绩效考核工作小组的组成

公司设绩效考核工作小组，公司总经理任组长，主管副总为副组长，各部门经理为成员，全面负责各时期的绩效考核工作。

第二章 绩效评议的内容及方法

第五条 评议内容

公司考核评议工作将结合年度考核，在全面考核员工绩效的基础上，重点评议员工特别是基层、中层管理人员的工作作风、工作能力和工作实绩。

第六条 分级评议

公司考核评议工作根据部门职能和管理权限，实行分级分类考评，考评中要注重上下结合与内外结合。

第七条 分阶段评议

考核评议工作分为平时考核评议、年度考核评议。

1. 平时考核评议由人力资源部牵头，绩效考核工作小组监督，其他部门配合，根据工作纪律及日常表现进行，考评结果要有明确记录。

2. 年度考核评议工作由公司统一组织，绩效考核工作小组负责，以平时考核评议为基础。
第三章 考核评议的程序
第八条 自查并修正
部门和个人根据实际情况，对照考核管理目标及考核评议内容进行自查，写出总结和述职报告，接受上级领导和其他员工的评议和监督。
第九条 民主、公正评估
第十条 公司范围内调查评估
第十一条 综合评定
第四章 评议结果管理与工作整改
第十二条 评议结果公布
第十三条 考核评议结果划分
第十四条 评议结果奖惩
第十五条 整改与督导
第十六条 责任追究
第十七条 异议处理
第十八条 考核评议工作审核备案
第五章 申诉范围与条件
第十九条 申诉范围
第二十条 申诉方式
第二十一条 申诉途径
第六章 申诉流程
第二十二条 申诉有效期
第二十三条 提交申诉
第二十四条 申诉受理
第二十五条 二次申诉
第二十六条 申诉的回复。
第七章 申诉相关事项说明
第二十七条 申诉期内考核结果的效力
第二十八条 申诉的驳回
第二十九条 对申诉人的保护
第三十条 保密规定
第八章 附则
第三十一条 本制度由人力资源部制定，其解释权和修订权归其所有。

第三十二条 本制度自发布之日起正式实施。

……

制度 4：绩效改进与提升办法

范本

绩效改进与提升办法

第一章 总则

第一条 目的

为了提高各岗位人员的工作绩效，规范绩效管理工作，完善公司绩效管理体系，不断增强公司的核心竞争力，依据公司绩效管理制度，特制定本办法。

第二条 适用范围

本办法适用于公司所有人员的绩效改进与提升相关工作事项。

第三条 绩效改进与提升的指导思想

1. 绩效改进与提升是绩效考核的后续工作，其出发点是提高员工的考核成绩，不能将这两个环节割裂开来进行。

2. 绩效改进与提升必须自然地融入部门日常管理工作之中，才有其存在的价值。

3. 帮助下属改进绩效、提升能力是管理人员义不容辞的责任。

第四条 绩效改善与提升的工作重点

绩效改善与提升的工作重点包括绩效诊断、绩效改进计划的制订、绩效改进计划的实施和评价。具体可分为 3 个阶段，即绩效计划阶段、绩效辅导阶段、绩效考核及反馈阶段。

第二章 考核及反馈阶段的绩效改善与提升

第五条 绩效考核及反馈阶段是绩效诊断与分析的阶段。绩效诊断与分析是绩效改进过程中的第一步，也是绩效改进最基本的环节，公司各级管理人员需重视本阶段的绩效改善与提升工作。

第六条 绩效管理人员综合收集到的考核信息，客观、公正地评价员工，并在经过充分准备后，就绩效改进考核情况向员工进行反馈。

第七条 考核者与被考核者实行绩效反馈面谈工作，肯定成绩，指出不足。进行充分沟通与协商，找出关键绩效问题和产生绩效问题的原因，制定一致的未来绩效目标和绩效改善提升措施。

第八条 绩效问题诊断的分析角度

1. 考虑影响团队或个人绩效的四大因素，即知识、技能、态度和环境。

2. 考虑绩效考核工作涉及的三大因素，即员工本人、主管（直接上级）和绩效周遭环境。

第九条 绩效改进工作重点及措施。

将绩效分为不易改变、容易改变和急需改进 3 类，并将其列入改进计划，或者与绩效薪酬一同进行，不急需改进的暂时不列入改进计划。

第十条 解决绩效问题的方法

1. 员工：向主管或有经验的同事学习，观摩他人的做法，参加公司内外的有关培训及相关领域的研讨会，阅读相关书籍，选择某一实际的工作项目，在主管的指导下进行训练。

2. 经理 / 主管（直接上级）：参加公司内外关于绩效管理、人员管理等方面的培训，向公司内有经验的管理人员学习，向人力资源管理专家咨询等。

3. 公司环境：适当调整部门内人员分工或进行部门间人员交流，以改善部门内的人际关系氛围，在公司资源允许的情况下，尽量改善工作环境和工作条件。

第十一条 绩效考核反馈时，无论被考核者是否认可考核结果，都必须在考核表上签字。签字不代表被考核者认可考核结果，只代表被考核者知晓考核结果。

第十二条 被考核者如果对绩效考核结果不认可，可进行绩效申诉，具体请参考公司制定的绩效评议与申诉制度。

第十三条 面谈时，需及时掌握培训需求，考核者与被考核者可制定有针对性的培训措施，在人力资源部的协助下开展培训。

第三章 绩效改进计划阶段的绩效改善与提升

第十四条 制订绩效改进计划

在这一阶段，各部门经理应与员工进行充分的沟通，就绩效目标达成共识，具体包括以下内容。

1. 员工的基本情况、直接上级的基本情况以及该计划的制订时间和实施时间。

2. 上周期的绩效评价结果和绩效反馈情况，确定需要改进的方面，明确需要改进和发展的原因。

3. 明确员工现有绩效水平和经过改进之后的绩效目标。

4. 针对存在的问题制订合理的绩效改进计划或方案等。

第十五条 拟订绩效改进计划的注意事项

1. 计划内容要有实际操作性，即拟订的计划内容需与员工待改进的绩效工作相关联，且可以实现。

2. 计划要获得管理人员与员工双方的认同，即管理人员与员工都应该接受这个计划并保证实现它。

3. 符合 SMART 原则，即绩效改进计划要满足具体、可衡量、可达到、相关联和有时限性 5 点要求。

第十六条 在绩效改进过程中可使用《绩效改进计划表》进行具体的绩效改进计划工作。

第四章 绩效辅导阶段的绩效改善与提升

第十七条 绩效辅导阶段即绩效改进计划的实施与评估阶段，管理人员应该在考核周期内，通过绩效监控和沟通，实现对绩效改进计划实施过程的控制。

第十八条 绩效管理人员需监督绩效改进计划能否按照预期进行，收集、整理绩效过程中的问题，记录绩效改进实际工作情况，及时修订和调整不合理的改进计划。

第十九条 各部门应注重在部门内建立、健全“双向沟通”机制，包括周 / 月例会制度、周 / 月总结制度、汇报 / 述职制度、观察记录制度和周工作记录制度等。

第二十条 绩效管理人员对于被考核者绩效改进方面的问题，应及时、准确地记录在绩效改进计划表中。

第二十一条 公司需通过前后两次绩效考核结果对绩效改进计划的完成情况进行评价，如果员工在后一次的绩效评价中有显著提高，在一定程度上说明绩效改进计划取得了一定的成效。

第五章 附则

第二十二条 本办法由人力资源部制定、解释和修订。

第二十三条 本办法自发布之日起正式实施。

表格 1：绩效奖金考核表

序号	日期	姓名	工号	质量异常（280 元）	工作态度（120 元）	备注	扣款金额	应得金额
1								
2								
3								

实际考核人数：___人　　　　考核金额：______元 / 人

总计金额：______元　　扣款金额：______元　　合计金额：______元

审核人：　　　　日期：

表格 2：员工奖惩建议申请表

申请日期：

<table>
<tr><td>奖惩人员</td><td>部门</td><td></td><td>职位</td><td colspan="2"></td><td>姓名</td><td></td></tr>
<tr><td rowspan="5">直接上级意见</td><td>事实描述</td><td colspan="6"></td></tr>
<tr><td rowspan="2">奖励</td><td>嘉奖</td><td colspan="3">奖励</td><td colspan="2">表扬</td></tr>
<tr><td>建议奖励：　　元</td><td colspan="3">建议奖励：　　元</td><td colspan="2"></td></tr>
<tr><td rowspan="2">处罚</td><td>辞退</td><td colspan="3">警告</td><td colspan="2">提示</td></tr>
<tr><td></td><td colspan="3">建议扣发：　　元
说明：</td><td colspan="2">建议扣发：　　元
说明：</td></tr>
<tr><td colspan="2">财务核实意见</td><td colspan="3">签字：</td><td>日期</td><td colspan="2"></td></tr>
<tr><td colspan="2">员工代表意见</td><td colspan="3">签字：</td><td>日期</td><td colspan="2"></td></tr>
<tr><td colspan="2">总经理意见</td><td colspan="3">签字：</td><td>日期</td><td colspan="2"></td></tr>
</table>

表格 3：员工奖惩月报表

<table>
<tr><td colspan="3">受奖惩者</td><td rowspan="2">奖惩方式</td><td rowspan="2">奖惩原因</td><td rowspan="2">发表日期</td></tr>
<tr><td>姓名</td><td>部门</td><td>职位</td></tr>
<tr><td></td><td></td><td></td><td></td><td></td><td></td></tr>
<tr><td></td><td></td><td></td><td></td><td></td><td></td></tr>
<tr><td></td><td></td><td></td><td></td><td></td><td></td></tr>
<tr><td></td><td></td><td></td><td></td><td></td><td></td></tr>
<tr><td></td><td></td><td></td><td></td><td></td><td></td></tr>
<tr><td></td><td></td><td></td><td></td><td></td><td></td></tr>
</table>

表格 4：绩效面谈改进计划表

<table>
<tr><td colspan="3">月份：</td><td colspan="3">填表日期：</td></tr>
<tr><td>姓名</td><td></td><td>部门</td><td></td><td>职位</td><td></td></tr>
<tr><td colspan="2" rowspan="4">工作成功的方面</td><td colspan="4"></td></tr>
<tr><td colspan="4"></td></tr>
<tr><td colspan="4"></td></tr>
<tr><td colspan="4"></td></tr>
<tr><td colspan="2" rowspan="6">工作中需要改善的地方</td><td>绩效问题</td><td colspan="3">解决方法</td></tr>
<tr><td>态度</td><td colspan="3"></td></tr>
<tr><td rowspan="2">能力</td><td colspan="3"></td></tr>
<tr><td colspan="3"></td></tr>
<tr><td>知识</td><td colspan="3"></td></tr>
<tr><td>外部障碍</td><td colspan="3"></td></tr>
<tr><td colspan="2" rowspan="4">需要接受何种内容的培训</td><td></td><td colspan="3"></td></tr>
<tr><td></td><td colspan="3"></td></tr>
<tr><td></td><td colspan="3"></td></tr>
<tr><td></td><td colspan="3"></td></tr>
<tr><td colspan="2">希望得到何种支持
（公司支持、激励等）</td><td></td><td colspan="3"></td></tr>
<tr><td colspan="6">绩效改进计划</td></tr>
<tr><td colspan="4">应采取的行动</td><td colspan="2">完成时间</td></tr>
<tr><td colspan="4"></td><td colspan="2"></td></tr>
<tr><td colspan="4"></td><td colspan="2"></td></tr>
<tr><td colspan="4"></td><td colspan="2"></td></tr>
<tr><td colspan="2">面谈人签名：</td><td colspan="4">日期：</td></tr>
<tr><td colspan="6">备注：此面谈表于次月 5 日前提交人力资源部。</td></tr>
</table>

表格5：绩效未达标改善计划表

<table>
<tr><td>建立日期</td><td colspan="5"></td></tr>
<tr><td>部门</td><td></td><td>填表人</td><td></td><td>职位</td><td></td></tr>
<tr><td>绩效年月</td><td colspan="5"></td></tr>
<tr><td>项目</td><td colspan="5"></td></tr>
<tr><td>公式</td><td colspan="5"></td></tr>
<tr><td>目标值</td><td colspan="5"></td></tr>
<tr><td>实际值</td><td colspan="5"></td></tr>
<tr><td>说明</td><td colspan="5"></td></tr>
<tr><td>原因分析</td><td colspan="5"></td></tr>
<tr><td colspan="6">改善对策</td></tr>
<tr><td>行动概要</td><td colspan="5"></td></tr>
<tr><td>行动项目</td><td colspan="5"></td></tr>
<tr><td>执行人员</td><td colspan="5"></td></tr>
<tr><td>完成日期</td><td colspan="5"></td></tr>
<tr><td>检核人员</td><td colspan="5"></td></tr>
</table>

表格 6：绩效合约表

<table>
<tr><td>部门</td><td colspan="6"></td></tr>
<tr><td>岗位名称</td><td></td><td>员工姓名</td><td></td><td>考核周期</td><td></td></tr>
<tr><td>类别</td><td>项目名称及内容</td><td>权重</td><td>完成情况</td><td>自评</td><td>领导评价</td></tr>
<tr><td rowspan="3">重点工作</td><td>1.</td><td></td><td></td><td></td><td></td></tr>
<tr><td>2.</td><td></td><td></td><td></td><td></td></tr>
<tr><td></td><td></td><td></td><td></td><td></td></tr>
<tr><td rowspan="3">常规工作</td><td>1.</td><td></td><td></td><td></td><td></td></tr>
<tr><td>2.</td><td></td><td></td><td></td><td></td></tr>
<tr><td></td><td></td><td></td><td></td><td></td></tr>
<tr><td rowspan="2">临时工作</td><td></td><td></td><td></td><td></td><td></td></tr>
<tr><td></td><td></td><td></td><td></td><td></td></tr>
<tr><td>总分</td><td></td><td>100%</td><td></td><td></td><td></td></tr>
</table>

表格 7：绩效考核申诉表

<table>
<tr><td>申诉人姓名</td><td></td><td>职位</td><td></td><td>部门</td><td></td><td>直接上级</td><td></td></tr>
<tr><td>申诉考核类型</td><td colspan="7">□季度考核　　□年度考核　　□试用期考核</td></tr>
<tr><td>申诉事件</td><td colspan="7"></td></tr>
<tr><td>申诉理由</td><td colspan="7">（可以附页）</td></tr>
<tr><td>申诉处理意见</td><td colspan="7">考核决策者签名：　　　日期：</td></tr>
</table>

申诉处理意见	人力资源经理签名：　　　　日期：
申诉处理结果	人力资源经理签名：　　　　日期： 总经理签名：　　　　日期：
说明	1. 申诉人必须在知道考核结果 2 日内提出申诉，否则无效。 2. 申诉人直接将该表交人力资源部负责人或考核决策人。 3. 人力资源部或考核决策人须在接到申述的 3 个工作日内提出处理意见和处理结果。 4. 本表一式三份，一份人力资源部存档，一份交申述人考核决策者，一份交申述人。

第6章

薪酬福利管理：

薪酬激励＋福利及社保＋出差和考勤管理

薪酬与福利是员工对企业评价的最直观考量因素，也是绝大多数员工最为关心的部分。薪酬福利管理的好坏直接影响着员工的工作积极性及主观能动性，进而影响企业的发展。好的薪酬福利管理往往能够起到激励员工的作用。本章主要介绍薪酬福利管理中可能用到的各种规范、制度和表格等。

6.1 薪酬福利管理工作岗位体系

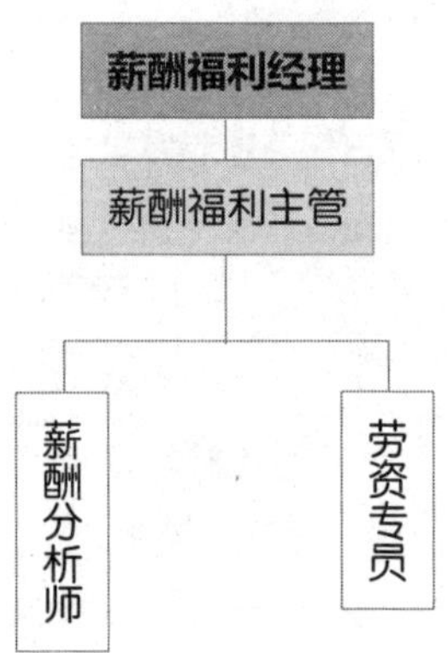

6.2 薪酬福利管理工作岗位配置及岗位职责

6.2.1 薪酬福利经理

岗位名称：薪酬福利经理
直属上级：总经理、董事长
直接下级：薪酬福利主管

岗位职责	1. 参与设计和完善公司多业务叠加下的薪酬福利体系，并推动薪酬福利管理在各分公司及业务线落实。 2. 参与各分公司及业务线薪酬激励方案的制定，指导各分公司及业务线薪酬岗同事落地实施，并监控实施过程及结果。 3. 定期收集市场薪酬信息和数据。 4. 根据公司业务发展情况和市场水平，制定合理的薪酬调整实施办法。 5. 按时完成人工成本、人工费用的分析报告并及时更新维护员工资料库。 6. 制作公司每月的工资报表，按时发放工资。 7. 办理养老保险、医疗保险、失业保险、工伤保险和住房公积金等社会保险和基金。 8. 考勤、休假管理。

岗位职责	9. 及时调整和改进公司的薪酬体系及管理制度，以保持公司在人才市场的竞争力。 10. 完成领导交办的其他工作任务。
任职资格	1. 教育背景：人力资源、劳动经济、心理学和管理学等相关专业本科以上学历。 2. 培训经历：受过现代人力资源管理技术、劳动法律法规和财务会计知识等方面的培训。 3. 具备 6 年以上薪资管理工作经验。 4. 熟悉薪酬体系设计原则，掌握薪酬激励方案制定方法，有长期激励实操经验和人工成本分析经验的优先。 5. 熟悉国家及各地方的法律、法规及薪酬福利政策，熟悉工资支付条例。 6. 人力资源管理理论基础扎实。 7. 熟练操作办公室软件，尤其是 Excel 在实际工作的应用。 8. 良好的职业操守，细致、耐心、谨慎、踏实和稳重。 9. 强烈的敬业精神与责任感，工作原则性强，人际沟通、协调能力强。

6.2.2 薪酬福利主管

岗位名称：薪酬福利主管

直属上级：薪酬福利经理

直接下级：薪酬分析师、劳资专员

岗位职责	1. 根据公司整体战略规划，协助参与制定公司薪酬福利策略。 2. 负责承接公司战略及新业务发展，对薪酬福利及新激励模式进行探索，针对不同岗位设计、完善及实施个性化激励方案。 3. 负责承接 SSC、HRBP 提出的薪酬福利优化方面问题，并形成方案，推动落地实施。 4. 负责参与外部薪酬调研，分析区域、行业市场薪酬数据，并结合公司薪酬福利现状，提出优化建议。

岗位职责	5. 负责定期回顾薪酬福利体系、政策及流程，分析公司薪酬福利管理现状，提出具有针对性的优化计划和具体实施办法。 6. 组织进行公司年度人工成本预算的编制、分析工作，以控制和预算公司总体人力成本，为公司决策提供依据。 7. 负责参与公司职位职级体系优化工作，组织开展岗位价值评估，输出岗位职级体系，为薪酬体系优化提供依据。 8. 完成领导交办或其他部门提出需要协助的工作。
任职资格	1. 本科及以上学历，人力资源、社会学或管理类相关专业。 2. 具备 2 ~ 3 年以上薪酬福利相关工作经验。 3. 熟悉薪酬福利体系搭建方法论，具有独立主导或以主要角色参与薪酬绩效体系搭建项目经验，乙方咨询背景优先。 4. 了解现代企业薪酬福利管理体系设计方法和薪酬福利管理流程。 5. 熟悉薪酬福利保险等方面的法律法规。 6. 掌握薪酬调查及分析能力、统计学常识及应用。 7. 精通 Excel 办公软件，工作耐心细致，具备良好的逻辑判断和数据分析能力。

6.2.3 薪酬分析师

岗位名称：薪酬分析师
直属上级：薪酬福利主管
直接下级：无

岗位职责	1. 负责人工成本预算管理工作，涉及人工成本数据分析、配合国资委或总部提报人工成本预决算数据。 2. 负责市场薪酬调研工作及数据分析，围绕业务需求提供市场调研分析报告及人力薪酬策略。 3. 负责对外拓项目、工程及资产经营类业务部门阶段性的业绩分析、人工成本分析、激励执行情况及薪酬风险管控工作。 4. 负责公司薪酬福利类的制度宣讲、培训和答疑。 5. 负责完成对业务部门涉及激励类政策的答疑、沟通及专项配合工作。

岗位职责	6. 完善新业务的激励制度、执行分析并形成策略性报告。 7. 配合薪酬绩效组负责人完成其他的专项工作，如薪酬福利审计等。
任职资格	1. 本科或以上学历，人力资源管理或管理类专业，有一定的财务管理基础知识。 2. 两年及以上相关工作经验，擅长数据分析且能熟练掌握 Excel 分析工具。 3. 熟悉薪酬制度、劳动法规及个人所得税相关知识、法律。 4. 具有较好的管理意识、极强的工作责任心，做事严谨细心；分析问题具有较强的逻辑性思维。 5. 具体良好的沟通能力、执行能力，团队协作意识强。

6.2.4　劳资专员

岗位名称：劳资专员
直属上级：薪酬福利主管
直接下级：无

岗位职责	1. 协助执行总公司劳资人事部门下达的各项工作，制订与完善薪酬管理有关的流程、程序、规章和规范。 2. 协助完成公司的培训和绩效评价工作，例如收集和审核各类表格、表单，负责职工工资制表、审核，做到及时、准确无误。 3. 协助做好招聘与任用的具体工作，包括发放招聘启事、收集和汇总应聘资料、安排面试人员、跟踪落实面试人员的情况等。 4. 落实、收集以及汇总员工工作期间的出勤、工作量和绩效分布情况，并对病假、事假、产假和工伤等按公司有关规定处理。 5. 协助管理员工信息资料及各类人事资料，及时公布升级、晋级等职工名单。 6. 执行各项公司规章制度，受理和协调处理内部劳资纠纷，协助处理员工奖惩事宜。 7. 建立工资台账，负责及时、准确地编制工作人员工资，经财务部审核后领取、发放。 8. 负责核定各岗位的工资标准，编制年度薪资调整计划表。 9. 完成领导交办的临时性任务。

任职资格	1. 本科及以上学历，学历高者优先考虑，人力资源管理等管理类相关专业毕业，持有三级人力资源管理师证书。 2. 具有 3 年以上的相关工作经验。 3. 熟悉同行业薪资体系特征，熟悉《劳动法》等相关劳动法规，具备薪酬管理相关基本知识，能熟练使用办公软件。 4. 品质优良，有较强的敬业精神和事业心，办事稳重，待人友善，有较强的沟通能力，具有较强的保密意识。 5. 身体健康，能承受繁重、细致的和快节奏的工作。 6. 有事业心，对公司忠诚。 7. 能服从公司调配。

6.3 薪酬激励管理

规范 1：薪酬体系设计规范

项目	规范内容
内部公平性	按照承担的责任大小、需要的知识能力的高低以及工作性质要求的不同，在薪资上合理体现不同层级、不同职系及不同岗位在企业中的价值差异。
外部竞争性	保持企业在行业中薪资福利的竞争性，能够吸引优秀的人才加盟。
绩效相关性	薪酬必须与企业、团队和个人的绩效完成状况密切相关，不同的绩效考评结果应当在薪酬中准确地体现，实现员工的自我公平，从而最终保证企业整体绩效目标的实现。
激励性	薪酬以增强工资的激励性为导向，通过动态工资和奖金等激励性工资单元的设计激发员工工作积极性；另外，应设计和开放不同薪酬通道，使不同岗位的员工有同等的晋级机会。
适应性	薪酬管理体系应当能够体现企业自身的业务特点以及企业性质、所处区域、行业的特点，并能够满足这些因素的要求。
合法性	薪酬体系的设计应当在国家和地区相关劳动法律法规允许的范围内进行。

续表

项目	规范内容
可承受性	确定薪资的水平必须考虑企业实际的支付能力，薪酬水平须与企业的经济效益和承受能力保持一致。人力成本的增长幅度应低于总利润的增长幅度，同时应低于劳动生产率的增长速度。用适当的工资成本增加引发员工创造更多的经济价值，保障出资者的利益，实现可持续发展。
可操作性	薪酬管理制度和薪酬结构应当尽量浅显易懂，使得员工能够理解设计的初衷，从而按照企业的引导规范自己的行为，达成更好的工作效果。只有简洁明了的制度流程其操作性才会更强，并有利于迅速推广，同时也便于管理。
灵活性	企业在不同的发展阶段和外界环境发生变化的情况下，应当及时对薪酬管理体系进行调整，以适应环境的变化和企业发展的要求，这就要求薪酬管理体系具有一定的灵活性。

规范 2：薪酬体系设计流程

条目	规范内容
1	澄清企业人力资源战略，明确企业激励导向。
2	进行内外部薪酬数据收集与分析，制订薪酬总额控制方案。
3	梳理岗位分类，开展岗位价值评估工作。
4	设计薪酬类别与架构。
5	建立薪酬运行体系。
6	进行薪酬总额测算与实施策略分析。
7	员工薪酬正式落地实施。

制度 1：员工提薪管理制度

员工提薪管理制度

第一章 总则

第一条 目的

为了规范公司提薪制度，提高员工的工作积极性，充分发挥薪酬的激励作用，特制定本制度。

第二条 适用范围

本制度适用于公司所有员工提薪工作的管理。

第三条 各部门的职责划分

1. 人力资源部主要负责员工提薪的调查、审定以及提薪结果确定后通知到每个被提薪的员工。

2. 各部门负责人主要负责为部门员工提出提薪申请，并配合人力资源部做好提薪调查。

3. 财务部主要负责根据提薪申请审批结果办理提薪手续。

第四条 提薪范围

公司的提薪有一定范围，具体来说，表现好的员工才满足提薪的申请条件，有以下情况者，则不予提薪。

1. 提薪调查时，发现缺勤天数平均每月超过 5 天者。

2. 员工迟到、早退超过 4 次，视为缺勤 1 天。

3. 在提薪调查时员工受到批评超过两次，或者受到降薪、停职处分者。

4. 提薪当月正式办理离职手续者。

第五条 提薪预算

总体来说，公司的提薪预算根据公司具体情况来定，除此之外，还可以综合考虑以下几点：

1. 提薪预算总额由各不同等级岗位的提薪预算额相加得出。

2. 公司可以提取提薪预算额的 3% 作为提薪额外预算。

3. 提薪调查日后提薪人数发生增减，提薪预算也应相应地增减。

第二章 定期提薪

第六条 定期提薪规定

一般来说，公司会根据公司具体情况，综合考虑市场变化水平、盈利状况等，于每年 3 月对员工的总体薪酬水平进行调整，调整幅度在 _____% ~ _____%。

第七条 年终考核提薪

1. 提薪时间及对象

每年 1 月 1 日 ~ 12 月 31 日为年终考核提薪的考核期限，主要考核对象为在公司任职满 6 个月以上（含 6 个月）的员工。

2. 定期提薪审批步骤

提薪审批时，由人力资源部发出《员工考核评价表》，各相关部门主管或负责人客观地根据被考核者的工作能力与工作表现进行评价，并根据公司制定的年终绩效考核提薪标准提交《员工调薪申请表》，送交人力资源部，由人力资源部汇总提薪申请表，呈报总经理最终核准。

第三章 临时提薪

第八条 员工转正

员工试用期满并考核合格转正后，根据正式员工转正后的待遇执行，并在员工转正的当月予以临时提薪。

第九条 职位晋升

在公司工作期满 _____ 个月以上，对本职工作表现优异者，经部门推荐、员工自荐或考核晋升等途径申请提薪，提薪成功后从次月起享受调整后的工资福利待遇。

第十条 满足其他提薪情况

1. 平调新岗位，但是新岗位工资比原岗位工资高，按新岗位工资执行临时提薪。

2. 取得了更高的学历，临时提薪以满足该学历的初期任职工资。

第十一条 临时提薪审批步骤

符合临时提薪规定者，需经主管副总审批通过；属于预算外的临时提薪，需经总经理审批通过；其他临时提薪由人力资源部调查实际情况后具体处理。

第四章 附则

第十二条 本制度自发布之日起开始执行。

第十三条 本制度的编写、修改及解释权归人力资源部所有。

制度 2：员工核薪及升迁细则

范本

员工核薪及升迁细则

第一条 新进人员的核薪及员工的升迁，悉依本细则办理。

第二条 新进人员除照薪金表核薪外，具有经验者，另加经验薪，但必须缴验证件，规定如下。

1. 相关经验：学历与过去所任职务相关经验足 1 年者，提高一级核薪以 10 年为限。

2. 相似经验：学历与过去所任职务类似经验足两年者，提高一级核薪以 10 年为限。

3. 无关经验：学历与过去所任职务完全无关者不给经验薪。

第三条 新进人员所任职务与学历无关者应照无关科系（薪金表所定）核薪。

第四条 其他员工一律不计学历及经验薪。

第五条 具有专技的艺工，如车、钳模具工业，原则，按薪金表规定核薪，但得参照各行业实际工资行市，协调人事单位核给。

第六条 新进人员未具专技资格，虽在专技单位工作，应按照一般操作人员核薪。

第七条 员工的加薪，依据物价指数，由人事单位做成专案，统一调整，不得随时个别申请加薪。

第八条 新进人员的核薪与核定权责如下。

1. 各单位新进人员到职后，应于每月 10 日及 25 日将《试用核薪单》连同个人应交的人事资料一并送交人事单位，以凭审查。试用薪按核定薪 9 折计算。

2. 人事资料未依规定随附核薪单送交时，人事单位应拒收核心单，如因此而未能领得当月薪金时，由该单位自行负责。

3. 试用期满，需转正者，应将转正单送人事单位层转核定（核薪单第二联）。

4. 科长级以上或重要职位人员的试用及转正薪（核薪单）由人事单位呈转总经理核定生效。

5. 职员级的试用与转正薪资由人事单位呈转副总经理核定生效。

6. 员工级的试用与转正薪资由人事单位呈转总务经理核定生效。

7. 试用核薪单及转正单经上级核定后，由人事单位移送财务单位凭作发薪的依据。

第九条 为使公司职员有升迁机会，以符合公司选拔干部的宗旨，特订立干部选拔规定如下。

1. 干部选拔但求唯才是用，并使同仁能机会均等，激发同仁的上进心，同时为求选拔公正、避免偏差发生，故组成评审小组。

（1）评审小组委员的人选由总经理圈选。

（2）依据选人名册，选拔最佳人选。

（3）评审小组在候选人评分表评分及评语后以最高分前 3 名为递补人选，送总经理核定。

（4）评审小组的候选人如与出席委员同一单位者，该委员应临时退席。

2. 各部主管或重要职位人员增补缺额经核准后，人事单位依据申请单所列条件，在公司现有人员中初审符合者，造具候选人名册送评审小组评审。

3. 各部如有推荐者，可将名单送人事单位，经人事单位初审符合，并列候选人名册。

4. 评审会议由评审小组主任委员视实际情况召集。

5. 新任主管均以主管级最低薪起叙，如原薪已超过主管级最高时，超过部分并入职务加给。

6. 主管人员被调低一级主管职位，应按被调职位的薪级范围重叙薪金与职务加给。

7. 主管调非主管时，应恢复其原薪，同时停支职务加给。

第十条 各部推荐职员晋升主管，事后发现晋升人员不适合主管职位时，应及时撤换。

第十一条 员工升任职员规定如下。

各部职员定额出缺或增添人员时，以在公司内部选拔为原则，如无适合人员时得办理公开征召，但必须具备下列资格条件。

1. 具备高中以上（含）程度。

2. 具备报考职位的专长能力。

3. 须在公司服务是两年以上。

4. 已任领班职务 1 年以上。

第十二条 上项员工报考，应按公告征召规定呈交履历卡等资料，经人事单位审查资格，不合适的拒绝其参加报考。

第十三条 员工未经参加选拔或公开考试者一律不得升任职员。

第十四条 员工升任领班，所具资格条件如下。

1. 年龄必须在 25 岁以上。

2. 在公司服务须在两年以上。

3. 设班人数最少在 10 人以上。

4. 两年内未有过失处分者。

5. 具有领导能力与工作分配能力。

第十五条 员工升任领班得支领职务加给。

第十六条 领班及领有职务加给的人员，如调任无职务加给的职位时，原职务加给应即停止。

第十七条 员工工作调动，其薪金的支付如下。

1. 一般操作工如经短期训练调任为混凝土、锅炉工，得按薪金表等级规定重新核薪。

2. 原系冷作工，因体力或视力等因素不能胜任原职，调任一般操作工时得按薪金表规定等级重新核薪，但得考虑其年资因素，应较新进者略予提高薪级。

制度3：薪酬与激励管理制度

范本

薪酬与激励管理制度

第一章 总则

第一条 目的。

为了将员工工作绩效与企业经济效益有机结合，形成与企业绩效考核挂钩的薪酬激励制度，规范企业员工的薪酬分配行为，充分调动员工积极性和创造性，发挥薪酬体系的激励作用，特制定本制度。

第二条 制定原则。

1. 竞争原则。

根据企业的支付能力、所需要人才的可获得性等具体条件，制定具有相对市场竞争力的薪酬制度。

2. 公平原则。

即使本企业薪酬水平相对于行业内其他企业的薪酬水平具有一定吸引力，又使企业内部不同职务序列、不同部门以及不同职位员工之间的薪酬相对公平合理。

3. 激励原则。

根据员工工作岗位的差别及对企业的贡献不同，真正体现多劳多得及按贡献大小分配薪酬的原则。

第三条 适用范围。

本企业所有员工。

第二章 薪酬构成及工资系列

第四条 企业正式员工薪酬构成。

1. 企业高层薪酬构成 = 基本年薪 + 年终效益奖 + 股权激励 + 福利

2. 员工薪酬构成 = 岗位工资 + 绩效工资 + 工龄工资 + 各种福利 + 津贴或补贴 + 奖金

第五条 试用期员工薪酬构成。

1. 企业一般员工试用期为 1 ～ 6 个月不等，具体试用期时间安排视劳动合同法、企业有关规定及其所在岗位而定。

2. 员工试用期工资不少于转正后工资的 80%，试用期内不享受针对正式员工发放的各类补贴。

第六条 根据不同职务性质，将企业工资划分为行政管理、技术、生产、营销和后勤 5 类工资系列。

1. 行政管理系列，包括企业高层领导、各职能部门经理、行政部（勤务人员除外）、人力资源部、财务部和审计部所有职员。

2. 技术系列，包括产品研发部、技术工程部所有员工（部门经理除外）。

3. 生产系列，包括生产部门、质量管理部门和采购部门所有员工（部门经理除外）。

4. 营销系列，包括市场部、销售部所有职员。

5. 后勤系列，包括一般勤务人员，如司机、保安和保洁员等。

第三章 高级管理人员薪酬标准的确定

第七条 基本年薪是高级管理人员的一个稳定收入来源，由个人资历和职位决定。该部分薪酬应占高级管理人员全部薪酬的 30% ~ 40%。

第八条 高级管理人员的具体薪酬水平由薪酬委员会依据上一年度的企业总体经营业绩以及薪酬市场调查数据来确定。

第九条 年终效益奖。

年终效益奖是对高级管理人员经营业绩的一种短期激励，一般以货币的形式于年底支付，该部分应占其全部薪酬的 15% ~ 25%。

第十条 股权激励。

股权激励主要有股票期权、虚拟股票和限制性股票等方式，依据高层管理者对企业的贡献程度、任职年限等分配。

第四章 一般员工工资标准的确定

第十一条 岗位工资。

企业实行岗位等级工资制，根据各岗位所承担工作的特性及对员工能力要求不同，将岗位划分为不同的级别，实行梯级工资标准。

第十二条 工龄工资。

工龄工资是对员工长期为企业服务所给予的一种补偿。其计算方法为从员工正式进入企业之日起计算，工龄每满一年可得工龄工资 ×× 元 / 月；工龄工资实行累进计算，满 ×× 年不再增加。

第十三条 奖金。

奖金是对为企业做出重大贡献或优异成绩的集体或个人给予的奖励，具体发放标准由人力资源部根据具体情况拟定个人单项奖金及集体奖金的发放方案，报总裁审批通过后计发。

第五章 附则

第十四条 本制度由企业人力资源部制定，自总裁核准后实施，修改时亦同。

指点迷津：使用股权激励需要注意的事项

在众多激励措施中，股权激励无疑是非常有效且对人才有着强大吸引力的。但是，凡事存在两面性，股权激励亦如此。

企业在使用股权激励时，应注意以下 3 点。

①优秀人才是企业稀缺资源，为了吸引和留住人才，并更好地激励企业内部人才，企业应将股票增值部分与人才共分享，实现股票增值与个人努力相挂钩。

②股权激励享受人的挑选是非常关键的，企业应以价值为导向进行股权激励享受人员的选择。

③设计合理的退出机制。随着企业不断发展，员工的能力及价值也会发生改变，设计合理的退出机制可以防止获得股权激励的员工懈怠工作。

表格 1：薪资调整申请表

<table>
<tr><td>姓名</td><td></td><td>现部门</td><td></td><td>现岗位</td><td></td></tr>
<tr><td>到职日期</td><td></td><td>原部门</td><td></td><td>原岗位</td><td></td></tr>
<tr><td>薪资调整原因</td><td colspan="5">□调整工作　□考绩优良　□年资增长</td></tr>
<tr><td>考核记录</td><td colspan="3">□优　□良　□普通　□差</td><td>调整生效日期</td><td></td></tr>
<tr><td>原工资</td><td colspan="2"></td><td colspan="2">现工资</td><td></td></tr>
<tr><td>原职务 / 业务津贴</td><td colspan="2"></td><td colspan="2">现职务 / 业务津贴</td><td></td></tr>
<tr><td>原岗位技能要求</td><td colspan="5"></td></tr>
<tr><td>现岗位技能要求</td><td colspan="5"></td></tr>
<tr><td>自我鉴定</td><td colspan="5"></td></tr>
<tr><td>部门主管意见</td><td colspan="5"></td></tr>
<tr><td>人力资源部意见</td><td colspan="5"></td></tr>
<tr><td colspan="2">总经理审核</td><td colspan="2">人力资源主管意见</td><td colspan="2">部门主管意见</td></tr>
<tr><td colspan="2"></td><td colspan="2"></td><td colspan="2"></td></tr>
</table>

表格 2：工资登记表

<table>
<tr><td rowspan="2">职别工号</td><td rowspan="2">姓名</td><td colspan="5">核定工资</td><td rowspan="2">调整记录</td></tr>
<tr><td>本薪</td><td>技术津贴</td><td>年资加给</td><td>职务加给</td><td>工作补助</td></tr>
<tr><td></td><td></td><td></td><td></td><td></td><td></td><td></td><td></td></tr>
<tr><td></td><td></td><td></td><td></td><td></td><td></td><td></td><td></td></tr>
<tr><td></td><td></td><td></td><td></td><td></td><td></td><td></td><td></td></tr>
<tr><td></td><td></td><td></td><td></td><td></td><td></td><td></td><td></td></tr>
<tr><td></td><td></td><td></td><td></td><td></td><td></td><td></td><td></td></tr>
<tr><td>合计</td><td></td><td></td><td></td><td></td><td></td><td></td><td></td></tr>
</table>

表格 3：新员工职务工资核准表

<table>
<tr><td>工作部门</td><td colspan="2"></td><td colspan="2">职别</td><td></td></tr>
<tr><td>姓名</td><td colspan="2"></td><td colspan="2">到公司日期</td><td></td></tr>
<tr><td>学历</td><td colspan="5"></td></tr>
<tr><td>工作经验</td><td colspan="5">相关　　年，非相关　　年，共　　年</td></tr>
<tr><td colspan="6"></td></tr>
<tr><td>要求待遇</td><td colspan="2"></td><td colspan="2">公司标准</td><td></td></tr>
<tr><td>核准薪资</td><td colspan="2"></td><td colspan="2">生效日期</td><td></td></tr>
<tr><td>批示</td><td></td><td>单位主管</td><td></td><td>人事经办</td><td></td></tr>
</table>

表格 4：工资扣缴表

年度　　　　　　编号　　　　　　字第　　　　　　号

<table>
<tr><td>服务单位</td><td colspan="2"></td><td>职称</td><td colspan="2"></td><td>所得人姓名</td><td colspan="2"></td><td>户主姓名</td><td colspan="2"></td><td>身份证统一编号</td><td></td><td></td><td></td><td></td><td></td><td></td><td></td><td></td><td></td></tr>
<tr><td colspan="2">所得人原籍</td><td colspan="20">市县　乡镇（区）　村里　路街　邻　段　巷　弄　号之</td></tr>
<tr><td colspan="2">所得人地址</td><td colspan="20">市县　乡镇（区）　村里　路街　邻　段　巷　弄　号之</td></tr>
<tr><td colspan="2">所得所属</td><td colspan="2">配偶</td><td>抚养</td><td colspan="9">给付明细</td><td rowspan="2">所得税</td><td rowspan="2">劳工保险费</td><td rowspan="2">福利基金</td><td rowspan="2">给付实额</td><td colspan="3">给付日期</td><td rowspan="2">领款盖章</td></tr>
<tr><td>年</td><td>月</td><td>有</td><td>无</td><td>人数</td><td>工资</td><td>工资上期</td><td>工资下期</td><td>绩效奖金</td><td>加班津贴</td><td>假日津贴</td><td></td><td></td><td>合计</td><td>年</td><td>月</td><td>日</td></tr>
<tr><td></td><td></td><td></td><td></td><td></td><td></td><td></td><td></td><td></td><td></td><td></td><td></td><td></td><td></td><td></td><td></td><td></td><td></td><td></td><td></td><td></td><td></td></tr>
<tr><td></td><td></td><td></td><td></td><td></td><td></td><td></td><td></td><td></td><td></td><td></td><td></td><td></td><td></td><td></td><td></td><td></td><td></td><td></td><td></td><td></td><td></td></tr>
<tr><td></td><td></td><td></td><td></td><td></td><td></td><td></td><td></td><td></td><td></td><td></td><td></td><td></td><td></td><td></td><td></td><td></td><td></td><td></td><td></td><td></td><td></td></tr>
<tr><td></td><td></td><td></td><td></td><td></td><td></td><td></td><td></td><td></td><td></td><td></td><td></td><td></td><td></td><td></td><td></td><td></td><td></td><td></td><td></td><td></td><td></td></tr>
<tr><td></td><td></td><td></td><td></td><td></td><td></td><td></td><td></td><td></td><td></td><td></td><td></td><td></td><td></td><td></td><td></td><td></td><td></td><td></td><td></td><td></td><td></td></tr>
<tr><td></td><td></td><td></td><td></td><td></td><td></td><td></td><td></td><td></td><td></td><td></td><td></td><td></td><td></td><td></td><td></td><td></td><td></td><td></td><td></td><td></td><td></td></tr>
</table>

表格 5：工资分析表

费用类别	单位	人数	工作日数	加班工时	总工时	工资	加班费	各项津贴	月产奖金	合计	平均工资	其他收入平均	平均所得	备注

表格 6：工资预支申请表

说明：工资预支申请表主要用于员工在还没到公司发工资的时候，因个人原因需要向公司申请预支工资。要求写明预支原因以及借支记录等事项。

<table>
<tr><td colspan="2">申请人</td><td></td><td>部门</td><td></td><td>申请日期</td><td></td></tr>
<tr><td colspan="2">借款原因</td><td colspan="5"></td></tr>
<tr><td colspan="2">申请金额</td><td>元</td><td>偿还日期限</td><td colspan="3">自本月起分　　月还清</td></tr>
<tr><td rowspan="2">连带保证人</td><td>姓名</td><td></td><td>单位</td><td></td><td rowspan="2">无借支或为同事担保行为记录</td><td></td></tr>
<tr><td>姓名</td><td></td><td>单位</td><td></td><td></td></tr>
<tr><td colspan="4">部门意见：
签名：
日期：</td><td colspan="3">人力资源部意见：
签名：
日期：</td></tr>
<tr><td colspan="4">借支记录：
签名：
日期：</td><td colspan="3">主管领导 / 总经理意见：
签名：
日期：</td></tr>
</table>

6.4 福利及社保管理

规范 1：员工奖金发放流程规范

条目	规范内容
1	总经理根据部门绩效考核结果和绩效目标协议，确定部门奖金分配方案。
2	薪酬福利管理人员根据总经理确定的部门奖金分配方案，编制部门奖金额度核定表并交总经理签字；将签批后的部门奖金额度核定表下发，通知各部门奖金额度和奖金发放办法，并将部门奖金额度核定表备案。
3	各部门根据部门奖金额度通知和部门员工绩效考评得分，进行部门内奖金额度分配，指定相应人员编制部门奖金分配清单，由经理确认，并交人力资源部。
4	根据部门奖金额度核定表对部门奖金分配清单进行审核，主要查看部门奖金分配是否在部门奖金额度内以及奖金分配与个人绩效考核结果的一致性；绩效薪酬主管审阅部门奖金分配清单。
5	如奖金分配未超过核定额度，将奖金录入员工工资单相应项内，按工资发放流程发放。
6	如奖金分配超出核定额度，退回相关部门重新分配。

规范 2：福利管理的原则

项目	规范内容
合理和必要原则	福利设施和服务项目应在规定的范围内，力求以最少的费用达到最好的效果。企业必须坚决严格执行国家和地方规定的福利条例。
量力而行原则	对于企业自行发放的福利，必须充分考虑到企业的支付能力和薪酬政策，要与企业经济效益和经济实力相匹配。
统筹规划原则	福利制度的实施应当建立在福利计划的基础上，福利管理费用总额要符合预算要求。
公平的群众性原则	公司福利应做到一视同仁，但并非平均分配，应考虑员工职级和对企业的贡献等因素。

制度 1：福利管理制度

福利管理制度

第一章 总则

第一条 为规范公司福利管理制度，使福利管理工作更科学合理化，特制定此制度。

第二条 本制度适用于公司总部和下属各门店所有正式员工及试用员工。

第三条 本制度由行政人事部起草，提请总经理批准执行，行政人事部对本制度有最终解释权。

第二章 福利项目

第四条 公司主要福利项目

公司主要福利项目有社会保险、优秀员工奖、有薪假期、年资津贴、通讯津贴、出差补贴、学历津贴、文体活动和教育培训。

第五条 社会保险

凡公司员工均可办理社会保险，主要包括：养老保险，医疗保险、失业保险、生育保险和工伤保险。个人承担部分直接从工资中扣除代缴。

第六条 年终奖励

凡在当年 12 月 31 日前为公司服务满 3 个月以上（含试用期）正式任用的员工，公司将根据全年综合考核成绩发放一定金额的年终奖励，具体的发放时间和方式等由人力资源部根据总经办会议决定另行文通知。发放标准如下。

年终奖：当年最后一月所在岗位基本工资 ÷12× 当年实际工作月

下列人员不得享受该年度的年终奖：

1. 为公司服务不足 3 个月的。
2. 在年终奖发放之日前离职的。
3. 年度有旷工记录或有重大违纪行为的（指单次罚款超过 100 元的）。
4. 当年缺勤 10 天以上（不包括有薪休假时间）或事假超过 3 天及以上的。
5. 停薪留职未上班的（停薪留职后又上班，未上班日期按缺勤计，套用上条办理）。
6. 年终考核不合格的（销售业绩连续 3 个月没有达标且没有明确改善者）。

第七条 有薪假期

国家法定的有薪假期根据国务院《全国年节及纪念日放假办法》的规定，年法定的节假日共 11 天。其中元旦 1 天（1 月 1 日）、春节 3 天（农历除夕、正月初一、初二）、劳动节 1 天（5 月 1 日）、中秋（农历八月十五）、端午（农历五月五）、清明 1 天和国庆节 3 天（10 月 1 日、2 日、3 日）。

1. 有薪年假（每年的元月份统计上年度的员工出勤情况。有薪假为全薪，下同）

（1）为公司服务一年及以上的员工可享受有薪年假两天。

（2）以后每增加一年加1天有薪年假，10年以内最多可享受有薪年假5天。10～20年可享受有薪年假10天。20年（含）以上可享受15天。

（3）有薪年假可留在业务不繁忙时由公司安排休假，原则上须一年一次性休完，特殊情况须经总部人力资源部批准。

（4）公司确因工作需要不能安排职工休年休假的，经职工本人同意，可以不安排年休假，对职工未休的年休假天数，公司应当按照该员工日工资收入200%支付年休假工资报酬。

（5）不得提前休有薪年假（即不得在本年度内休下年度的有薪年假），不能跨年度休有薪年假。

（6）休有薪年假方法：提前一周提出书面申请，按《考勤制度》规定的请假程序办理。

（7）员工有下列情形之一的，不享受当年的年休假。

2. 有薪婚假

3. 带薪产假

第八条 年资津贴

凡为公司服务累计满一年及以上的所有员工，公司将根据员工为公司服务的年限，在员工月薪资中，发放20元/年的服务年资津贴，以奖励忠诚于公司的员工。

第九条 通讯津贴

公司根据岗位员工工作沟通的实际需要，按照不同职级和岗位实际需求，按月补助移动通信费用。

第十条 出差补贴

员工因公司工作需要出差或调驻外地（工作地外，以市级区域为标准，即市外），公司按日计发一定标准的伙食、住宿、交通津贴。具体规定参照《出差管理办法》之相关条款办理。

第十一条 文体活动

第十二条 教育培训

第三章 附则

第十三条 本制度自公布之日起执行，公司其他制度与本制度冲突或矛盾的，以本制度规定为准。

第十四条 本制度由培育处人力资源部修订，报总裁批准执行，修改、废止按同程序运作。

……

制度 2：员工奖金管理制度

员工奖金管理制度

第一章 总则

第一条 为了奖励及慰劳工作成绩优良的公司员工，鼓励员工更多地为公司作出贡献，特制定本管理制度。

第二条 本制度适用于集团公司及公司分部。

第三条 奖励颁发原则

1. 要把颁发奖金作为重要的激励手段，充分发挥其应有的作用。

2. 颁发奖金要执行公平合理原则，多劳多得原则。

3. 颁发奖金要严格执行以经济效益为中心的原则。

第二章 奖金种类

第四条 效益奖金

效益奖金是指各单位（或部门）在完成本单位（或部门）季度计划指标后，超额部分按一定比例提取的部分奖金。

第五条 节日奖金

公司在端午节、中秋节及春节发给员工的节日奖金。

第三章 奖金标准的确定

第六条 效益奖金的确定

公司分部在完成季度计划指标（生产产值和销售回款额）后，从超额部分中提取 5% 作为效益奖金总额。集团公司在完成季度计划销售回款额指标后，从总额部分提取 5% 作为效益奖金总额。

第七条 节日奖金的确定

端午节最高不超过员工 1 ~ 6 月份的平均工资的 20%。

中秋节奖金不得超过员工 1 ~ 9 月份平均工资额的 20%。

春节奖金不得超过员工全年平均工资额的 90%。

第四章 奖金分配

第八条 绩效奖金分配

1. 计算方法

（1）有具体计划指标。员工平均效益奖金 = 超标部分 ×5%× 自身系数 / 本系数人员总数。

（2）无具体计划指标。员工平均效益奖金 = 有量化指标员工的平均效益奖金 /1.5×自身系数。

2. 分配方法

每季度由人力资源部组织公司各部门依据员工岗位描述和规章制度的执行情况，对员工进行绩效考核，并分为优、甲、乙、丙和丁五等。员工的效益奖金系数也根据绩效考核的结果分为优（1.4）甲（1.2）乙（1）丙（0.8）和丁（0.6）五等。

第九条 节日奖金分配

1. 凡正式员工在当年年度内无事假、迟到、早退、旷工等缺勤记录者，都要发给节日奖金。

2. 凡正式员工在当年年度有事假、迟到、早退等记录，并依照规定所折合天数不超过 6 天的，发放半数节日奖金，超过 6 天不发放节日奖金。

3. 节日奖金额的计算均以各员工在本年年度内的平均工资为准，此项平均工资不包括加班费及其他奖金。

第五章 奖金的发放

第十条 效益奖金每季度颁发一次，统一存入个人工资卡。

第十一条 节日奖金应于节日之前发放，但提前时间不得超过 7 天，奖金发放时统一存入个人工资卡内。

第六章 附则

第十二条 本制度由人力资源部制定并负责实施。

第十三条 本制度报总裁批准后实行，修改时亦同。

第十四条 本制度实行后，凡既有类似制度自行终止，与本制度有抵触的以本制度为准。

第十五条 本制度自颁布之日起施行。

制度 3：员工津贴管理制度

范本

员工津贴管理制度

一、目的

为了规范公司的津贴管理，并使之纳入公司的激励机制中，为公司管理效率和企业文化及形象的提升服务，特制定本制度。

二、范围

适用于公司全体人员。

三. 职责

1. 人力资源部：

（1）负责本制度的编制、颁布和实施。

（2）对员工进行与本制度有关的培训。

（3）制定各部门、各岗位适用标准。

（4）总结本制度实施过程中的适宜性、有效性因素的变化情况并及时进行修订。

2. 财务部：负责记录、统计和分发各项津贴。

3. 稽核组：负责对本制度实施过程的监督，并分析实施效果。

4. 总经办：负责本制度的批准和实施费用的审批。

四、津贴内容

1. 津贴种类：伙食补贴、夫妻外宿补贴、技术补贴、工龄补贴、差旅补贴、高温补贴、卫生补贴、子女教育补贴和职务补贴等。

2. 伙食补贴：未在厂里用餐的员工公司一律给予 250 元 / 月补贴。

3. 夫妻外宿补贴：结婚双方在本公司上班申请在外住宿一律给予 50 元 / 人补贴。

4. 技术补贴：对于一些关键性的技术性岗位，我们将给予 100 ～ 500 元不等的技术补贴。

5. 工龄补贴：公司内签订一年以上《劳动合同》且入职满一年的员工我们将给予工龄补贴（补贴随工龄递增）。

6. 差旅费补贴：包括外出办事时的餐费补贴与住宿补贴。

7. 高温补贴：因天气炎热，车间环境受限致使相关员工在高温室内作业所给予的 100 元补贴。

8. 卫生补贴：因车间环境及制造产品致使相关员工在卫生条件差的环境下作业给予 100 元补贴。

9. 子女教育补贴：夫妻俩在我公司上班或单亲离异的子女正接受义务教育者，公司给予每个了女 500 元 / 位的补贴。

10. 职务补贴：对于公司特殊职位给予的 100 ～ 800 元不等的补贴。

五、附则

1. 本管理制度由人事部负责起草、解释。

2. 本管理制度从发布之日起开始实施。

制度 4：社会保险管理制度

社会保险管理制度

一、目的

为规范公司员工社会保险的管理，明确员工与公司的缴费义务，维护员工的合法权益。根据《中华人民共和国社会保险法》及当地政府相关规定，结合公司实际情况，特制定本制度（以下简称社保）。

二、适用范围

适用于公司、子公司和项目部所有员工。

三、社保释义

社保是国家通过立法形式，由国家、集体和个人共同筹集资金确保公民在遇到生、老、病、死、伤、残或失业等风险时，获得基本生活需要和健康保障的一种社会保障制度。

四、职责

公司人力资源部是公司社保管理的主管部门，有以下社保管理职责。

1. 与本市社保管理机构沟通，掌握社保政策，拟订适当的参保方案，报公司批准。
2. 办理公司、子公司和各项目部员工社保关系的转移审批事项。
3. 办理公司员工社保费缴交和其他有关社保的事项。

五、参保对象

凡与公司签订劳动合同的，原则上都是参保对象，但因员工在其他单位或自行参保的，经本人申请说明不需为其办理社保的可在本单位不参加社保，但必须提供参保证明。

六、参保或续保的起始时间

与公司签订劳动合同，并确定为参保对象的员工，设置了试用期的，从批准转正的次月起为其办理参保或续保事项，参保或续保的起始时间为签订劳动合同的本月（签订劳动合同日期在当月 10 日以前的当月开始享受社保，当月 10 日以后的次月起开始享受社保），续保人员的试用期内的社保费可以补交，社保费用由本人承担（含滞纳金）；特殊岗位未设置试用期的，从签订劳动合同次月起为其办理参保或续保事项缴保费。

七、停保时间

员工离职，从离职月（以离职交接单的批准时间为准）的次月一日起停止为其缴交社保费，公司社保管理责任人应及时为其办理停保事项。因公司社保管理责任人原因未及时办理停保事项，所造成的公司多支付的社保费，由责任人承担。

八、参保项目与缴费基数的确定

1. 缴费基数：按照当地社保部门确定的最低标准基数比例缴纳。

2. 购买险种：基本养老保险、基本医疗保险、工伤保险、失业保险、生育保险和大病保险。

3. 凡在公司参加社保人员必须按社保相关要求执行“五险合一”规定，在本单位未参加“五险合一”员工要提供本人在本单位以外参加社保的相关证明；对在本单位只参加了基本养老保险的员工要提供本人在社区参加社区居民医疗保险的证明，个人要写不参加“基本医疗保险、工伤保险、失业保险、生育保险和大病保险”的申请。

4. 凡因各种原因离职后继续在本单位参保的人员的养老保险实行先交费后代买的原则，否则一律停保。不按规定办理给单位造成的损失由公司社保管理员承担。

九、员工社保关系的转移

因员工异动，发生个人社保的月缴费工资增减、公司参保员工人数增减、参保项目发生增减，有关公司社保主管部门责任人应根据社保异动内容及时准确的选择填制当地政府社保机构规定的表单（本人养老保险手册和《职工养老保险关系转移表》等），报公司负责人签字盖公章，办理员工社保关系转移和社保费增减事项。

十、社保费支付审批审核流程

职工社会保险费由公司按月缴付给城关区社保机构和地方税务机关。公司为职工缴纳的保险费在管理费用中列支，由公司财务部统一收缴。员工社会保险费自付部分由公司统一代扣代缴，并按月从员工工资中扣除。

十一、社会保险的归口管理

1. 公司社会保险独立开户的，由公司人力资源部门指定专人负责本企业员工社会保险的管理工作。

2. 员工新增缴纳社会保险由公司人力资源部负责办理。

3. 参加社会保险的员工离职，其公司自职工离职的次月起不再为其缴纳各种保险费。员工在办理离职手续时，应在每月 8 日前通知公司人力资源部一并办理社会保险关系停缴转移手续。

4. 员工社保缴纳按考勤天数核算，属全勤的，公司应承担公司缴纳部分；考勤天数为 15 天以上的（含 15 天）公司按应缴部分的 50% 缴纳；考勤天数不足 15 天的，由员工个人承担当月所有金额。

十二、附则

本制度由公司人力资源部制订并负责解释，各项保险具体原则按本市城关区劳动与社会保障局统一文件的规定执行。

表格 1：抚恤金（丧葬费）申请表

申请人姓名		性别		籍贯		年龄		与死者关系		地址身份证字号	
死亡人姓名		性别		籍贯		年龄	岁	年 月 日止			
到职日期		服务部门				职称				工资	
死亡日期		死亡原因				死亡原因与执行公务的关系				有无劳保	
请发金额	人民币 万		仟			佰		拾		元整	
总经理或董事长		经理		人事主管			部门主管		申请人		

附注：应附缴全户户籍联本一份、死亡证明书一份及申请保证书一份。

表格 2：津贴申请表

姓名		性别		出生年月	
学历		入职日期		司龄	
申请理由	签名：　　日期：				
部门领导意见	签名：　　日期：				
人力资源部意见	签名：　　日期：				
总经理审批	签名：　　日期：				

表格 3：员工加班费申请单

姓名：　　部门：　　岗位：　　申请时间：

加班时间	年　月　日至　月　日累计加班　小时，合计　天。
加班内容	
加班费合计	
部门主管意见	
备注	

1. 加班费原则上应在加班之后 3 个月内进行申请。

2. 该申请单经主管签字后交由行政部，作为发放员工当月工资的依据。

表格 4：员工福利申请表

<table>
<tr><td>申请日期</td><td></td><td>申请人</td><td></td></tr>
<tr><td>所在部门</td><td colspan="3"></td></tr>
<tr><td rowspan="3">申请类别</td><td colspan="3">员工结婚贺金□</td></tr>
<tr><td colspan="3">员工生育贺金□</td></tr>
<tr><td colspan="3">员工子女升学贺金□</td></tr>
<tr><td>部门意见</td><td colspan="3">年　月　日</td></tr>
<tr><td>人教处意见</td><td colspan="3">年　月　日</td></tr>
<tr><td>工会意见</td><td colspan="3">年　月　日</td></tr>
<tr><td>董事局主席意见</td><td colspan="3">年　月　日</td></tr>
<tr><td>备注</td><td colspan="3"></td></tr>
</table>

表格 5：福利发放记录表

日期	姓名	物品	领取人签字	备注

表格 6：住房补贴表

<table>
<tr><td rowspan="2">申请人基本信息</td><td>姓名</td><td></td><td>部门</td><td></td><td>职位</td><td></td></tr>
<tr><td>参加工作时间</td><td colspan="2"></td><td>身份证号</td><td colspan="2"></td></tr>
<tr><td rowspan="2">房屋信息</td><td>房屋产权号</td><td colspan="3"></td><td>建筑面积</td><td></td></tr>
<tr><td>房屋性质</td><td colspan="5">□购买公房　□参加集资建房　□租住公房</td></tr>
<tr><td>住房补贴领取方式</td><td colspan="6">□一次性领取　□按月领取　□离退休后领取</td></tr>
<tr><td>其他相关情况说明</td><td colspan="6"></td></tr>
<tr><td colspan="3">申请人部门领导审批意见
部门领导签字：
日期：　年　月　日</td><td colspan="4">单位负责人审批意见
单位负责人签字：
日期：　年　月　日</td></tr>
</table>

填表说明：本表格用于员工住房补贴申请，由部门领导与单位负责人共同审批。

表格 7：员工保险记录表

<table>
<tr><td colspan="6">员工参保情况确认
日期：____ 年 _____ 月 _____ 日</td></tr>
<tr><td>姓名</td><td></td><td>性别</td><td></td><td>员工编号</td><td></td></tr>
<tr><td>隶属公司</td><td></td><td>隶属一级单位</td><td></td><td>岗位 / 职务</td><td></td></tr>
<tr><td>入职时间</td><td></td><td>正常转正日期</td><td></td><td>联系电话</td><td></td></tr>
<tr><td>户口关系</td><td colspan="2">□城镇　□农村</td><td>身份证号码</td><td colspan="2"></td></tr>
<tr><td colspan="6">社会保险经历</td></tr>
<tr><td colspan="2">是否曾参加过社会保险：（必填）</td><td colspan="4">□否　□是，参保起始时间：______ 年 ____ 月</td></tr>
<tr><td colspan="2" rowspan="3">申请在本公司参加社会保险：（必填）</td><td rowspan="2">□是</td><td colspan="3">申请本公司参保时间：______ 年 _____ 月 _____ 日</td></tr>
<tr><td colspan="3">申请参保单位（必填）：__________
□总部　　□下属分支机构</td></tr>
<tr><td>□否</td><td colspan="3">原因：</td></tr>
</table>

<table>
<tr><td colspan="2">一级单位人事行政部门</td><td colspan="2"></td><td>填表人</td><td></td></tr>
<tr><td colspan="6">注：1. 本表中表一栏由转正员工本人亲笔填写，同时由所在一级单位人事行政部门审核后签字确认，于每月20日前附于《员工转正审批表》交至集团人力资源部；表二栏由人力资源部审核后填写。
2. 若继续在其他单位参保的人员，为避免因在两个单位重复参保，造成企业及个人损失，请将自愿放弃在本单位参保的证明原件和已办理参保的证明、近年对账单复印件等附于本表后，一并交至集团人力资源部备档，逾期将视为同意在本公司参保，造成损失由员工本人自行承担。
3. 原则上工资关系在总部的员工在总部相应单位参保，工资关系不在总部的员工则在相应分支机构参保。</td></tr>
<tr><td colspan="6">人力资源部确认（第二联）</td></tr>
<tr><td>姓名</td><td></td><td>员工编号</td><td></td><td>隶属一级单位</td><td></td></tr>
<tr><td>参加险种</td><td>□社会保险</td><td>公司参保起始日期</td><td></td><td>社保基数</td><td></td></tr>
<tr><td colspan="6">人力资源部回执单（第三联）</td></tr>
<tr><td>姓名</td><td></td><td>员工编号</td><td></td><td>隶属一级单位</td><td></td></tr>
<tr><td>参加险种</td><td>□社会保险</td><td>公司参保起始日期</td><td></td><td>社保手册办理情况</td><td></td></tr>
<tr><td colspan="6">注：此回执单经由人力资源部确认后，交由参保员工本人留存。
人力资源部确认：</td></tr>
</table>

表格8：员工保险缴纳费统计表

<table>
<tr><td rowspan="2">工号</td><td rowspan="2">姓名</td><td rowspan="2">缴费基数</td><td colspan="3">养老保险</td><td colspan="3">医疗保险</td><td colspan="3">失业保险</td><td>工伤保险</td><td>生育保险</td><td rowspan="2">合计</td></tr>
<tr><td>合计28%</td><td>单位20%</td><td>个人8%</td><td>合计28%</td><td>单位9%</td><td>个人2%</td><td>合计3%</td><td>单位2%</td><td>个人1%</td><td>单位1%</td><td>单位0.8%</td></tr>
<tr><td></td><td></td><td></td><td></td><td></td><td></td><td></td><td></td><td></td><td></td><td></td><td></td><td></td><td></td><td></td></tr>
<tr><td></td><td></td><td></td><td></td><td></td><td></td><td></td><td></td><td></td><td></td><td></td><td></td><td></td><td></td><td></td></tr>
<tr><td></td><td></td><td></td><td></td><td></td><td></td><td></td><td></td><td></td><td></td><td></td><td></td><td></td><td></td><td></td></tr>
<tr><td colspan="3">合计</td><td></td><td></td><td></td><td></td><td></td><td></td><td></td><td></td><td></td><td></td><td></td><td></td></tr>
</table>

制表人：　　　　　　　　　　　　　　　　　　制表日期：

表格 9：保险缴费基数核定表

填表时间：

<table>
<tr><td>参保单位名称</td><td colspan="4"></td><td>参保单位地址</td><td colspan="5"></td></tr>
<tr><td>参保单位性质</td><td></td><td>社会保险代码</td><td colspan="2"></td><td>联系人</td><td></td><td>电话</td><td colspan="3"></td></tr>
<tr><td rowspan="5">基本养老保险</td><td>人数</td><td colspan="2">月缴费基数</td><td colspan="7">基本养老保险缴费金额（元 / 月）</td></tr>
<tr><td rowspan="4"></td><td colspan="2"></td><td colspan="4">单位按缴费基数　% 缴费</td><td colspan="3"></td></tr>
<tr><td colspan="2"></td><td colspan="4">个人按缴费基数 2% 缴费</td><td colspan="3"></td></tr>
<tr><td colspan="2"></td><td colspan="4">合计</td><td colspan="3"></td></tr>
<tr><td colspan="2"></td><td colspan="4"></td><td colspan="3"></td></tr>
<tr><td rowspan="4">基本医疗保险</td><td></td><td>人数</td><td>月缴费基数</td><td colspan="4">基本医疗保险缴费金额（元 / 月）</td><td colspan="2">大额医疗保险（元 / 年）</td><td>个人账户金额（元 / 月）</td></tr>
<tr><td>在职职工</td><td></td><td></td><td colspan="3">单位按缴费基数 % 缴费</td><td></td><td colspan="2"></td><td></td></tr>
<tr><td>退休人员</td><td></td><td></td><td colspan="3">个人按缴费基数 2% 缴费</td><td></td><td colspan="2"></td><td></td></tr>
<tr><td>合计</td><td></td><td></td><td colspan="3">合计</td><td></td><td colspan="2"></td><td></td></tr>
<tr><td rowspan="2">生育保险</td><td colspan="2">人数</td><td colspan="2">月缴费基数</td><td colspan="2">缴费比例（%）</td><td colspan="4">生育保险缴费金额（元 / 月）</td></tr>
<tr><td colspan="2"></td><td colspan="2"></td><td colspan="2">0.70%</td><td colspan="4"></td></tr>
<tr><td rowspan="2">工伤保险</td><td colspan="2">人数</td><td colspan="2">月缴费基数</td><td colspan="2">缴费比例（%）</td><td colspan="4">工伤保险缴费金额（元 / 月）</td></tr>
<tr><td colspan="2"></td><td colspan="2"></td><td colspan="2"></td><td colspan="4"></td></tr>
<tr><td rowspan="3">失业保险</td><td rowspan="2">人数</td><td rowspan="2">月缴费基数</td><td colspan="2">缴费比例</td><td colspan="3">失业保险缴费金额（元 / 月）</td><td colspan="2">按户口分类</td></tr>
<tr><td>个人</td><td>单位</td><td>合计</td><td>个人</td><td>单位</td><td>城镇</td><td>农民工</td></tr>
<tr><td></td><td></td><td>1%</td><td>2%</td><td></td><td></td><td></td><td></td><td></td></tr>
</table>

参保单位（章）　　　　　　　　××县社保中心（章）

法人代表：　　　　　　　　　　业务经办人：

劳资负责人：　　　　　　　　　复核人：

表格 10：年度补充医疗保险费用结算报表

劳动保障证号：　　　　　　　　　　财政主管处室：

填报单位及盖章：　　　　　　　　　财政代码（结算预算代码）：

分类	项目	门诊							住院							医疗费用总合计	补充医疗保险合计支付
		人数	医疗费用合计	个人自理	医保范围内费用	个人自付金额（起付线及自付比例）	统筹（大病）基金支付	补充医疗保险支付	人数	医疗费用合计	个人自理	医保范围内费用	个人自付金额（起付线及自付比例）	统筹（大病）基金支付	补充医疗保险支付		
栏目		1	2	3	4	5	6	7	8	9	10	11	12	13	14	15	16
人员类别	在职																
	退休																
	小计																
其他种类	生育及计划生育																
	退职																
	重大工伤																
	转业干部人事关系未衔接好																

	其他费用															
	小计															
合计																

截止____年___月____日，单位享受补充医疗保险人数为（在册在编人数）：_____人，其中在职人员_____人，退休____人，退职（限公安系统）_______人。

备注：1. 表内各栏关系：4=2−3　　7=4−5−6

11=9−10　　14=11−12−13

15=2+9　　16=7+14。

2. 人员类别指在职人员、退休人员凭医保发票或医保零星报销支付单进行补充医疗保险报销的费用。

3. 生育及计划生育费用，与职工医保费用分开填写。

4. 转业干部人事关系未衔接前费用是指转入本单位的转业干部转业后、人事关系未转入前发生的医疗费用。

5. 其他费用是指本单位有特殊情况、无法归类的医疗费用，如果存在，单位详细说明原因并加盖公章。

6. 本表一式两份，单位留一份，报医保部一份。

7. 本表必须按时、按要求报送。逾期未报，其支出费用由报送单位自理。

负责人签名：　　　　　　　　经办人签名：　　　　　　　　填报日期：　　年　　月　　日

6.5 出差和考勤管理

规范 1：员工休假规范

条目	规范内容
1	除法定节假日以外，各类休假必须填写相应表单，办理请假手续。
2	部长级以下员工 3 天以内休假，须经部门负责人同意。3 天以上休假，须经分管领导批准，并及时送人力资源部备案。
3	部长级以上员工各类休假，均须经过总裁批准，同时送人力资源部备案。
4	婚假、产假、探亲假和年休假需提前一周申请，并合理安排所属岗位的工作衔接。
5	各类休假必须按公司休假流程进行办理，特殊情况需补办手续。

规范 2：差旅费报销规范

条目	规范内容
1	出差人员的业务餐费、市内交通费等提供足额发票报销。
2	出差人员住宿费报销标准原则上按规定标准执行，有特殊业务情况的，在 CEO 允许的前提下，可按实报销。
3	出差人员乘坐交通工具，可以自己根据实际情况进行调整，保证时间充足的情况下，应优先选择费用较低的交通工具出行。
4	住宿费标准一般指每天每间，若同性二人同时出差，按一个房间标准报支。
5	出差人员原则上不得乘坐出租车，特殊情况除外。
6	出差人员应按最简便快捷的线路乘坐交通工具，不得绕行。出差期间探亲、办理私人事务以及非工作需要游览参观的，在请示部门负责人及人事部同意后，可报销不超过工作地至出差目的地直线往返期间的费用，其余费用由个人承担。
7	在出差过程中因业务工作需要使用招待费应先征得 CEO 同意，并注明参与招待的人员，经 CEO 审核签字后，方可到财务部报销。

制度 1：员工出差管理制度

范本

员工出差管理制度

第一章 总则

第一条 为规范出差管理流程、加强出差预算的管理，特制定本制度。

第二条 本制度参照本公司行政管理、财务管理相关制度的规定制定。

第二章 一般规定

第三条 员工出差依下列程序办理。出差前应填写出差申请单，出差期限由派遣负责人视情况需要，事前予以核定，并依照程序核实。

第四条 出差的审核决定权限

1. 当日出差

出差当日可能往返，一般由部门经理核准。

2. 远途出差

由部门经理核准，报主管副总审批，部门经理以上人员一律由总经理核准。

第五条 交通工具的选择标准

1. 短途出差可酌情选择汽车作为交通工具。

2. 远途出差一般选择火车作为交通工具，特殊情况下采用汽车出行，一般火车超过 6 个小时可以选择卧铺出行，特殊情况，可向总经理申请选择乘坐飞机。

第三章 出差借款与报销

第六条 费用预算

坚持“先预算后开支”的费用控制制度。各部门应对本部门的费用进行预算，做出年计划、月计划，报财务部及总经理审批，并严格按计划执行，不得超支，原则上不超出计划费用。

第七条 借款

1. 借款的首要原则是“前账不清，后账不借”。

2. 出差或其他用途需借大笔现金时，应提前向财务预约，并由总经理审批。

3. 借款要及时清还，公务结束后 3 日内到财务部结算还款。无正当理由过期不结算者，扣发借款人工资，直至扣清为止。

4. 借款额度与借款人工资挂钩，原则上不得超过借款人的月工资收入。

借款金额原则上限制为：普通职员借款金额在 1000 ~ 2000 元，主管级以上员工金额在 1000 ~ 3000 元以内，特殊用途超过 5000 元等特大金额应上报到主管副总标明原因审批。

第八条 报销

严格按审批程序办理。按财务规范粘贴“报销单”→部门主管或经理审核签字→

财务部核实→总经理审批→财务领款报销。

第四章 差旅管理

第九条 出差申请与报告

1. 出差之前必须提交出差申请表，注明出差时间、地点和事由，行政部据此安排差旅、住宿等事宜（见行政出差申请表）。

2. 将出差申请表送人力资源部留存、记录考勤。

3. 出差途中生病、遇意外或因工作实际，需要延长差旅时间的，应打电话向公司请示；不得因私事或借故延长出差时间，否则其差旅费不予报销。

4. 员工出差完毕后应立即返回公司，并于 3 日内（含出差回来当天）凭有效日期证明（如机票、车票等）到财务部办理费用报销、差旅补贴等手续。

5. 员工出差后，必须每日下午 4 点前向主管汇报工作，并写出详细的书面报告报总经理审阅。

6. 出差结束后，应于 3 日之内提交出差报告，并到财务部报销费用。

7. 未按以上手续办理出差手续或未经审批所发生的费用，公司将不予报销，并按旷工处理。

第十条 费用标准及审批权限

1. 差旅费用标准及审批

（1）国内城市之间转移的飞机、火车、轮船和汽车等交通费用，凭所购的票实报实销，需分别经部门经理、分管副总审批。

（2）出差期间住宿、正常餐饮费用，采用包干制，经理级 150 元 / 日（住 100/ 餐 20/ 车 30），区域经理、业务员及其他职员 100 元 / 日（住 60/ 餐 20/ 车 20）。

（3）招待费、交际应酬费（需详列说明）发生前，需征求部门经理、主管副总的批准，未经事先批准的此类费用，责任人自行承担。

（4）出租车费用，在报销范围内（公务出差）的出租车票经部门经理签字后全额报销；在报销范围之外的特殊情况需经部门经理和分管副总的批准后，注明时间、地点及事由，方可报销；一般情况下出租车费由个人承担。

2. 住宿费和伙食补助费（每日）报销补助标准

（1）总经理，每日 500 元内，定额包干。

（2）副总 / 总助，每日 200 元内，定额包干，须有票据。

（3）经理，每日 150 元内，定额包干。

（4）区域经理 / 业务员 / 普通职员，每日 100 元内，定额包干。

公司工作人员出差，按以上规定标准报销，超支部分自理。同性别两人同行出差，公司要求住一个房间，以节省差旅费开支。

业务人员施工监理期间每日补助 50 元，电话补助 10 元。

出差补助费实行定额包干。公司行政部、财务部和市场部等中层管理人员出差，住宿费凭票据报销，标准按以上各级别标准报销。

工作人员及中层管理人员到地市级、县市级地区出差，当日完成工作能够返回的分别综合补助 50 元。能够当天返回的，须当天返回，特殊情况需相关领导批准。

工作人员及中层管理人员外出参加公司的参展（培训）会议，统一安排食宿的，会议期间的住宿费、伙食补助费，由会议费规定统一开支。无任何安排情况，实行实报实销。

第十一条 出差补贴标准

1. 员工在出差当天的 9:00 前出发、17：00 后返回公司的，可享受一天的出差补贴，否则不予计算出差补贴。

2. 远途出差者，计算出差补贴一般采取“去头留尾”的原则。例如，9 号出差 12 号返回者，给予 3 天的出差补贴；

3. 出差补贴的标准根据员工的职位级别另行确定。

4. 出差期间不得另外报支加班费，法定节假日出差属业务特殊范畴。

第五章 附则

第十二条 下属与上级一起出差时，下属将扣除住宿补贴。

第十三条 餐费、住宿费的支领标准，因物价的变动，可以由总经理随时通令调整。

第十四条 本管理制度经总经理核定后实行，修改时亦同。

第十五条 本管理制度如有未尽事宜，可随时修改。

指点迷津：管控差旅费用的方法

对于员工需要经常出差的企业而言，差旅费用是一笔非常大的开销，但又是必不可少的开销。那么，在不影响企业绩效的情况下，降低企业的差旅成本就是关键问题。下面提供 3 点管控差旅费用的方法和建议，以供参考。

①制定科学的出差管理制度，对出差流程、差旅费用报销标准等一系列相关事项进行明确规定。

②做好出差规划。在员工出差前做好合理的规划，安排合理的出差时间，可以有效地减少差旅费用。

③不得为控制差旅成本而降低员工出差时的食宿、交通和其他费用标准，以免引起员工抱怨和不满，得不偿失。

制度2：考勤管理制度

范本

考勤管理制度

一、为加强公司考勤管理，整顿劳动纪律，提高员工遵章守法的自觉性，特制定本制度。

二、所有员工必须按排班表准时上班，不得无故缺勤、旷工、迟到和早退。延迟10分钟之内上班，为迟到行为；提前10分钟以上下班的，为早退行为。

三、工作时间：每星期工作时间为5天，每天工作7个半小时。

工作日：星期一～星期五

工作时间：上午8：00～11：30

下午13：00～17：00

公司可根据实际需要调整作息时间，具体以通知为准。

四、假期管理

各类假别

1. 因公出差

凡属于下列情况之一者均属公差

（1）因公司技术、业务出差。

（2）经批准参加的各类由公司出资的相应的和公司组织的各类旅游活动等。

（3）经批准外出参加各类社会公益活动。

2. 法定休假

国家法定休假日共11天：元旦1天、春节3天、清明节1天、国际劳动节1天、端午节1天、中秋节1天、国庆节3天；具体放假时间按国家颁布的规定实行。在节日期间公司可根据实际情况安排法定假期外串休1天。

3. 病假

（1）员工患病非因工负伤。持有区级以上医院所开具的休假建议书，可核予病假；

（2）经批准在工作时间内外出就诊超过8小时的，其超出时间累计为病假。

4. 事假

因个人事项，必须由本人亲自料理的，经申请可酌情核予事假。

五、请假审批权限

公司本部各级人员请假均须经部门领导同意向总经办提出申请，由总经办呈送主管副总经理或总经理审批。未经批准则按旷工论，无故旷工3日以上的开除处理。

六、假期管理及假期工资核算

1. 各级人员请假两天以内者，除病假外，须提前两个工作日办理请假手续；如遇急事不能亲自办理请假手续，应先电话向总经办请假。返工后，如实填写请假单，按审批权限进行审批。未办理请假手续的事假，均按旷工处理。

2. 员工事假按天数扣除工资；员工病假在一天以内者，并执有当天看病收费单者不扣工资，未执有看病收费单者按事假处理，员工病假超过一天者按事假处理。

七、考勤管理

部门经理以及公司领导须带头执行公司考勤制度，秉公办事。

1. 总经办是考勤管理的监督部门，各部门为负责部门。公司值班保安员负责监督员工考勤打卡，如有不遵守考勤制度行为者予以纠正，并做记录，总经办不定期监督检查员工出勤状况。

2. 公司总部人员因公到项目部或外出公干不能及时回来打卡的，须在《未打卡情况说明书》上注明出差的事因、地点，报其主管领导签核，其《未打卡情况说明书》必须在两天内报总经办签核，于每月月末报送主管副总经理或总经理审批。

3. 上班前已知需从公司总部外出办事，须按时打卡，不得后补。

4. 每月迟到累计达 30 分钟内、上班忘记打卡不超过 3 次，不予以扣款。每月迟到、早退、漏打卡（无《未打卡说明书》）累计 3 次，扣发 1 天工资；累计 4 到 6 次，扣发 5 天工资；累计 7 到 10 次，扣发 10 天工资。

5. 因工作需要到各项目部须填写《外勤工作登记表》，如下午出去者下午上班之前必须打卡。

6. 考勤主管每月负责统计上报主管副总经理，作罚款和发工资依据。

表格 1：未打卡说明书

<table>
<tr><td>部门</td><td colspan="2"></td><td>职务</td><td></td><td>姓名</td><td></td></tr>
<tr><td>未打卡时间</td><td colspan="6"></td></tr>
<tr><td>未打卡事由</td><td colspan="6"></td></tr>
<tr><td colspan="2">主管领导意见</td><td colspan="2"></td><td>总经办意见</td><td colspan="2"></td></tr>
<tr><td colspan="7">主管副总经理签字：　　　　日期：</td></tr>
</table>

表格 2：员工请假申请表

<table>
<tr><td>申请人</td><td></td><td>部门</td><td></td><td>岗位</td><td></td></tr>
<tr><td>入司时间</td><td></td><td>请假日期</td><td colspan="3">共请假　天　时：
自　年　月　日　时至　年　月　日　时</td></tr>
<tr><td colspan="6">请假类别：
□事假　□病假　□年休假　□婚假　□产假　□护理假
□慰唁假　□ 工伤假　□其他：</td></tr>
<tr><td colspan="6">请假期间工作安排：

申请人：　日期：</td></tr>
</table>

<table>
<tr><td>部门负责人意见</td><td></td><td>分管领导审批</td><td></td><td>考勤员登记</td><td></td></tr>
</table>

表格 3：出差旅费报销清单

<table>
<tr><td colspan="2">出差日期</td><td colspan="2">地点</td><td rowspan="2">交通费</td><td rowspan="2">膳杂费</td><td rowspan="2">住宿费</td><td rowspan="2">杂费</td><td rowspan="2">其他费用</td><td rowspan="2">合计</td><td rowspan="2">说明</td></tr>
<tr><td>月</td><td>日</td><td>起</td><td>迄</td></tr>
<tr><td></td><td></td><td></td><td></td><td></td><td></td><td></td><td></td><td></td><td></td><td></td></tr>
<tr><td></td><td></td><td></td><td></td><td></td><td></td><td></td><td></td><td></td><td></td><td></td></tr>
<tr><td></td><td></td><td></td><td></td><td></td><td></td><td></td><td></td><td></td><td></td><td></td></tr>
<tr><td></td><td></td><td></td><td></td><td></td><td></td><td></td><td></td><td></td><td></td><td></td></tr>
<tr><td colspan="4">费用总计</td><td></td><td></td><td></td><td></td><td></td><td></td><td></td></tr>
<tr><td colspan="2">旅费总额（大写）</td><td colspan="4">□人民币　□美元
万　千　佰　拾　元　角　分　整</td><td>预支旅费</td><td></td><td></td><td>应付（支）金额</td><td></td></tr>
<tr><td colspan="2">会计</td><td colspan="2"></td><td>核准</td><td></td><td>审核</td><td colspan="2"></td><td>收款签字</td><td></td></tr>
</table>

表格 4：员工出差申请表

填表日期：

<table>
<tr><td colspan="4">员工出差申请表</td><td colspan="2">此表由出差人详细填写，报其直接上级领导和所在部门部长审批。员工的出差申请被批准后，可以按照《财务管理制度》的规定暂借差旅费。本表存档于人力行政部。</td></tr>
<tr><td>姓名</td><td></td><td>工号</td><td></td><td>所属部门</td><td></td></tr>
<tr><td rowspan="3">出差任务</td><td rowspan="3" colspan="3"></td><td>目的地</td><td></td></tr>
<tr><td>访问单位</td><td></td></tr>
<tr><td>拜访对象</td><td></td></tr>
<tr><td>出差时间</td><td colspan="3"></td><td>预计返回时间</td><td></td></tr>
<tr><td rowspan="3" colspan="4">简单日程安排：</td><td>预计所需费用</td><td></td></tr>
<tr><td>部门负责人意见</td><td></td></tr>
<tr><td>总经理意见</td><td></td></tr>
<tr><td colspan="4">员工出差报告</td><td colspan="2">出差人返回后两个工作日内须详细填写《员工出差报告》，提交领导审阅。无《员工出差报告》不得办理报销。本表存档于人力行政部。</td></tr>
<tr><td colspan="6">员工出差报告：</td></tr>
</table>

表格 5：员工外出登记表

登记日期 / 时间	工号 / 姓名	部门	外出事由去处	外出日期 / 时间	预返日期 / 时间	直接上级审批

表格 6：员工考勤记录表

姓名	工时类别	1	2	3	4	5	6	7	8	9	10	11	12	13	14	15	16	17	18	19	20	21	22	23	24	25	26	27	28	29	30	31	合计
	上午																																
	下午																																
	上午																																
	下午																																
	上午																																
	下午																																
	上午																																
	下午																																
	上午																																
	下午																																

注意事项：1. 本资料为绩效考核、工资及加班费计算依据，各部门员工务必认真填写。

2. 以公司工作时间为准。

3. 本表由各部门主管确认后，于每月 26 日转呈人事主管。

考勤代号

类别	正常	加班	公休	迟到	早退	事假	病假	旷工	婚假	参加
代号	√	¥	—	C	T	×	○	△	H	S

表格 7：一周出差预订报告表

星期	出差地点	事由	备注
星期一 月　日			
星期二 月　日			
星期三 月　日			
星期四 月　日			
星期五 月　日			
星期六 月　日			

表格 8：部门领导出差动态表

部门	领导姓名	出差日期	返回日期	出差地	出差事由
备注：					

表格 9：调休申请表

<table>
<tr><td>部门</td><td></td><td>姓名</td><td></td><td>岗位</td><td></td></tr>
<tr><td>调休日期</td><td colspan="5">年　月　日　时至　年　月　日　时（合计：　天）</td></tr>
<tr><td>调休补加班日期</td><td colspan="5">年　月　日　时至　年　月　日　时（合计：　天）</td></tr>
<tr><td>调休事由</td><td colspan="5">调休人签字：</td></tr>
<tr><td>调休期工作代理人</td><td colspan="2"></td><td>代理人签字</td><td colspan="2"></td></tr>
<tr><td>部门负责人审批</td><td colspan="2"></td><td>人力资源部总监审批</td><td colspan="2"></td></tr>
<tr><td>董事长审批</td><td colspan="5"></td></tr>
<tr><td colspan="6">备注：1. 员工调休需填写该单，经部门负责人签字确认后将调休单交至人力资源部审批存档。
2. 调休超过 5 天需董事长最终审核，部门负责人调休需得到董事长批准后执行。
3. 员工假满上班时至部门负责人处报到销假。
4. 此申请单须返还人力资源部备案。</td></tr>
</table>

第7章

员工关系管理：

员工管理＋企业文化＋劳动合同＋离职退休

在人力资源管理中，员工关系管理同样是非常重要的一个部分，往往影响着员工的工作态度、工作效率和执行力。良好的员工关系管理可以提高员工对企业的满意度和认同感，从而提升员工工作的积极性。员工关系管理的工作内容相对繁杂，包括员工沟通管理、企业文化建设、职业生涯规划和劳动关系管理等，本章就对相关的制度和表格等进行介绍。

7.1 员工关系管理工作岗位体系

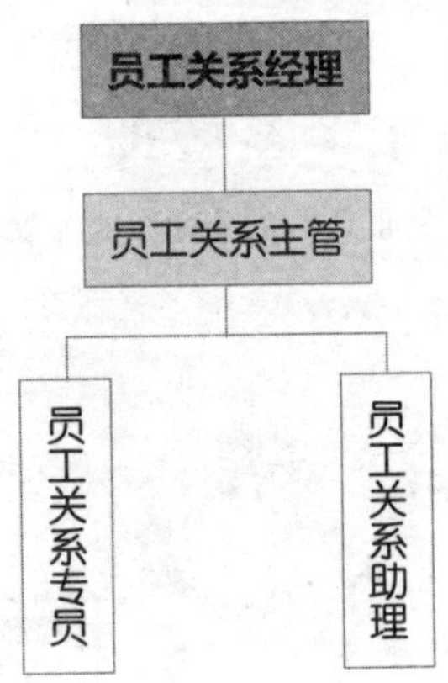

7.2 员工关系管理工作岗位配置及岗位职责

7.2.1 员工关系经理

岗位名称：员工关系经理

直属上级：总经理、董事长

直接下级：员工关系主管

岗位职责	1. 负责公司员工关系管理制度体系的搭建，包括政策、制度、流程的制定、梳理和优化等。 2. 负责推动公司文化系统的建设，策划员工文娱活动，丰富员工生活，建立和谐的员工关系。 3. 劳资关系管理顾问，重大员工关系投诉等事宜及时处理并向管理层及 HR 团队汇报，避免事态升级。 4. 负责组织开展员工满意度调查，分析、反馈调查结果。 5. 开发员工福利项目，不断提高员工满意度。 6. 负责为员工提供有关国家法律、公司政策和个人身心等方面的咨询服务。 7. 跟进处理员工投诉、纪律处分、劳动仲裁、劳动争议案件以及各类突发事件等，维护公司合法权益。

岗位职责	8. 建立有效的员工沟通机制，持续完善公司与员工的沟通平台和渠道，确保沟通畅通。 9. 建立合理的员工职业生涯规划制度，开展员工职业生涯规划调查，并对员工进行职业生涯规划辅导和建议。 10. 完成领导交代的其他工作。
任职资格	1. 全日制本科以上学历，人力资源管理或法律专业优先。 2. 有 5 年以上大型集团公司人力资源管理经验，3 年以上员工关系管理经验。 3. 熟悉人力资源管理相关法律法规，熟悉劳动法律法规在企业中的运用，了解人力资源管理知识，熟悉公司人力资源管理的各项规章制度。 4. 有较强的分析问题和解决问题的能力，可以独立解决复杂问题，并能承担较强的工作压力。 5. 亲和力强，积极主动，有大局观，具有强烈的责任心和事业心；具备优秀的沟通能力、谈判能力、团队协作能力和组织协调能力。 6. 具备较强的逻辑思维能力、判断力、执行力及较好的文字功底。 7. 熟练操作各类办公软件。

7.2.2　员工关系主管

岗位名称：员工关系主管

直属上级：员工关系经理

直接下级：员工关系专员、员工关系助理

岗位职责	1. 制定完善的人事制度，优化入、离、调及转流程，并负责落地实施，做好员工入、离、调及转相关工作。 2. 管理和优化企业的员工关系管理体系，离职沟通；提供劳资纠纷的法律支持，协助完成人员协商，规避劳资风险。 3. 建立健全有效的雇员沟通机制和沟通渠道，及时了解并管理员工效能、敬业度及满意度。 4. 建立健全公司员工关怀体系，策划全年活动日历，组织员工关怀项目及活动，营造良好的工作氛围。 5. 提升雇员满意度、敬业度，提升公司雇主品牌口碑。

岗位职责	6. 员工资料档案流程管理，存档；数据支持、分析与利用。 7. 处理员工冲突，解决员工投诉和劳动纠纷。 8. 对员工进行职业发展辅导，使员工保持良好的职业心态。 9. 负责审批流程设置、后台数据权限配置。 10. 协助办理外籍员工就业许可证。 11. 领导安排的其他工作。
任职资格	1. 人力资源管理相关专业专科以上学历。 2. 具备 3 年以上人力资源管理工作经验，1 年以上员工关系管理工作经验。 3. 具备员工关系管理的专业知识和技能，熟悉人力资源管理相关法律法规，了解企业人力资源管理的规章制度。 4. 具备良好的人际管理处理能力。 5. 具备良好的计划和控制能力。 6. 了解激励艺术，能提高员工的工作效率。 7. 有亲和力和说服能力。 8. 工作认真负责。

7.2.3 员工关系专员

岗位名称：员工关系专员

直属上级：员工关系主管

直接下级：无

岗位职责	1. 负责管理和优化公司的员工关系管理体系，建立和谐、健康的劳资关系。 2. 负责公司离职管理（包含主动离职与被动离职），通过合理的离职面谈，对离职情况进行分类管理，避免及减少劳动争议。 3. 负责处理员工冲突，解决员工投诉和劳动纠纷。 4. 负责跟进执行员工发展跟踪与面谈，做好员工关怀工作。 5. 负责组织开展员工满意度调查，反馈及分析调查结果。 6. 负责积极了解和利用最新的政策法规，优化人力资源制度和流程，规避法律风险。

岗位职责	7. 负责全面推动公司文化体系的建设工作，策划各类公司文化活动，提升员工的满意度和敬业度，建立员工与公司之间的和谐关系。 8. 领导交办的其他工作任务。
任职资格	1. 有劳动争议处理经验或劳动监察处理经验者优先。 2. 具备两年以上人力资源工作经验，熟悉人力资源各模块业务操作。 3. 熟悉国家及北京市劳动法规；熟悉国家相关法律法规。 4. 熟练使用电脑软件，有较强的学习能力和责任心，能自我激励。 5. 具备较强的独立处理事务的能力。 6. 办事沉稳、细致，思维活跃，有良好的团队合作意识。 7. 优秀的品行和职业素质，强烈的敬业精神与责任感，工作原则性强。

7.2.4　员工关系助理

岗位名称：员工关系助理
直属上级：员工关系主管
直接下级：无

岗位职责	1. 密切关注员工关系，定期例行与员工沟通，了解员工思想和诉求。 2. 员工意见闭环管理，督导责任部门解决员工的合理意见。 3. 帮助新员工快速适应工作环境，融入团队，为新员工提供工作所需的信息咨询。 4. 落实公司对员工的关怀措施，传递公司对员工的关怀。 5. 策划员工团建活动，引导员工健康生活方式，组建员工社团和日常运作，确保员工社团活动的活力。 6. 持续创新改进员工关爱工作体系，确保效果持续提高。 7. 宣传公司企业文化，提升员工稳定度和幸福感。 8. 领导交办的其他工作任务。
任职资格	1. 人力资源管理、心理学、计算机等相关专业本科学历优先。 2. 具备 1 年以上企业文化、员工关系相关经验者优先。 3. 性格开朗，乐于与人打交道、勤于思考。 4. 有较强的组织能力和沟通协调能力。 5. 有意向从事员工关爱、员工关怀和员工关系工作，优秀应届毕业生可考虑。

7.3 员工管理与企业文化建设

规范 1：劳动纠纷处理原则

项目	规范内容
合法原则	在处理劳动纠纷时必须严格遵守相关法律规定，依据法定程序进行处理。
公平公正原则	处理劳动纠纷时秉持公平公正的态度和原则，不偏袒任何一方。在整个处理过程中，双方是平等的，没有任何一方能享有特权。
调解原则	对于大多数劳动纠纷，都应先进行调解，争取通过调解将问题解决，调解无效时再选择其他方式处理。
及时处理原则	对于发生的劳动纠纷事件，切忌拖延时间，应尽快处理，以免产生更多不必要的纠纷，对双方权益造成损害。

规范 2：企业文化建设规范

项目	规范内容
提出方案	由企业的管理者或企业文化的引导者和设计者通过详细地调查研究，掌握企业文化现状，经过认真分析研究，找出企业文化方面的薄弱环节，并按照理想模式或改进项目，提出企业文化建设的初步方案。
培育文化	将企业文化建设任务落实到企业的各个部门，既有统一的目标，又有明确的分工。通过共同协作，促进优秀的企业文化早日形成，实现企业的文化建设目标。
评价文化	对企业文化培育过程中出现的问题以及实施情况进行跟踪，确保企业文化建设任务顺利完成。
文化提炼	对有效的企业文化进行归纳和加工，概括出通俗易懂、简洁易记，又能鼓舞人心的语言来表达。
追踪反馈	由于环境的不断变化，企业文化的稳定性总是相对的。随着时间的推移，企业文化建设的内容也需不断充实、丰富和提高，要对某些不符合环境变化的内容予以调整或重塑。

制度 1：员工满意度管理制度

范本

员工满意度管理制度

第一章 总则

第一条 目的

1. 为不断提高员工满意度和员工忠诚度，及时调查员工满意度并分析改进，持续进行公司的管理改善，促进企业永续发展。

2. 为掌握员工思想动态和心理需求，采取针对性的应对措施，体现企业对员工的人性化关怀，预防人才的流失。

3. 建立正式的全员沟通机制，对反映出影响员工满意度的问题及时处理，不断增强员工对企业的向心力、凝聚力。

4. 了解员工对公司的管理体制和流程、工作环境和氛围、工作效率、沟通与反馈、管理者领导能力、工作回报、人力资源和后勤保障等公司经营管理各个方面的意见和看法。

第二条 适用范围

本制度适用于公司员工满意度调查、分析、诊断、改善与反馈。

第三条 定义

1. 员工满意：是指员工通过对企业可感知的效果与他的期望值相比较后所形成的感觉状态。

2. 员工满意度：员工接受企业的实际感受与其期望值比较的程度（员工满意度 = 实际感受 ÷ 期望值）。

第四条 职责

1. 员工关系专员：负责员工满意度的调查、分析、诊断、改善方案的提出和组织实施。

2. 各部门及员工：应配合人力资源部执行员工满意度改善方案，并及时反馈相关信息。

3. 每位员工应积极参与公司的满意度调查，反映真实存在并需改善的问题。

第二章 员工满意度调查方式

第五条 员工满意度调查问卷

1. 由人力资源部员工关系专员负责员工满意度的调查工作，包括问卷的设计和分发，问卷的收取、分析和汇总。

2. 人力资源部要充分宣传员工满意度调查的目的、用途及填写和注意事项，争取员工的积极配合，保证满意度调查获得良好的效果。

3. 问卷的调查和回收。

（1）公司每年进行一次全员满意度调查，原则上定于 7 月，由人力资源部负责组织。

各部门也可以自行组织类似的调查，并将调查问卷和结果知会于人力资源部。

（2）组织结构发生变化；员工变动频繁、流动率大；员工不停地抱怨企业和管理人员，工作效率降低以及其他认为有调查需要的情况发生时，可以适当安排员工满意度调查。

4. 调查问卷的设计。员工满意度调查是全体员工的普查而不是少数的抽查，员工满意度调查结果的好与坏是衡量企业管理工作的一个重要指标。因此，问卷要精心设计，如此才能起到应有的作用。

（1）问卷设计要讲究一定的技巧，在获取有效信息的前提下，尽量缩小篇幅，使调查过程简便易行，一般以问卷法为主、访谈法为辅。调查问卷经行政副总批准后发放。

（2）问卷设计应易于回答，尽量采用选择题形式，以利于作业人员回答和对问卷进行统计分析及信息提取。

5. 问卷回收。问卷回收时可由各部门文员统一回收集中交人力资源部员工关系专员，相关人员收取问卷时，要注意严格保密；或由人力资源部指定问卷回收点并24 小时开放，以确保员工可以较为隐蔽地投放问卷。

6. 调查结果分析。人力资源部负责编制《员工满意度分析报告》，编制人员负责对员工满意度调查的各种信息进行归类、统计、分析、判断和讨论，形成具有集体意见的《员工满意度分析报告》。

（1）《员工满意度分析报告》的内容至少包括调查工作的背景、调查的时间和对象、调查的方法、原始信息统计、归类分析、改善措施以及整改要求等内容。

（2）《员工满意度分析报告》的编制工作应在信息收集后 10 天内完成。

（3）《员工满意度分析报告》经行政副总批准后方可予以发布。需要时按照总经理提出的意见和建议进行修正和补充。

7. 问卷调查结果的公布。

（1）员工满意度信息发布方式包括邮件方式、书面形式、公告栏张贴和会议方式。

（2）具体发布方式由人力资源部根据具体情况从以上 4 种方式中直接选取任何一种或多种方式。

第六条 工作面谈

第七条 员工意见箱

第八条 员工座谈会

第三章 员工满意度调查结果的运用

第九条 对于员工满意度调查涉及的揭露假丑恶、违纪违规操作等不良现象和习气者，应立即调查，并对相关责任人进行处理后公告于众，亦作回复。

第十条 对于满意度调查当中的合理化建议应组织相关人员进行论证并组织实施，

取得效果者应对建议人予以通告褒奖，以示认同和鼓励。

第十一条 对于涉及的需要综合治理和长期改进项目，应制定改善专案或向责任部门发出《整改通知书》，由人力资源部进行定期跟踪和验证改善结果，并将改善结果向相关领导汇报。

第十二条 员工满意度弱项改进的目的是：保证员工满意目标值顺利达成；确保员工满意度工作是一项持续改善、不断进步和永无止境的管理活动。

第十三条 人力资源部对员工满意度弱项改进结果进行总结，必要时某些结论必须形成文件进行制度化管理。

第四章 附则

第十四条 本制度最终解释权归公司人力资源部。

第十五条 本制度自颁布之日起实施，凡与本制度不一致的，以本制度为准。

……

制度 2：劳动争议处理管理制度

劳动争议处理管理制度

第一章 总则

第一条 目的

为实现以下目的，根据《中华人民共和国劳动争议处理条例》及其他相关法律、法规，结合公司劳动关系实际情况，特制定本制度。

1. 妥善处理公司劳动争议，有效控制劳动争议的发生。
2. 保障公司与员工双方的合法权益，维护正常的生产经营秩序。
3. 发展良好的劳动关系，促进劳资双方长期、友好合作。

第二条 内容

本规定适用于公司与员工之间发生的劳动争议，主要包括如下内容。

1. 因公司开除、辞退员工和员工辞职、自动离职发生的争议。
2. 因执行有关工资、保险、福利、培训和劳动保护的规定发生的争议。
3. 因履行劳动合同发生的争议。
4. 法律、法规规定应当受理的劳动争议。

第三条 各部门的管理职责划分

1. 人力资源部是劳动争议的主要管理部门，负责劳动争议的起因、证据等信息的采集并根据情况综合分析，提出合理的解决方法。

2. 劳动争议调解委员会按照法定原则和程序处理本单位的劳动争议，回访、检查当事人调解协议执行情况并督促其执行。

3. 调解委员会负责建立必要的制度进行调解登记、档案管理和统计分析工作。

4. 调解委员会由员工代表、人力资源部人员、管理者代表和工会代表组成。管理者代表不超过委员会人数的1/3。

第二章 劳动争议的预防及处理原则

第四条 在进行劳动争议预防前须先明确劳动争议的类别及产生原因

1. 劳动争议的类别

（1）按劳动争议的主体可划分为个别争议、集体争议和团体争议。

（2）按劳动争议的性质可划分为权利争议、利益争议。

（3）按劳动争议的内容可划分为劳动合同争议，劳动安全卫生、工作时间、休息休假和保险福利争议，劳动报酬、培训奖惩等因理解和实施不同而产生的争议。

2. 劳动争议的产生原因

（1）劳动权利义务是否遵循法律规范和合同规范。

（2）市场经济情况下的利益原则，使公司和员工之间既有共同利益和合作基础，又有利益差别和冲突。

3. 劳动争议的预防措施

针对劳动争议产生的原因对劳动争议进行有效预防，常用的措施有以下4项。

（1）各部门管理人员应及时了解下属的情绪和劳动关系矛盾，并协同人力资源部采取措施，防患于未然。

（2）人力资源部应广开言路，积极深入到员工的生活、工作中，了解公司员工的整体思想动态。

（3）对现有劳动关系形式进行分析，预见可能发生的劳动争议问题，及时加以了解和解决。

（4）公司应健全裁员、辞退、劳动合同解除等相关管理制度，将员工离职后的后续工作安排妥当，减少劳动争议的发生。

第五条 劳动争议的处理原则

第六条 劳动争议的处理途径

第三章 劳动争议协商与调解

第七条 劳动争议协商

第八条 劳动争议的调节

第九条 有下列情况之一者，可视为调解申请结束。

第十条 调解委员会调解劳动争议应当遵循当事人双方自愿原则，经调解达成协议的，制作《调解协议书》；调解不成的，当事人在规定时间内可以向劳动争议仲裁委员会申请仲裁。

第四章 仲裁与诉讼

第十一条 调解不成的，向本市劳动纠纷仲裁委员会申请仲裁。劳动争议申请仲裁的时效期限为一年。

第十二条 员工向劳动仲裁委员会提起劳动仲裁的，人力资源部应积极地做好应诉准备。

第十三条 员工违反劳动合同规定，给公司造成损失的，人力资源部应提起诉讼。

第十四条 如果劳动仲裁案件，确实是公司存在侵犯员工合法权益的情况，人力资源部应配合劳动仲裁委员会争取调解解决。

第十五条 对于劳动仲裁委员会的裁决结果，公司认为有必要提起诉讼的，应当按照司法程序提起诉讼，以维护公司的合法权益。

第十六条 对仲裁裁决不服的，可以在收到仲裁裁决书之日起 15 日内向人民法院提起诉讼。

第十七条 劳动争议诉讼书由人力资源部负责起草及应诉。

第五章 附则

第十八条 本规定根据国家相关法律、法规编制，本规定未提及或与相关法律、法规有冲突的，按照相关法律、法规执行。

第十九条 本规定由人力资源部负责编制，其解释权亦同。

第二十条 本规定经总经理审批后生效实施。

……

制度 3：员工职业生涯规划制度

员工职业生涯规划制度

第一章 总则

第一条 目的

为促进员工与企业共同发展，加强员工与公司间的良好合作，特制定本制度。

第二条 范围

适用于企业所有员工的职业生涯规划管理。

第三条 职责

1. 员工负责个人职业规划的提报以及企业职业规划培训计划的配合执行。

2. 各部门经理负责本部门员工职业规划中相关事项的确认，并协助企业人力资源部开展员工职业规划评审的执行。

3. 人力资源部负责员工职业发展调查、职业通道划分以及员工职业发展档案的建立、保管与更新。

4. 人力资源部负责集团公司、各下属公司员工职业规划所需的培训计划及科目的拟订，并督促员工完成个人职业规划的目标。

5. 公司人力资源部为本制度的归口部门，负责本制度的编制、培训及落实执行工作。

6. 公司总经理负责本制度制定、修正完善的核准。

第四条 遵循原则

1. 长期性原则：员工的职业生涯发展规划要贯穿员工的职业生涯始终。

2. 动态原则：根据公司的发展战略、组织结构的变化以及员工不同时期的发展需求进行相应调整。

第二章 职业生涯规划具体管理办法

第五条 员工调查

1. 员工新进公司时，由人力资源部负责对新进员工进行职业发展计划调查（调查表包括“员工职业发展规划表”和“员工能力开发需求表”）。

2. 人力资源部根据员工工作岗位说明书及员工自己的职业发展规划进行职业发展通道划分。职业发展通道分为：管理通道、技术通道和业务通道。

3. 员工根据自己的岗位说明书及个人职业发展填写“员工职业发展规划表”和“员工能力开发需求表”，需经部门经理、人力资源部审核。

第六条 员工职业发展规划

人力资源部根据员工的职业生涯发展规划和员工能力开发需求建立员工职业发展档案，并结合公司战略发展需要和对员工素质提高的需求，制订员工职业发展培训计划。

第七条 职业生涯规划的实施与修正

1. 人力资源部对所有员工的培训结果进行培训考核，并作为员工年度工作绩效考核的依据之一。

2. 公司根据《绩效考核管理制度》的考核处理结果，对考核成绩优秀的员工施以相应的奖励或晋升；对考核成绩中表现不合格的员工施以相应的处罚，对不能胜任本职工作的人员进行降级、辞退等处理。

3. 对于工作中存在不足、需要改进或者不适应本职工作的员工，人力资源部应及时组织面谈，根据面谈结果及其个人期望，修订其职业生涯规划和职业发展路径。

第三章 绩效考核后的处理

第八条 晋升与奖励

1. 公司绩效考核完成，选择工作当中表现出色的且具备相应管理能力的人员作为公司储备人才，重点培养。当公司相关岗位出现空缺时，则由公司储备人才竞争该岗位。只有在公司没有适合该岗位的储备人才时，才考虑外部招聘。

2. 个人竞岗通过后，晋升者办理原岗位工作交接手续后到新岗位报到并办理相关上岗手续（具体见《员工异动、工作移交管理制度》）。

第九条 降级与处罚

公司通过绩效考核，对不能胜任本职工作等绩效考核不合格的员工予以处罚或降级处理。

第四章 附则

第十条 本制度自颁布之日起施行，每年根据企业发展的实际情况修订一次。

指点迷津：企业如何做好员工职业生涯规划管理

为员工进行职业生涯规划管理可以调动员工工作的积极性和主动性，从而营造良好的工作氛围；还可以使得企业的人力资源配置更为合理，使企业保持竞争力。企业要做好员工职业生涯规划管理，应遵循以下原则。

①实用性与可操作性。结合社会环境、企业环境以及其他各种相关因素，充分分析员工职业生涯规划设计的各阶段目标、路径和方法的可行性、步骤的合理性以及员工个人能力与职业规划的匹配性，以确保规划的可实施性。

②个性化定制。每个人的性格特点、兴趣爱好都有所不同，还有所掌握的能力不同、价值观不同，以及性别的不同，都会使每个员工的职业生涯发展有所差异。因此，企业对员工进行职业生涯规划时应充分考虑到其个人的种种相关因素，以量身定制其职业生涯规划方案。

③简明扼要与可发展性。职业生涯规划的目标应清晰明确，实现目标的步骤要简单具体，目标完成的时间要进行量化并有明确限定；另外，还需要有备选方案，以应对各种变化。

表格 1：员工满意度调查表

你的基本情况（仅用于统计目的）

1. 工作部门：

2. 年龄（ ）：A.25 岁以下 B.25 岁～ 30 岁 C.31 岁～ 40 岁 D.41 岁及以上

3. 文化程度（ ）：A. 小学 B. 初中 C. 高中 / 中专 D. 大专 E. 本科

4. 工作类别（ ）：A. 生产人员 B. 管理人员 C. 技术人员 D. 营销人员 E. 其他人员

5. 在公司工作时间（ ）：A.3 个月以下 B.1 年以下 C.1 ～ 2 年 D.2 年以上

不必签署你的名字，为便于统计分析，请填写你的基本情况。非常感谢你能参与此次问卷调查！

条目	调查内容	答案
1	你认为公司目前的管理秩序： A. 很好 B. 较好，但需要进一步改进 C. 一般 D. 较混乱 E. 很混乱，严重阻碍公司发展	
2	如果你选择 1 题中的 D、E，那么你认为造成管理混乱的原因是： A. 管理制度不健全 B. 管理制度健全，但执行力不够 C. 工作职责、职权不明确 D. 其他	
3	你认为公司员工工作效率： A. 非常高 B. 较高 C. 一般 D. 较低 E. 非常低	
4	如果你选择 3 题中的 D、E，那么你认为影响工作效率最重要的原因是什么？你有什么好的建议或方法提高大家的工作效率？	
5	你清晰了解你的岗位职责吗？ A. 非常清晰 B. 较清晰 C. 基本清晰 D. 不清晰 E. 不愿清晰	
6	如果你对当前的岗位职责理解尚不清晰，其原因是什么？ A. 没有明确的岗位要求 B. 上级对自己的工作范围界定不明 C. 工作变动频繁，导致岗位不稳定 D. 与本岗位无关的临时性工作太多，以至无所适从	
7	对上司的各项工作决策，你是否认同？ A. 总是 B. 经常 C. 有时 D. 极少 E 从不	
8	你觉得自己的经历和能力与现在的职位： A 很有挑战性 B. 有一定的挑战性 C. 正合适 D. 有点力不从心 E. 不合适	

9	你认为你现在的工作态度是怎样的： A. 主动进取　B. 按部就班　C. 在压力下被动工作　D. 消极应付 如果你选 C 或 D 原因是：	
10	对工作的意见和提议能够得到及时的回复和落实吗？ A. 非常及时　B. 较及时　C. 一般　D. 有时候及时　E. 不及时	
11	你认为下面哪一种方式将有助于提高你的工作热情？ A. 公平、及时、恰当的激励　B. 良好的工作氛围和团队协作精神 C. 加强内部竞争，实行员工的优胜劣汰 D. 不断参加培训，获得与岗位相关的知识	
12	你与其他部门工作协调时： A. 能够很好地协调　B. 比较容易协调　C. 一般 D. 不容易协调　E. 根本不容易协调	
13	如果你在 12 题中选择 D、E，那么你认为造成部门不容易协调，影响部门协作的主要原因是：	
14	你经常与你的上级沟通吗？ A. 经常　B. 较多　C. 有时　D. 较少　E. 几乎没有	
15	你认为本部门同事间的团队意识强吗？ A. 非常好　B. 比较好　C. 一般　D. 比较差 E. 很差主要表现在：	
16	当你有好的建议或某些意见问题时会： A. 与直接领导交流或者信任的公司高层领导交流　B. 写信放入意见箱 C. 与关系较好的同事私下交流　D. 说了也没用，发发牢骚泄泄火	
17	当你遇到困难时，你所选择的倾诉对象是： A. 直接主管　B. 人力资源部　C. 同事　D. 家人 \ 朋友	
18	对于产品质量，你对公司有何看法？ A. 影响产品质量因素较多，工艺水平、技术指导和设备磨损等，与直接操作员工无多大关系 B. 产品质量由品质部控制，拥有良好的检验团队是产品高质量的保证 C. 为了向客户提供高质量服务，需要直接操作员对产品质量负责严格的把关 D. 为了向客户提供高质量服务，需要每位员工积极付出努力	

19	你是否同意"当发现问题时，管理者总能够和当事人进行有效的沟通"这一讲法？ A. 非常赞同　B. 同意　C. 中立　D. 同意　E. 强烈反对	
20	你觉得目前的工作量是否合适？ A. 工作按质按量，无须加班　B. 工作按质按量完成，偶尔加班 C. 工作量较大，经常加班 D. 与同级其他岗位相比，工作量较大，实感不公平	
21	公司支付薪酬时，对你的工作情绪会造成影响吗？ A. 从不影响　B. 极少影响　C. 有时影响　D. 经常影响　E. 总是影响	
22	其他公司与你工作相似的人比较，你目前的收入水平(包括工资和奖金) A. 偏高　B. 差不多　C. 低一些　D. 低得多　　哪些公司：	
23	你对本单位的食堂卫生及饭菜质量感到满意吗？ A. 非常满意　B. 基本满意　C. 不确定　D. 不满意　E. 极度不满意 如果你选择D和E原因是：	
24	你对公司的集体宿舍安排和管理感到满意吗？ A. 非常满意　B. 基本满意　C. 不确定　D. 不满意　E. 极度不满意 如果你选择D和E原因是：	
25	你对公司的劳保福利感到满意吗？ A. 非常满意　B. 基本满意　C. 不确定　D. 不满意　E. 极度不满意 如果你选择D和E原因是：	
26	你认为自己的前途与公司的前途： A. 非常有关系　B. 有关系　C. 不确定　D. 关系不大　E. 没有关系	
27	如果公司组织员工职业生涯规划，你会 A. 非常支持　B. 支持　C. 无所谓，收入高就行 D. 不支持　E. 非常不支持	
28	你认为公司现在的培训满足你工作的需要吗？ A. 非常满足　B. 基本满足　C. 不确定　D. 不满足　E很不满足	
29	如果在28题中选择D和E，那么你希望得到哪一方面的培训呢？ 例如：	
30	在目前的工作岗位上，你的才能是否得以充分发挥？ A. 非常充分　B. 充分　C. 一般　D. 不充分　E. 很不充分	
31	你是否同意"公司管理者经常关心他们的员工"的讲法？ A. 非常赞同　B. 同意　C. 中立　D. 同意　E. 强烈反对	

32	你在单位是否有至少一个最好的朋友？ A. 总是有　B. 经常有　C. 有时有　D. 没有　E. 从来没有	
33	你对公司人事制度、部门制度、操作流程的了解情况是： A. 了解很清楚，且从没有犯过错　B. 比较了解，会避免违反制度 C. 了解程度不深，偶尔会违反　D. 不了解，不知道有没有违反	
34	你认为下列哪 3 种方式能够更好地提高你的积极性和创造性？ A 及时对工作成绩给予奖励和评价　B. 保障性收入（薪酬、年终奖）提高　C. 福利改善，例如：公积金、节假日福利等　D. 挑战性的工作　E. 培训机会　F. 领导认可　G. 职位晋升	
35	如果有希望得到解释的想法、不能了解的观点、或想令人关注的问题，请填写在以下空白处：	

表格 2：劳动争议情况调查表

<table>
<tr><td>争议提出人</td><td colspan="2"></td><td>部门</td><td></td><td>职务</td><td></td></tr>
<tr><td>合同签订日期</td><td colspan="2"></td><td colspan="2">提出争议日期</td><td colspan="2"></td></tr>
<tr><td colspan="7">提出争议原因</td></tr>
<tr><td colspan="7"></td></tr>
<tr><td colspan="7">调查情况和结果记录</td></tr>
<tr><td colspan="2">调查项目 / 内容</td><td colspan="3">调查结果</td><td colspan="2">备注</td></tr>
<tr><td colspan="2"></td><td colspan="3"></td><td colspan="2"></td></tr>
<tr><td colspan="2"></td><td colspan="3"></td><td colspan="2"></td></tr>
<tr><td colspan="2"></td><td colspan="3"></td><td colspan="2"></td></tr>
<tr><td colspan="2"></td><td colspan="3"></td><td colspan="2"></td></tr>
<tr><td>调查负责人</td><td colspan="2"></td><td colspan="2">调查日期</td><td colspan="2"></td></tr>
<tr><td>审核意见</td><td colspan="2"></td><td colspan="2">审核人 / 日期</td><td colspan="2"></td></tr>
</table>

表格 3：员工纪律处分登记表

<table>
<tr><td colspan="2">员工姓名：</td><td colspan="2">性别：</td><td colspan="2">入职日期：</td></tr>
<tr><td colspan="2">部门：</td><td colspan="2">职位：</td><td colspan="2">生效日期：</td></tr>
<tr><td colspan="6">处分原因</td></tr>
<tr><td colspan="2">日期：</td><td colspan="2">时间：</td><td colspan="2">地点：</td></tr>
<tr><td colspan="6">违纪描述：</td></tr>
<tr><td colspan="6">违反以下条例：</td></tr>
<tr><td colspan="6">员工解释：</td></tr>
<tr><td colspan="6">处分类型</td></tr>
<tr><td colspan="6">□批评教育　□口头警告　□书面警告　□严重警告　□解除劳动合同
备注：</td></tr>
<tr><td colspan="6">时间限制及如果未改正的后果：</td></tr>
<tr><td colspan="6">此前各种违纪处分类型记录</td></tr>
<tr><td colspan="3">批评教育</td><td colspan="3">日期 ____________</td></tr>
<tr><td colspan="3">口头警告</td><td colspan="3">日期 ____________</td></tr>
<tr><td colspan="3">书面警告</td><td colspan="3">日期 ____________</td></tr>
<tr><td colspan="3">严重警告</td><td colspan="3">日期 ____________</td></tr>
<tr><td>检查此处</td><td colspan="5">员工已被告知《公平对待的保证》政策</td></tr>
<tr><td colspan="3">我已收到此通知
员工本人签字：____________</td><td colspan="3">若员工不签字，则由见证人签字作证
见证人签字：____________</td></tr>
<tr><td colspan="6">签署</td></tr>
<tr><td colspan="2">部门负责人签字</td><td colspan="2">办公室签字</td><td colspan="2">总经理审批</td></tr>
</table>

表格 4：员工职业生涯规划表

<table>
<tr><td colspan="10">填表日期：　年　月　日　　　　填表人：</td></tr>
<tr><td>姓名</td><td></td><td>年龄</td><td></td><td>部门</td><td colspan="3"></td><td>岗位名称</td><td></td></tr>
<tr><td rowspan="2">教育情况</td><td>最高学历</td><td></td><td colspan="2">毕业时间</td><td colspan="3"></td><td>毕业院校</td><td></td></tr>
<tr><td colspan="9">已涉足的主要领域：</td></tr>
<tr><td rowspan="4">参加过的培训</td><td colspan="5">1.</td><td colspan="4">5.</td></tr>
<tr><td colspan="5">2.</td><td colspan="4">6.</td></tr>
<tr><td colspan="5">3.</td><td colspan="4">7.</td></tr>
<tr><td colspan="5">4.</td><td colspan="4">8.</td></tr>
<tr><td rowspan="5">目前具备的技能 / 能力</td><td colspan="5">技能 / 能力的类型</td><td colspan="4">证书 / 简要介绍此技能</td></tr>
<tr><td colspan="5"></td><td colspan="4"></td></tr>
<tr><td colspan="5"></td><td colspan="4"></td></tr>
<tr><td colspan="5"></td><td colspan="4"></td></tr>
<tr><td colspan="5"></td><td colspan="4"></td></tr>
<tr><td colspan="10">其他单位工作经历简介</td></tr>
<tr><td>单位</td><td>部门</td><td>职务</td><td colspan="4">对工作满意的地方</td><td colspan="3">对工作不满意的地方</td></tr>
<tr><td></td><td></td><td></td><td colspan="4"></td><td colspan="3"></td></tr>
<tr><td></td><td></td><td></td><td colspan="4"></td><td colspan="3"></td></tr>
<tr><td></td><td></td><td></td><td colspan="4"></td><td colspan="3"></td></tr>
<tr><td colspan="10">你认为对自己最重要的 3 种需要，请按优先顺序标注 1、2、3。
□成为管理者　□报酬　□成为专家</td></tr>
<tr><td colspan="10">请详细介绍一下自己的专长：</td></tr>
<tr><td colspan="10">结合自己的需要和专长，你对目前的工作是否感兴趣，请详细介绍一下原因：</td></tr>
<tr><td colspan="10">请详细介绍自己希望选择哪条晋升通道（或组合）：</td></tr>
<tr><td colspan="10">请详细介绍自己的 1 ~ 3 个月、6 ~ 12 个月和 3 ~ 5 年的职业规划设想：</td></tr>
<tr><td colspan="10">谈谈自身的优势与不足：</td></tr>
</table>

表格 5：企业文化建设自查表

序号	项目	内容	检查情况	得分	备注
1	建立企业文化组织体系（20分）	（1）成立企业文化建设领导小组并制定职责。（2分）			
		（2）企业文化融入管理过程，实施文化管理。（2分）			
		（3）规划企业文化建设实施方案。（2分）			
		（4）建立企业文化建设机构体系。（2分）			
		（5）具有专（兼）职企业文化建设工作人员。（2分）			
		（6）开展企业文化建设活动，企业文化各项要求落实到位。（2分）			
		（7）贯彻廉洁、安全文化建设实施意见，开展廉洁、安全文化活动。（2分）			
		（8）工会和团组织活动纳入企业文化建设。（2分）			
		（9）各项企业文化建设基础资料齐全。（2分）			
		（10）组织协调单位内外企业文化建设交流。（2分）			
2	发挥理念识别系统的统领作用（20分）	（1）组织班子成员开展理念学习活动。（2分）			
		（2）遵循公司理念，开展典型培育。（2分）			
		（3）领导班子结合本单位发展的阶段特点，提出企业管理新思想，引领企业文化建设活动深入开展。（2分）			
		（4）组织员工开展专项理念学习和灌输。（2分）			
		（5）有宣传企业文化理念的载体。（2分）			
		（6）结合党建思想政治工作开展，发挥企业政治优势。（2分）			
		（7）运用理念套图、理念故事等开展特色宣传活动。（2分）			
		（8）在企业文化建设原则的基础上开展具有自身特色的其他活动。（2分）			
		（9）组织员工举行升旗、宣誓仪式。（2分）			
		（10）企业理念深入人心，员工凝聚力强，企业业绩不断攀升。（2分）			

3	发挥制度行为识别系统的规范作用（20分）	（1）规章制度健全，工作流程体系规范完善。（2 分）			
		（2）制定岗位职责，职责范围明确。（2 分）			
		（3）岗位要求到位，操作规范落实。（2 分）			
		（4）激励制度规范，措施兑现。（2 分）			
		（5）开展经常性的职业道德教育，以良好的服务态度赢得顾客满意。（2 分）			
		（6）开展经常性的礼仪教育，员工日常行为符合礼仪要求。（2 分）			
		（7）以工艺流程、安全质量操作、成本控制、工序衔接等为主要内容，坚持两会一活动制度。（2 分）			
		（8）建立新闻发言人制度，健全突发事件舆论应对机制。（2 分）			
		（9）制订并完成对外新闻报道年度计划。（2 分）			
		（10）建立新闻通讯员队伍，并实施动态管理。（2 分）			
4	发挥视觉系统的传播作用（20分）	（1）企业标识使用标准。（2 分）			
		（2）企业名称使用规范。（2 分）			
		（3）企业标准字字体运用符合要求。（2 分）			
		（4）企业标准色使用正确。（2 分）			
		（5）办公区、生活区宣传设施符合相关文件和标准。（2 分）			
		（6）宣传设施定期维护、更新。（2 分）			
		（7）办公用品及员工证、章、卡、牌符合相关文件和标准。（2 分）			
		（8）氛围宣传符合实际，协调、美观、大方、经济，充分展示企业良好形象。（2 分）			
		（9）落实影像工作管理办法，按规定配备影像设备，做到专人负责，制度健全。（2 分）			
		（10）建立影视资料共享平台，按规定收集上报影视资料，做到充分翔实，资源共享。（2 分）			

5	企业文化的外部推广（10分）	（1）严格按照××手册要求，统一使用“××”组合徽标。（2分）			
		（2）规范宣传“和谐团队，自我超越，开拓创新，追求卓越”企业精神。（2分）			
		（3）规范制作、悬挂××旗帜。（2分）			
		（4）年度在集团报刊稿不少于6篇。（2分）			
		（5）按××有限公司通知要求规范制作名片。（2分）			
6	发挥企业文化的导向作用（10分）	（1）严格执行文化管理要求，对协作层和劳务队伍加强源头控制，纳入企业文化管理之中。（2分）			
		（2）加强机制约束，对协作层和劳务队伍践行“光明文化”，做到同规划、同实施、同检查。（2分）			
		（3）全面贯彻落实公司理念识别系统手册，突出团队观、诚信观、道德观等企业理念的宣传，积极主动开展企业文化建设活动。（2分）			
		（4）以公司行为识别系统指导、规范协作层和劳务队伍员工行为，严格遵守员工守则、礼仪规范，提升企业文化品牌形象。（2分）			
		（5）加强视觉统一。在公司承担施工任务的协作层和劳务队伍，不得使用自己的名称、旗帜和标识等；在公司以外承担各项任务，协作层成员不得使用公司的名称、旗帜和标识等。（2分）			
7	其他（10分）	（1）在集团介绍企业文化经验。（5分）			
		（2）在集团以上机构介绍企业文化经验。（5分）			
8	总体评价				
9	存在问题				
10	整改意见				
11	总得分				

7.4 劳动合同管理

规范 1：劳动合同制订规范

项目	规范内容
平等自愿原则	劳动合同必须是订立劳动合同的双方当事人具有相同的法律地位，且完全是出于双方当事人自己的真实意愿，经过平等协商而达成的协议。
协商一致的原则	劳动合同的全部内容，在法律、法规允许的范围内，由双方当事人共同讨论、协商，取得完全一致的意见后确定。否则，劳动合同不能成立。
合法原则	劳动合同不得违反法律、行政法规，即劳动合同必须合法，才能受到法律的保护。合法原则主要要求订立劳动合同的目标、主体、内容、程序、形式和行为都必须合法。

规范 2：解除劳动合同规范

条目	规范内容
1	人事处提供本单位的经过工会讨论并且走完公示程序的劳动纪律以及劳动规章制度，尤其是据以作出解除劳动合同的劳动纪律以及规章制度。
2	人事处提供劳动者严重违反劳动纪律或者用人单位规章制度的事实以及证据。将解除劳动合同的事由通知工会，由工会提出意见，在研究工会的意见后作出处理决定，并将处理结果通知工会。
3	公司人事处安排相关员工办理工作交接，在员工交接手续办理完毕后，财务处应当结算并给付劳动者薪资。
4	在薪资结算完毕后，劳动合同解除。将解除劳动合同的决定送达劳动者，并确保准确送达。
5	在解除劳动合同时由人事处出具解除劳动合同的证明，并为劳动者办理档案和社会保险关系转移手续。
6	对解除劳动合同的文本原稿、原电子档案以及劳动者违反劳动纪律的证据存档备案，至少保存两年。

制度 1：劳动安全卫生管理制度

劳动安全卫生管理制度

第一章 总则

第一条 目的

为了实现以下目的，根据有关法律、法规，特制定本制度。

1. 加强公司劳动安全和劳动卫生管理，使得劳动安全和劳动卫生管理有据可依。

2. 保障员工生产过程中的人身安全和健康，使安全和卫生明确化、合理化。

3. 为员工提供符合劳动安全卫生要求的劳动条件和作业现场，促进公司事业的不断发展。

第二条 适用范围

本制度适用于公司内部劳动安全卫生相关管理工作。

第三条 原则

遵循安全第一、预防为主的原则。

第四条 各部门的管理职责划分

1. 人力资源部为本制度的编制和主要管理实施部门，其他部门配合执行。

2. 人力资源部负责对全体员工进行安全卫生管理宣传教育。

3. 各部门主管负责对本部门人员日常劳动安全卫生执行情况监督、指导。

4. 劳动安全卫生领导小组对本公司的劳动安全卫生负主要领导责任。

5. 分公司的负责人对分公司的劳动安全卫生负直接领导责任。

第二章 劳动安全卫生管理的内容

第五条 公司成立劳动安全卫生领导小组，负责组织、监督、检查和推动本单位和本系统的劳动安全卫生工作。

第六条 公司每年从固定资产更新改造资金中提取一定金额的劳动保护技术措施改造经费，用于改善劳动条件，防止、消除伤亡事故和职业病的发生，相关部门必须妥善保管与使用该项资金，确保专款专用，杜绝挪作他用现象。

第七条 公司人力资源部负责对员工的劳动安全卫生进行教育与技术培训，并进行培训考核。考核合格的员工方可上岗操作。

第八条 公司实行每天 8 小时工作制。加班加点应在不损害员工健康的前提下进行，每人每月加班时间累计不得超过 48 小时，确因生产需要超过的，应经员工同意，报公司各部门主管批准。

第九条 禁止招用未满 16 周岁的未成年人，禁止安排未满 18 周岁的员工从事有毒、有害的作业和繁重的体力劳动。

第十条 公司严格执行保护女员工的有关规定。禁止安排怀孕、哺乳期女员工从事有毒、有害的作业和繁重的体力劳动。

第十一条 公司在员工招聘时必须进行入职前健康检查，并定期组织内部员工进行健康体检，确保员工身体健康无传染病、职业病，确保健康、安全生产。

第十二条 公司严格按国家规定发给员工防护用品、用具，建立健全使用、发放等制度。各部门不得以现金代替物品。公司配备的劳动安全卫生抢救药品、器材应定期检查和更换，防止失效。

第十三条 员工必须严格遵守劳动安全卫生法规、规章、制度和操作规程。员工有权拒绝违章指挥，对漠视员工安全、健康的部门及其负责人，有权批评、检举和控告。

第十四条 公司工会对公司执行有关劳动安全和劳动卫生规定、标准实行监督，以维护员工的合法权益。

第十五条 劳动场所的劳动安全卫生防护措施和有毒、有害物质的浓度（强度），必须符合国家有关劳动安全卫生技术标准。

第十六条 公司所有的设备设施在正式投入使用前，必须由主管部门进行严格检查、验收，确保能安全使用，否则不准投入生产。

第十七条 各个分公司在各种设备设施正式投入生产之前同样必须进行必要的检查、验收。

第十八条 作业现场的配套设备设施如操作台、住宿、餐厅和厕所等设施，也必须符合劳动安全和劳动卫生的要求。

第十九条 公司相关部门应编制突发事件应急预案，分析公司内部存在重大事故隐患的情况，编写相关隐患报告，并提出重大隐患的预防和整改措施。督促相关部门及时跟进监督检查，确保隐患发生时处理有序。

第三章 伤亡事故处理与报告

第二十条 伤亡事故的处理

第二十一条 关于伤亡事故报告的规定

第四章 劳动安全卫生奖惩

第二十二条 有下列情况之一的人，由本公司人力资源部、行政部、劳动安全卫生管理小组给予奖励。

第二十三条 有下列情况之一的部门或个人，由公司人力资源部、行政部和劳动安全卫生管理小组视其情节，给予警告、限期整改、罚款或责令停产整顿的处罚。

第五章 劳动安全卫生费用预算

第二十四条 公司在执行劳动卫生管理中涉及的费用预算。

第二十五条 公司相关设备、设施的更新改造、技术创新、员工健康检查及劳动安全保护等相关工作，应严格按照预算项目数量及费用标准执行。

第二十六条 相关部门在编制年度费用预算时，应将此费用预算内容一一列入年度预算范围。经公司领导审批同意后，严格按照预算审批项目、额度执行。

第六章 附则

第二十七条 本制度由人力资源部负责编制，其解释权亦同。

第二十八条 本制度经总经理审批后生效实施。

……

制度 2：劳动合同管理制度

劳动合同管理制度

第一章 总则

第一条 目的

为了规范本公司的劳动合同管理工作，保护公司与员工的合法权益，根据《中华人民共和国劳动法》和有关法律、法规，结合本公司实际情况，制定本制度。

第二条 适用范围

在本公司工作的所有员工，无论是公司管理人员还是一般员工，必须熟悉了解劳动合同管理制度，依照劳动合同管理制度办理劳动关系。

第三条 管理职责

公司劳动人力资源部负责本公司的劳动合同管理工作，主要职责包括以下几点。

1. 认真学习并贯彻执行有关劳动合同的法律、法规和政策。
2. 依据本制度办理劳动合同的订立、续订、变更、解除和终止等手续。
3. 实行动态管理，促进劳动合同管理的规范化、标准化。

第二章 劳动合同的订立

第四条 合同文本

劳动合同以书面形式订立。公司遵循公平、公正的原则，提供劳动合同文本。劳动合同一式两份，公司和员工各执一份。

第五条 知情权

在缔约过程中，员工可以了解公司的规章制度、劳动条件、劳动报酬等与提供劳动有关的情况；公司在招用时，可以了解员工健康状况、学历、专业知识和工作技能等与应聘工作有关的情况，双方应当如实说明。

第六条 合同条款

根据《劳动法》规定，本公司劳动合同具备以下必备条款。

1. 劳动合同期限。

2. 工作内容。

3. 劳动保护和劳动条件。

4. 劳动报酬。

5. 劳动纪律。

6. 劳动合同终止的条件。

7. 违反劳动合同的责任。

同时，根据本公司的实际情况，合同双方协商约定服务期和保守商业秘密等其他条款。

第七条 合同期限

本公司劳动合同期限为 1 ～ 3 年，根据不同岗位和任职资格协商确定。劳动合同届满，经双方协商一致，可以续签劳动合同。

第八条 试用期

本公司在劳动合同中约定试用期，一年期合同开始履行时第一个月为试用期，两年期合同开始履行时前两个月为试用期，3 年期以上合同开始履行时前 6 个月为试用期，但最长不得超过 6 个月。

第九条 服务期

公司对享受本公司提供特殊待遇的员工，如出资招聘、出资培训或提供出国考察、住房补贴等特殊待遇的，约定 3 ～ 5 年的服务期。员工应遵循诚实信用的原则，严格遵守服务期限，否则将承担违约责任。

第十条 保守秘密

公司对必须保密的技术信息和经营信息，约定保密责任。对负有保守公司秘密责任的员工，要求解除劳动合同的，应提前 6 个月书面通知公司；或者在解除劳动合同后的一定期限内不得自营或为他人经营与本公司有竞争的业务，对此公司在一定的期限内给予员工本人 20% ～ 40% 的工资收入作为经济补偿。

第十一条 违约金

违反服务期和保守商业秘密约定的员工，应当承担违约责任。公司将以违约金的方式追究违约责任。违反服务期约定的，违约金根据公司所提供特殊待遇的价值，按已工作期限的比例递减；违反保密约定的，违约金按事先约定金额承担，但约定违约金低于实际损失的，按实际损失赔偿。

第三章 劳动合同的履行

第十二条 生效履行

劳动合同自合同期限起始日起生效。

第十三条 合同变更

公司和员工如认为有必要，经协商一致可以书面形式对原订劳动合同的部分条款进行修改、补充、废止，任何一方不得随意变更。如协商不成的，劳动合同应当继续履行。

第十四条 合同解除

第十五条 合同终止

劳动合同期满、劳动合同主体资格丧失或在客观上已无法履行合同的情况下，劳动合同可以终止。

第十六条 合同顺延

根据法律法规的规定，在应当对员工采取特殊保护期间（停工医疗期内、女工“三期”内），公司将不终止劳动合同，直至这些情形结束。

第四章 经济补偿与违约责任

第十七条 经济补偿

根据有关法律法规规定，公司对下列解除或终止劳动合同的员工给予经济补偿。

第十八条 补偿标准

第十九条 法律责任

因一方主观上有过错，导致劳动合同无效或部分无效，给对方造成损害的，应当承担赔偿责任；违反劳动合同的，应当承担相应的责任；给对方造成经济损失的，应当承担赔偿责任。

第二十条 劳动争议

公司与员工因劳动权利和义务产生分歧引起争议的，依照《劳动法》的规定，通过协商解决或申请调解、仲裁甚至提起诉讼方式解决。

第五章 劳动合同管理

第二十一条 制度管理

公司在内部公开明示本管理制度，并进行宣传教育，定期监督检查。公司坚持以本制度来规范公司的劳动合同管理行为，保证全面履行劳动合同。

第二十二条 操作实务

公司按以下操作程序和书面手续办理劳动合同的签订、续订、顺延、解除和终止。

第二十三条 管理台账

第六章 附则

第二十四条 本制度自发布之日起开始执行。

第二十五条 本制度的编写、修改及解释权归人力资源部所有。

……

表格 1：签订劳动合同登记表

年　月　日

用人单位					
单位地址					
用工手册编号		联系人		联系电话	
单位性质	□国有　□集体　□私营　□港澳台及外资　□民办 □个体　□机关事业　□其他				
本次鉴证人数			合同编号		

表格 2：劳动合同顺延确认表

填制部门：			档案编号：			
员工姓名		性别		工号		职位	
出生年月		入职日期		合同编号			
原合同期限	自　年　月　日起至　年　月　日止。						
顺延期限	自　年　月　日起至　年　月　日止。						
顺延原因							
人力资源部审核意见	人力资源部经理（签章）： 日期：　年　月　日						
总经理审核意见	总经理（签章）： 日期：　年　月　日						
备注	1. 本确认表视作双方对原劳动合同的书面续签行为。 2. 除履行期限外，原劳动合同内容其他不变。 3. 本续签表经双方签章后即日生效，与原劳动合同有同等法律效力。 4. 本确认书一式两份，双方各执一份。						
公司签章： 日期：　年　月　日				员工签名：			

表格 3：签订劳动合同明细表

工号	姓名	性别		年龄	入职日期	合同年限	合同期限	备注
		男	女					
					年 月 日		年 月 日——年 月 日	
					年 月 日		年 月 日——年 月 日	
					年 月 日		年 月 日——年 月 日	
					年 月 日		年 月 日——年 月 日	
					年 月 日		年 月 日——年 月 日	
					年 月 日		年 月 日——年 月 日	
					年 月 日		年 月 日——年 月 日	
					年 月 日		年 月 日——年 月 日	
					年 月 日		年 月 日——年 月 日	
					年 月 日		年 月 日——年 月 日	
					年 月 日		年 月 日——年 月 日	

表格 4：员工劳动合同到期自评表

姓名		性别		出生年月		政治面貌	
所在部门（基层单位 / 项目部）			岗位			进入本单位时间	
学历			毕业院校			所学专业	
专业技术职称				其他资格证书			
劳动合同期内岗位职责履行情况（主要成绩、存在问题、努力方向）							
自我评价	□优秀　□称职　□基本称职　□不称职						
续订劳动合同的意向	□本人申请续签劳动合同　□本人申请终止劳动合同						
续订劳动合同的期限	□三年　□五年　□十年　□无固定期限						
考核对象签名：　日期：　年　月　日							

表格 5：劳动合同到期处理意见征求表

征求意见人		部门		职位		征求时间	
合同到期员工基本信息	签订合同次数： 本次合同期限：自　年　月　日至　年　月　日 连续工作年限： 业绩考核情况：优秀□　良□　一般□　较差□　很差□						
人力资源部经理处理意见	同意续订：□理由： 不同意续订：□理由： 签字：　日期：　年　月　日						
总经理处理意见	同意续订：□理由： 不同意续订：□理由： 签字：　日期：　年　月　日						

表格 6：员工劳动合同到期考核表

<table>
<tr><td>考核对象</td><td></td><td>所在部门（基层单位 / 项目部）</td><td></td></tr>
<tr><td rowspan="2">部门意见（依据员工日常工作情况、季度和年度考核，对员工履行劳动合同期内的表现进行考核评价，并提出建议）</td><td colspan="3"></td></tr>
<tr><td colspan="3">1. 该员工本合同期内考核结果为：
□优秀　□称职　□基本称职　□不称职
2. 根据考核结果，建议对该员工：
□续签劳动合同　□终止劳动合同
3. 续签合同期限：
□ 3 年　□ 5 年　□ 10 年　□无固定期限
负责人签名：　　年　月　日</td></tr>
<tr><td rowspan="2">分管领导意见</td><td colspan="3"></td></tr>
<tr><td colspan="3">1. 该员工本合同期内考核结果为：
□优秀　□称职　□基本称职　□不称职
2. 根据考核结果，建议对该员工：
□续签劳动合同　□终止劳动合同
3. 续签合同期限：
□ 3 年　□ 5 年　□ 10 年　□无固定期限
分管领导签字：　　年　月　日</td></tr>
<tr><td rowspan="2">薪酬委员会意见</td><td colspan="3"></td></tr>
<tr><td colspan="3">1. 该员工本合同期内考核结果为：
□优秀　□称职　□基本称职　□不称职
2. 根据考核结果，建议对该员工：
□续签劳动合同　□终止劳动合同
3. 续签合同期限：
□ 3 年　□ 5 年　□ 10 年　□无固定期限
薪酬委员会签章：　　年　月　日</td></tr>
</table>

7.5 离职与退休管理

规范 1：员工离职处理规范

条目	规范内容
1	在离职协议中须明确是谁申请提出解除劳动关系，若为员工提出，则无须支付经济补偿金。
2	若由企业提出解除劳动关系，则需要在离职协议中详细说明经济补偿金等问题的处理方法。协议中应尽量将经济补偿的各个项目罗列出来，以免产生不必要的麻烦。
3	对于合同到期且公司不再续签的员工，应提前一个月通知员工，并安排好工作交接事宜。
4	对于因违纪等行为予以辞退的员工，解除劳动关系协议中应详细说明其违纪行为及对公司造成的影响，且必须与员工的违纪行为一致，不得捏造。需确保劳动关系解除通知能够送达员工。

规范 2：离职员工（中高层）竞业限制规定

条目	规范内容
1	不得直接或通过其他实体在公司之外设立提供与公司产品或项目相同或类似的机构。
2	不得直接或通过其他实体提供与公司生产的产品相同、类似或有竞争关系的产品，不得直接或间接从事与公司所从事业务相同、类似或有竞争关系的任何业务。
3	不得向任何个人、合伙、公司、信托、协会或任何其他实体提供任何与公司业务相关的产品，直接或间接提供任何服务。
4	不得直接或通过其他实体以任何方式向公司的任何先前、现有及潜在的客户提供与公司相同或类似的产品或服务。
5	不得以攻击公司的业务能力或其他任何方式损害公司的商业声誉和名誉。

制度 1：离职管理制度

离职管理制度

一、目的

为规范公司员工的离职管理，明确离职各环节的操作流程及相关权限，确保公司和离职员工的正当权益，制订本制度。

二、范围

公司所有员工，不论何种原因离职，均按照本制度办理。

三、离职类别与定义

1. 辞职：是指在任职期间内，由员工提出提前终止劳动关系的行为。

2. 辞退：是指在任职期间内，按照公司制度，员工符合辞退条件的，公司提前终止与员工的劳动关系，予以辞退的行为。

3. 协商解除劳动关系：是指双方均可提出，经协商一致提前解除劳动关系，并签署解除协议。

4. 自动离职：是指在任职期间内，员工未经公司批准而擅自离开工作岗位的行为。有下列情况之一者，公司将按员工自动离职处理，并暂时冻结其工资。

（1）连续旷工 3 个工作日或者 1 个月内累计旷工达 3 个工作日，经劝诫无效者。

（2）未按正规手续申请离职而自行离开工作岗位者。

（3）已申请离职但未办妥离职交接手续而自行离开公司者。

四、离职办理程序

1. 协商解除劳动关系程序

（1）公司提出协商解除的，由所在部门负责人与员工面谈，明确告知其部门意向，行政人事部可提供必要的支持。

（2）员工提出协商解除的，由所在部门负责人与员工面谈，进行充分的沟通，了解其离职的根本原因。

（3）最后由行政人事部与员工进行协商，达成一致意见后签署解除劳动关系协议，员工填写《员工离职交接表》，并办理离职手续。

2. 辞职程序

（1）辞职申请的提出：员工申请辞职，须填写《员工离职申请表》，已转正员工需提前 30 日以书面形式通知部门负责人，试用期内的员工辞职，须提前 3 日通知行政人事部门。

（2）辞职申请的审批权限：员工本人提出书面申请，直接由部门负责人审核，并由部门上报公司分管领导批准，行政人事部门最终审核。

（3）员工辞职申请经公司审批同意后，方可办理相关离职手续。辞职申请由行政人事部保存。

3. 辞退程序

符合辞退条件的员工，由其所在部门负责人 / 行政人事部提出申请，公司分管领导同意，行政人事部审核同意，总经理最后确认同意，方可做辞退处理。相关程序按公司提出协商解除程序办理。

五、离职手续

确定员工离职后，行政人事部与部门负责人协商安排其他人员接替其工作和职责，由离职员工的部门负责人安排工作交接事项，并安排其到行政人事部领取《员工离职交接单》，并按照顺序依次办理。

1. 工作交接

（1）将本人经办的各项工作、业务合同（协议）、保管或保存的各类实物或电子版的工作资料、文件、工具和办公用品等交部门负责人指定的人员，并要求交接人和部门负责人在《员工离职交接单》上签字确认。

（2）经部门负责人批准，将经手的各类项目、业务、个人借款等事项移交至指定的人员。

（3）以上各项交接须经部门负责人审核备案后方可认定交接完成。

2. 相关部门签字确认

（1）相关部门办事人员需要做好本部门与离职员工涉及的工作、物品、文件审核。

（2）员工离职交接，涉及各部门相关交接手续，各部门办事人员需认真负责地检查与审查离职员工与本部门涉及的工作事宜。

（3）离职员工必须亲自办理离职手续，并在双方确定的离职日期办理完交接手续。

（4）离职员工若在未办理或未办完交接手续而擅自离开公司者，公司不结算任何薪资。给公司造成重大损失的，公司有权通过法律手段追究其法律责任。

六、离职结算

1. 结算条件：当交接事项全部完成，并经相关人员签字确认后，方可对离职人员进行相关结算。

2. 结算项目：

（1）非工作性质的个人借款在办理离职前一次还清。

（2）物品损失赔偿金：在办理离职手续前，出现因个人原因造成文件或资料遗失时，视文件或资料的重要性确定应由移交人承担的经济补偿额度。

（3）工资：离职员工在其完成工作交接和办妥离职手续后，公司将统一于次月工资结算日或奖金结算日支付。未完成工作交接和办妥离职手续者，公司有权冻结其薪资和奖励，直到办妥各项手续为止。

3. 如员工应退回公司的款项大于公司应支付给员工的款项，则应在全部收回后才给予办理相关离职手续。
七、其他事项
对外劳动人事手续：
（1）根据离职员工的需求，行政人事部可出具离职证明。
（2）根据离职员工是否立即就业的情况，行政人事部出具解除劳动合同报告书或办理失业手续。
八、本制度从发布日起开始执行。由行政人事部负责解释。

制度2：员工退休管理制度

范本

员工退休管理制度

第一章 总则
第一条 为健全和完善公司人员退休管理，保障员工的合法权益，特制定本制度。
第二条 本制度适用于公司及下属分公司。
第三条 集团公司人力资源部为员工退休的归口管理部门。
第二章 退休条件、时间认定
第四条 与公司签订正式劳动合同的员工，已达到国家法定退休年龄（男年龄满60周岁，女年龄满50周岁）的员工，劳动合同终止并办理正常退休手续。
第五条 超过法定退休年龄条件的人员如公司工作需要待返聘的，须按相关规定办理劳务协议手续，但最长返聘期限不得超过下述年龄条件（专业技术职称人员除外）。
1. 男性员工：
（1）行政后勤线、辅助生产线的二、三线岗位年龄满65周岁。
（2）生产一线员工、从事国家规定的特殊工种年龄满60周岁。
2. 女性员工：
（1）行政后勤线、辅助生产线的二、三线岗位年龄满55周岁。
（2）生产一线员工、从事国家规定的特殊工种年龄满50周岁。
第六条 员工退休时间的认定，以身份证记载的出生时间为准。
第三章 退休程序
第七条 员工符合退休条件的，由人力资源部提前60天启动退休审批流程，由人力资源部填写《员工退休审批表》，交员工所在部门或分公司领导会签，经人力资源部经理确认后，报集团公司行政副总经理审核，最后报集团公司董事长审批。

如需继续聘用的，适用第十条。

第八条 人力资源部完成《员工退休审批表》审批流程后，提前 30 天向员工发出《员工退休通知单》。员工根据通知单要求办理退休手续。

第九条 人力资源部在员工退休次月，停缴社会保险及住房公积金。

第十条 退休员工的继续聘用，应根据工作需要及退休员工的健康状况，严格把关，确实需要继续聘用的，由员工所在部门填写《退休员工返聘申请表》，明确聘任理由、聘用期限、服务岗位及劳动报酬，并约定相关权利及义务。《退休员工返聘申请表》经业务分管领导及人力资源部会签后，报集团公司行政副总经理审核，最后报集团公司董事长审批。

第四章 退休待遇

第十一条 参加社会保险的员工，人力资源部协助本人到社保局办理退休手续。本人自退休次月起可根据国家规定领取养老金。

第十二条 返聘员工在与公司签订《退休人员返聘协议》后，根据协议约定享受公司相关福利待遇。

第五章 附则

第十三条 本制度由集团公司人力资源部负责解释和修订。

第十四条 本制度自 2019 年 1 月 1 日起实行。

第十五条 已超过本制度规定的退休年龄在岗职工，自制度实行后办理退休离岗手续。由所属部门、分公司负责清退或继续聘用工作，人力资源部监督实施。

指点迷津：退休返聘的注意事项

当公司的骨干员工满足退休要求，但公司还需要聘用该员工时，可以以退休返聘的方式继续聘用该员工。但这种情况下，公司与员工不再是劳动关系，而是劳务关系，因此有一些需要注意的事项，简单列举如下。

①由于退休人员已经享有退休待遇，所以不再需要缴纳社保，也不需要公司进行补偿。

②退休返聘的报酬及各项费用、补贴等福利待遇要明确。

③公司解除聘用协议时，原则上不需要给予经济补偿。

④退休人员因病由社保报销医疗费，与公司无关，因病亡故的与公司无关。

⑤公司返聘已享受社会保险待遇的离退休人员，一旦发生意外，公司需要承担人身损害赔偿的风险。因此，公司在返聘退休员工时，可以为其购买商业保险。

表格 1：离职申请表

申请人	姓名		部门	
	职位		入司日期	
	转正日期		预计离职日期	
离职原因				
部门领导意见	签字：			
分管领导意见	签字：			
行政人事部意见	签字：			

表格 2：退休申请表

姓名		性别		出生年月	
参加工作时间		累计缴费年限			
本人身份		申报类型			
身份证编号		联系电话			
住址		籍贯			
工作简历	起止年月	工作单位		职务或工种	
主管部门意见	年　月　日				

表格 3：员工离职交接单

填表日期：　　年　月　日

<table>
<tr><td>姓名</td><td></td><td>岗位</td><td></td><td>部门</td><td></td><td>离职日期</td><td></td></tr>
<tr><td>离职原因</td><td colspan="7"></td></tr>
<tr><td>部门</td><td colspan="7">1. 公用账户信息等交接具体内容（如账号等）：
2. 文件资料及工作交接具体内容：
接收人签字：
部门负责人签字：
年　月　日</td></tr>
<tr><td>行政</td><td colspan="7">物品退回情况（包括办公电脑交接、钥匙、工作牌、工作服和办公用品等）：
行政人员签字：
年　月　日</td></tr>
<tr><td>财务部</td><td colspan="7">员工差错扣款情况：
财务人员签字：
年　月　日</td></tr>
<tr><td>行政
人事部</td><td colspan="7">1. 工资及补贴结算：
2. 奖金结算：
3. 保险金结算：
4. 其他
行政人事部经理签字：
年　月　日</td></tr>
<tr><td>总经理</td><td colspan="7"></td></tr>
</table>

表格 4：退休职工基本信息登记表

<table>
<tr><td colspan="6">职工本人基本信息</td></tr>
<tr><td>姓名</td><td></td><td>性别</td><td></td><td>民族</td><td></td></tr>
<tr><td>身份证号码</td><td colspan="5"></td></tr>
<tr><td>退休后居住地址</td><td colspan="5"></td></tr>
<tr><td>户口所在地</td><td colspan="5"></td></tr>
<tr><td>联系电话</td><td colspan="2"></td><td colspan="2">邮编</td><td></td></tr>
<tr><td colspan="6">直系亲属基本信息</td></tr>
<tr><td>姓名</td><td colspan="2"></td><td colspan="2">性别</td><td></td></tr>
<tr><td>与本人关系</td><td colspan="2"></td><td colspan="2">年龄</td><td></td></tr>
<tr><td>家庭住址</td><td colspan="5"></td></tr>
<tr><td>联系电话</td><td colspan="2"></td><td colspan="2">邮编</td><td></td></tr>
<tr><td colspan="3">照片粘贴处</td><td colspan="3">说明：本人近期二寸免冠照片（证件照片）粘住即可，用于办理退休证</td></tr>
</table>

表格 5：工作交接明细表

<table>
<tr><td colspan="4">姓名：</td><td colspan="4">部门 / 职务：</td></tr>
<tr><td>工作职责</td><td>工作内容</td><td>原计划完成时间</td><td>工作进展状况</td><td>待跟进事项或待办重点</td><td>拟工作衔接人或接收人</td><td>衔接人或接收人签字</td><td>备注</td></tr>
<tr><td></td><td></td><td></td><td></td><td></td><td></td><td></td><td></td></tr>
<tr><td></td><td></td><td></td><td></td><td></td><td></td><td></td><td></td></tr>
<tr><td></td><td></td><td></td><td></td><td></td><td></td><td></td><td></td></tr>
<tr><td></td><td></td><td></td><td></td><td></td><td></td><td></td><td></td></tr>
</table>

表格 6：解除劳动合同申请表

<table>
<tr><td colspan="6">解除劳动合同为：　　□办事处（部门）提出　　□员工提出</td></tr>
<tr><td>离岗员工姓名</td><td></td><td>部门</td><td></td><td>岗位</td><td></td></tr>
<tr><td>入职日期</td><td colspan="2"></td><td>预计离职日期</td><td colspan="2"></td></tr>
<tr><td>离开公司后打算</td><td colspan="5"></td></tr>
<tr><td>解除劳动合同理由</td><td colspan="5">申请人签名：　　年　月　日</td></tr>
<tr><td>直接上司意见</td><td colspan="3">□不同意解除劳动合同
□同意解除劳动合同
请说明理由：
从　年　月　日
开始办理工作移交手续
签名：　　年　月　日</td><td>分管上司意见</td><td>签名：
年　月　日</td></tr>
<tr><td>人力资源部审核意见</td><td colspan="3">□符合《解除劳动合同规定》，发放《离岗准办通知》
□不符合《解除劳动合同规定》内容，请办事处重新办理</td><td>总经理意见</td><td>签名：
年　月　日</td></tr>
</table>

表格 7：员工离职通知书

服务单位		职称		姓名		
到职日期	年 月 日	离职日期	年 月 日	全提资		
离职原因						
自动			被动			
体弱多病		服兵役		开除		解雇
另有他就				试用不合辞退		其他
物品交还或应扣款						
单位	应办事项	已收还或应扣金额	应办事项	已收还或应扣金额	接收人或经管人	
服务单位	移交清楚		未了事目已交代清楚			
总务单位	服装		伙食			
	福利贷款		家具或文具			
	其他扣款					
人事单位	工作名称		劳保费			
财务单位	款项未清		月中借支			
其他部门						
核定			人事单位：			
单位主管：				离职人： 年 月 日		

表格 8：职工退休审批表

<table>
<tr><td>姓名</td><td></td><td>性别</td><td></td><td>出生年月</td><td></td><td>参加工作时间</td><td colspan="2"></td></tr>
<tr><td>现工作岗位</td><td colspan="3"></td><td colspan="3">女职工 5 年前工作岗位</td><td colspan="2"></td></tr>
<tr><td>居住社区</td><td colspan="2"></td><td>联系人</td><td colspan="2"></td><td>电话</td><td colspan="2"></td></tr>
<tr><td>社会保障号</td><td colspan="2"></td><td>张榜公示时间</td><td colspan="2">从　月　日
至　月　日</td><td>邮编</td><td colspan="2"></td></tr>
<tr><td rowspan="3">年
月前
特殊工种</td><td>工种</td><td></td><td rowspan="3">年
月前
省级以上劳模</td><td>名称</td><td></td><td rowspan="3">非因工或因病提前退休情况</td><td>鉴定等级</td><td></td></tr>
<tr><td>实际年限</td><td></td><td>获奖时间</td><td></td><td>提前年限</td><td></td></tr>
<tr><td>折算工龄</td><td></td><td>增发比例</td><td></td><td>减法比例</td><td></td></tr>
<tr><td colspan="3">所在工作单位名称</td><td colspan="6"></td></tr>
<tr><td rowspan="2">缴费年限</td><td colspan="2">至　年　月　日</td><td colspan="2"></td><td colspan="2">年工资</td><td colspan="2"></td></tr>
<tr><td colspan="2">至退休时</td><td colspan="2"></td><td colspan="2">是否独生子女</td><td colspan="2"></td></tr>
<tr><td rowspan="2">退休告知情况</td><td>职工本人</td><td colspan="7">签名：
年　月　日</td></tr>
<tr><td>单位</td><td colspan="7">年　月　日告诉职工本人。
经办人签名：
年　月　日</td></tr>
<tr><td colspan="2">单位或县劳动保障部门意见</td><td colspan="7">（盖章）
年　月　日</td></tr>
<tr><td colspan="2">地方劳动保障行政部门意见</td><td colspan="7">同意　　同志从　年　月起退休
（盖章）
经办人：　复核人：　年　月　日</td></tr>
</table>

表格 9：员工离职证明书

年　月　日

<table>
<tr><td>姓名</td><td></td><td>出生日期</td><td>年　月　日</td><td>籍贯</td><td></td></tr>
<tr><td>工作单位</td><td></td><td>职称</td><td></td><td>到职日期
退职日期</td><td>年　月　日
年　月　日</td></tr>
<tr><td colspan="6">（离职证明书存根）</td></tr>
<tr><td colspan="6">离职证明书</td></tr>
<tr><td>姓名</td><td></td><td>出生日期</td><td>年　月　日</td><td>籍贯
性别</td><td></td></tr>
<tr><td>工作单位
及职称</td><td></td><td>到职日期
退职日期</td><td>年　月　日
年　月　日</td><td>劳保卡号
加保日期</td><td>年　月　日</td></tr>
<tr><td>离职原因</td><td colspan="3"></td><td>备注</td><td></td></tr>
<tr><td colspan="6">总经理签字：
年　月　日</td></tr>
</table>

第8章

人事档案管理：

人事档案整理＋保管＋利用

人事档案管理是人力资源管理中非常重要的组成部分，对企业而言有着至关重要的作用。人事档案管理工作可以分析员工流动情况，从而帮助企业进行人力资源规划；通过人事档案管理工作还可以充分了解员工的资历、背景等情况，可以帮助企业更合理地安排员工培训。本章主要对人事档案管理工作中涉及的相关规范、制度和表格进行介绍。

8.1 人事档案管理工作岗位体系

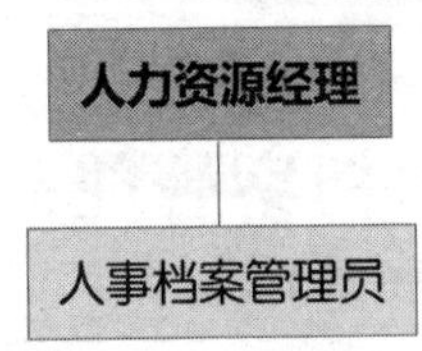

8.2 人事档案管理工作岗位配置及岗位职责

人事档案管理员

岗位名称：人事档案管理员

直属上级：人力资源经理

直接下级：无

岗位职责	1. 负责告知派遣员工入职所需的相关资料，对已签订的劳动合同、人员资料及时进行收集、整理、归类，编制档案目录，做到一人一档。 2. 负责建立派遣员工详细电子档案，及时更新员工进出等变动信息，维护档案数据库，做到账实相符。 3. 负责分配、协调和对接新增人员的社保、公积金、商业保险缴纳的工作。 4. 负责提供内部人员办理事务所需的派遣员工资料，并做好借阅登记、收回审查工作。 5. 负责已办妥离职手续派遣员工档案的转移工作，并做好离职归档工作。 6. 负责派遣员工每周、月入职和离职工作，次月到期合同详细名单等数据的统计工作，完成报表的整理和传递工作。 7. 负责派遣员工合同、档案袋、终止解除证明等归档所需的空白文本、表单制作，库存不多时做好提前储备工作。 8. 严格执行档案资料保密、安全制度。 9. 与其他关联部门保持良好的沟通与协调，积极处理各类矛盾与问题。 10. 负责指导各分公司该岗位工作的开展。 11. 完成上级交代的其他工作任务。

任职资格	1. 大专及以上学历，档案管理或相关专业者优先，接受优秀应届毕业生。 2. 具备良好的沟通协调能力，熟练使用 Office 办公软件。 3. 具有人事档案管理一年以上工作经验。 4. 有较强的组织、协调、执行、沟通能力及人际交往能力。 5. 形象气质好，逻辑思维清晰，工作认真负责。 6. 熟悉档案管理办法，掌握计算机档案管理信息系统。 7. 严谨、有责任心，有团队合作精神；工作细致认真，保密性强。 8. 工作踏实、稳定、有管理能力。

8.3 人事档案的整理

规范 1：人事档案建立与整理规范

条目	规范内容
1	对所收集的人事档案进行分析和鉴别，将其合理分类。
2	根据档案的类别以及内容之间的内在联系进行排序，以方便日后查阅。
3	确保每卷人事档案的完整性、真实性、条理性和实用性。
4	为排序完成的档案编辑目录，并注明材料类号和类别名称。目录的序号以材料类号 + 排列序号的形式填写。
5	档案整理完成后，进行技术加工，即对纸张破损、幅面不规则、格式不规范或字迹不符合归档要求的材料进行加工。
6	最后对档案进行装订。要求目录置于档案的卷首，卷内材料顺序必须与目录保持一致，装订要整齐、美观。

规范 2：人事档案材料销毁规定

条目	规范内容
1	收集的人事档案材料经过鉴别后，按有关规定应销毁的材料要进行销毁。
2	销毁材料必须详细登记，注明标题、简要内容、形成时间和销毁理由。
3	销毁材料必须经主管领导或分管领导审查、批准和签字。
4	销毁材料必须到保密部门指定的场所进行销毁。
5	销毁材料时必须有两名中共正式党员负责监销。
6	任何个人不得擅自处理或销毁人事档案材料。
7	妥善保管销毁人事档案材料登记册，以备查找。

制度 1：人事档案管理制度

范本

人事档案管理制度

为了加强人事档案工作，提高管理水平、有效地保护和利用档案，使人事档案工作制度化、规范化和科学化，更好地为人事工作服务，根据《中华人民共和国档案法》和国家关于人事工作方针、政策，结合公司实际，特制定本制度。

一、基本原则

1. 人事档案管理以“为人事工作服务”为基本原则。必须维护人事档案的真实性和完整性，实行人事档案管理的集中统一。严守人事档案机密，提高管理水平。

2. 在人事档案管理工作中，必须贯彻执行党和国家有关档案保密的法规制度，严密保管，确保档案的完整与安全。

二、档案材料的收集、归档

人事档案材料的归档工作直接关系到人事档案的完整性和每个人的切身利益，要经常通过有关部门收集干部任免、调动、考察考核、培训以及奖励等工作中新形成的反映公司员工德、能、勤、绩的材料，充实档案内容。

1. 收集归档的范围

（1）员工调任、考察和考核等工作中形成的各类人员登记表、任免呈报表（包括上报的考察材料）、鉴定、干部考核登记表、民主评议和组织考核形成的综合材料。

（2）录用、聘用及招工中形成的录用和聘用招工审批表、聘用干部合同书、政审材料、续聘审批表、解聘和辞退材料。

（3）办理员工工资、待遇、出国（境）和退（离）休等材料。

（4）评聘专业技术职务和学历材料。

（5）政治历史情况的审查材料（包括更改入党、团时间和参加革命工作时间等问题的审查材料）。

（6）参加中国共产党、共青团及民主党派的材料。

（7）所有部门表彰奖励活动中形成的各种表彰材料、处分材料（包括甄别、复查材料、免于处分的处理意见）；审计工作中形成的有关材料：主要涉及干部个人的审计报告或审计意见材料、离任审计考核材料；法院审判工作形成的判决书。

（8）体格检查中确诊有严重慢性病、身体残疾的体检表及工伤致残确定残废等级的材料。

（9）办理员工丧事活动中形成的生平、报纸（国家或市级报纸）报道的讣告、消息、非正常死亡的调查报告等。

（10）其他可供组织参考的材料。

2. 鉴别与归档手续要求

（1）必须是办理完毕的正式文件材料。

（2）材料必须完整齐全、真实、文字清楚及对象明确，并写明承办单位及时间。

（3）必须手续完备，凡规定由组织审查盖章的，须由组织盖章。规定要同本人见面的材料，一般应有本人的签字（与本人见面后未签字的，可由组织注明）。

（4）档案材料必须使用十六开的办公用纸，只能用黑色墨水书写。

三、档案的管理

1. 人事科负责员工的人事档案管理工作，确保档案完整、有效，不丢失、不损坏。每年年初要对公司员工的档案材料进行整理、归档。

2. 公司要及时办理聘用或解聘等人员的档案移交手续。

3. 因公需调阅人事档案的，应由调阅人写出申请，理由正当的，由主管领导签字批准后方可调阅，调阅应在本公司进行。人事档案确需外借，申请人应写出借阅理由，经主管领导签字批准后，由人事科将档案加封条、盖章后交借用人。借用人应按人事档案的管理规定，返还时加封条、盖借用单位公章后，按期返还。

4. 转出、转入的人事档案必须完整齐全，并按规定经过认真的整理装订，不得扣留材料或分批转出、转入。

5. 收到档案后，经核对无误，在回执上签名盖章立即退回。对转递出的档案，逾期一个月未退回执者，要写信催问，以防丢失。

四、本制度自批准之日起执行。执行过程中的问题由人事部门负责解释。

指点迷津：人事档案管理的风险防范

所谓人事档案管理的风险是指档案的真实性、完整性不高，从而影响整体质量不过关，缺乏利用价值；另一方面则是指人事档案的管理不规范，档案混乱，档案丢失、变更及损坏严重。

下面针对以上这些人事档案管理的风险，介绍一些防范措施。

①制定科学全面的档案管理制度，以规范人事档案管理工作。

②加强员工对档案的重视程度，尽量取得各档案资料原件，确保档案真实性。

③档案室内的温度、湿度及卫生等各种物理环境要确保适宜，做好防护措施。

④制定规范的档案查阅/借阅制度，禁止无关人等进出档案室，防止档案丢失、损坏等。

⑤到期档案及时按销毁程序办理手续并进行销毁。

制度 2：培训档案管理制度

培训档案管理制度

一、目的

为了加强员工培训管理工作，规范和保存培训档案，使员工的培训有据可查。对员工自进入公司开始所参与过的各种培训活动的详细记录，员工培训档案将与其人事档案一起作为对员工晋升、提级、加薪时的参考依据，也是公司发掘与调配人才的原始依据。故特制定本管理制度。

二、适用范围

本文件适用于公司员工培训所产生的记录管理。

三、内容及要求

1. 档案分类

（1）公司的培训档案分电子版和文本版两种形式。

（2）电子版记录所有培训项目，包括公司级、部门级组织以及个人参加的培训，文本版主要指个人参加的相关培训。

2. 档案记录内容

（1）在职培训中，该员工接受各种专业培训课程的课程名称、内容、时间、出勤记录、参加有关考试的试卷、培训员对该员工的培训评语以及员工参加职前训练后的心得体会或总结报告等。

（2）在岗位培训中，员工参与的专业或外语的培训课程考勤记录、课程情况、考试成绩、评语表格和总结报告等。

（3）在工作期间，员工自参加社会上举办的各类业余进修课程的成绩报告单与结业证书复印件等有关材料。

3. 档案保管及内容

（1）人力资源处是培训档案的管理部门。

（2）各部门年度培训计划、公司年度培训计划、公司组织的外派培训计划、特种作业人员和其他操作人员持证上岗的培训记录的收集、归档。

（3）各部门单位培训产生的记录，由本单位整理归档。

（4）档案保管人员要经常对档案进行检查和维护，保证档案不出现霉变、污损、虫蛀和鼠咬等损坏现象，不得丢失档案。

（5）档案保管人员不准自己涂改或让他人涂改档案。

（6）档案的保管期限执行《培训管理制度》中的规定。

4. 档案归档时间

各种培训记录，必须在培训班结束后 20 日内整理归档。

5. 档案利用

（1）查阅人不准抽取或涂改档案，如发现抽取、涂改或损坏档案的现象，将对档案保管人员和查阅人罚款或追究行政责任。

（2）查阅人需复制档案时，须持部门（单位）证明；对复印件经审与原件无误后方可使用；重要档案不许复制。

（3）借出档案，须经主管领导批准；归还档案时，档案保管人员应认真审查及核对。

6. 档案销毁

对离职或失去保存价值的档案，经主管领导审核、批准后方可处理。

四、附则

1. 执行过程中的问题由人事部门负责解释。

2. 本制度自批准之日起执行。

制度 3：文书立卷归档制度

文书立卷归档制度

一、总则

为规范本公司文书立卷工作，加强公司档案管理，特制定本制度。

二、适用范围

本制度适用于公司在生产经营活动中形成的各种有保存价值的文字材料。

三、管理部门

1. 文书结案后，原稿由办公室归档，经办部门根据实际需要留存影印本。

2. 公司档案分类目录及编号原则，由公司办公部门统一制定。

四、文件点收

文书结案后移送归档时，应根据如下原则进行点收。

1. 检查文件的文本及附件是否完整，如有短缺，立即追查归档。

2. 如要抽查文件，应有管理部门主管的签字。

3. 文件的处理手续必须完备，如有遗漏，应立即退回经办部门。

4. 与本案无关的文件或不应随案归档的文件，应退回经办部门。

五、文件整理

点收文件后，应对文件按照以下方式进行整理。

1. 中文直写文件以右方装订为原则，中文横写或外文文件则以左方装订为原则。

2. 右方装订文件及其附件均应对准右上角，左方装订文件则对准左上角，理齐钉牢。

3. 文件如有褶皱、破损、参差不齐等情形，应先补整、裁切、折叠，使其整齐划一。

六、档案分类

1. 档案分类应视其内容、部门组织、业务项目等因素，按部门、大类、小类三级分类。先按部门区分，然后依档案性质分为若干大类，之后在同类中依序分为若干小类。

2. 档案分类应力求实用。如果三级分类不够用，须在第三级之后增设第四级“细类”。

3. 同一小类（或细类）的档案以装订于一个档夹为原则。如档案较多，一个档夹不够用，可用两个以上的档类装订，并于小类（或细类）之后增设“卷次”编号，以便查找。

4. 每一个档夹的封面内首页应设“目次表”，档案归档时依序编号、登录，并以每案一个“目次”编号为原则。

5. 档号的表示方式为：A1A2-B1B2C1C2D1-E1E2；其中，A1A2 为经办部门代号，B1B2 为大类号，C1C2 为小类号，D1 为档案卷次，E1E2 为档案目次。

七、档案名称及编号

1. 档案各级分类应赋予统一名称，其名称应简明扼要，以充分显示档案内容性质为原则，并且要有一定的范畴，不能笼统含糊。

2. 各级分类、卷次及目次的编号，均以十进位阿拉伯数字表示，其位数视档案多少及增长情形斟酌而定。

3. 档案分类的各级名称确定后，应编制“档案分类编号表”，将所有分类的各级名称及其代表数字编号，依照一定顺序依次排列，以便查阅。

4. 档案分类的各级编号内应预留若干空档，以备将来组织扩大规模或业务增多时，随时增补。

5. 档案分类的各级名称及其代表数字一经确定，不宜任意修改。如确有修改必要，应事先审查讨论，并拟订“新旧档案分类编号对照表”，以免混淆。

八、档号编订

1. 对于新档案，应从“档案分类编号表”中查明该档案所属类别及其卷次、目次顺序，以此编列档案号。

2. 档案如需归属前案，应查明前案的档案号并以同号编列。

3. 档案号以一案一号为原则，如有一档案叙述数事或一案归入多类者，应先确定其主要类别，再编列档案号。

4. 档案号应自左向右编列。右方装订的档案，应将档案号填于档案首页的左上角，左方装订者则填于右上角。

九、档案整理

1. 依照目次号顺序以活页方式将归档文件装订于相关类别的档夹内，并视实际需要使用“见出纸”注明目次号码，以便查阅。

2. 档夹的背脊应标明档夹内所含档案的分类编号及名称，以便查阅。

十、本制度自公布之日起实行。

制度 4：声像档案管理制度

声像档案管理制度

第一条 为加强本企业声像档案的管理，特制定本制度。

第二条 本企业的声像档案是指本企业各部门或个人在社会实践活动中直接形成的有保存价值的录音、录像、照片和影片等辅以文字说明的历史记录。

第三条 声像档案是本企业卷宗的组成部分，必须由档案室实行集中统一管理。

第四条 收集范围

1. 反映本企业主要职能活动工作成果和存在问题的声像资料。

2. 各级领导人和著名人物参加的与本企业相关的重大活动的声像资料。

3. 本企业相关人员组织或参加的重要会议、会见以及外事活动的声像资料。

4. 涉及本企业重要权益的声像资料。

5. 其他单位形成的与本企业相关的重要声像资料。

6. 其他具有保存价值的声像资料。

第五条 收集时间

1. 声像档案资料应在形成后一个月内随立档部门其他载体形态的档案同时归档，如有特殊情况可以适当延长归档时间。

2. 档案部门应随时收集零散的具有保存价值的声像资料。

第六条 收集要求

1. 录音带、录像带、摄像带、影片、照片（含底片）和文字说明要收集齐全，按时归档。

2. 一般应该接受原版、原件，特殊情况下可接受复印件。

3. 声像资料的内容要真实，底片、原件与影像复制品要相符。

第七条 声像档案资料的征集

1. 档案部门有责任随时征集重要声像资料。

2. 在征集的声像资料中，凡涉及重大事件的，应向上级报送目录。

第八条 声像档案费用的报销

凡按本制度第四条形成声像档案的费用，只要将档案资料按要求向档案室归档，经档案室签字认可，财务部门应予以核报费用。

第九条 声像档案的整理包括分类、组合、排列和编目，使其系统化，便于保管和利用。

第十条 声像档案的整理由摄录人员负责，档案部门协助。

第十一条 分类和编号

1. 照片档案按年代分类。同属一类的照片按时间顺序编号，同时填写其底片号。底片在卷宗内编流水号。

2. 录音带、录像带和摄像带按年代分类，按内容编号。同一内容分录几盘的应视为一个案卷，编一个案卷号，然后每盘再一次编排序号。

3. 编注与其他载体档案相联系的参照号。

第十二条 保管期限

应视其内容的重要程度、时间、名称、可靠程度和有效性等因素，划定保管期限。

第十三条 文字说明的编写

1. 文字说明基本内容包括事由、时间、地点、人物、背景和作者（摄制者）等。

2. 编写文字说明的要求。

（1）准确揭示档案材料的内容，概括其反映的全部信息，标注项目正确齐全。

（2）照片以自然张编写文字说明；录音带、录像带和摄像带按案卷编写文字说明。

（3）文字说明要求简洁、语言通顺。

（4）时间用阿拉伯数字表示。

第十四条 编制格式

1. 照片编制采用横写格式。其格式为“照片 / 底片号 – 文字说明 – 参见号 – 摄制时间 – 摄制者”。

2. 录音带、录像带、摄像带的编制格式，在盒套上置标注页，按要求逐项填写。

第十五条 案卷要求

1. 将具有共同主题内容的若干份声像资料组成案卷，集中编放。

2. 卷内目录。

（1）照片、底片以自然张为单元填写卷内目录。

（2）录音、录像带、摄像带以盒为单元填写卷内目录。

第十六条 编目

声像档案的著录依照规定进行。

第十七条 声像档案入库前要进行检查，对已被污损的，要进行必要的技术处理。

第十八条 保管条件

底片、胶片库温度应保持在 13℃ ~ 15℃，相对湿度应保持在 35% ~ 45%；照片库温度应保持在 14℃ ~ 24℃，相对湿度应保持在 37.5% ~ 67.5%；录音、录像带库温度应保持在 18℃ ~ 24℃，相对湿度应保持在 40% ~ 60%。

第十九条 底片册、录音、录像带和摄像带应立放，磁带库必须避开磁场，盒与盒的间距不小于 3 毫米；存放磁带最好不用铁皮柜。

第二十条 建立健全声像档案统计制度，做好声像档案收进、移出、库存数量、保管情况、提供利用及效果等项统计工作。

第二十一条 编制声像档案目录、卡片等检索工具，为利用提供方便条件。

第二十二条 建立声像档案借阅、利用制度，严格审批手续，根据声像档案的机密程度，确定利用范围。

第二十三条 具有专利的声像档案，外单位利用时，应按《中华人民共和国专利法》的相关规定办理。已移交档案馆的，所得专利收益，原则上应拨给原移交单位，档案馆收取保管费。

第二十四条 声像档案原版一般不得借出档案室之外。如有特殊需要，经主管领导批准后，方可外借。利用率高的声像档案可将复制件外借；外单位借用或复制声像档案，由档案室负责办理，并按相关规定收费，实行有偿服务。如在借用中造成毁坏，则由借用单位负责赔偿。

第二十五条 在不影响保密的前提下，各单位可利用声像档案举办报告会、展览会，编辑综性或专题性画册、资料片等，积极开发利用现有的声像档案。

第二十六条 本制度解释权属行政部。

第二十七条 本制度自总经理批准后生效，修改亦同。

第二十八条 本制度从发布日起执行。

表格 1：员工档案信息表

单位名称：　　　　　　　部门名称：　　　　　　　填表日期：

姓名		性别		民族	
基本情况	出生日期		身份证号码		
	政治面貌		婚姻状况	□已婚　□未婚	
	毕业学校		学历 / 专业		
	户口所在地		籍贯		
	现住址		邮编		
	备注				
聘用情况	所属部门		担任职务		
	入职时间		转正时间		
	合同到期时间		续签时间		
	是否已调档	□是　□否	聘用形式		
	未调，档案所在地				
	备注				
档案情况	文件名称	情况	文件名称	情况	
	个人简历		应聘者登记表		
	应聘者面试结果表		身份证复印件		
	学历证书复印件		劳动合同书		
	员工报到派遣单		员工转正审批表		
	员工职务变更审批表		员工工资变更审批表		
	员工续签合同申报审批表				

表格 2：人事档案目录表

<table>
<tr><td rowspan="2">类号</td><td rowspan="2">材料名称</td><td colspan="3">材料制成时间</td><td rowspan="2">份数</td><td rowspan="2">页数</td><td rowspan="2">备注</td></tr>
<tr><td>年</td><td>月</td><td>日</td></tr>
<tr><td></td><td></td><td></td><td></td><td></td><td></td><td></td><td></td></tr>
<tr><td></td><td></td><td></td><td></td><td></td><td></td><td></td><td></td></tr>
<tr><td></td><td></td><td></td><td></td><td></td><td></td><td></td><td></td></tr>
<tr><td></td><td></td><td></td><td></td><td></td><td></td><td></td><td></td></tr>
<tr><td></td><td></td><td></td><td></td><td></td><td></td><td></td><td></td></tr>
<tr><td></td><td></td><td></td><td></td><td></td><td></td><td></td><td></td></tr>
</table>

表格 3：员工个人培训档案表

<table>
<tr><td>员工姓名</td><td colspan="2"></td><td colspan="2">员工编号</td><td colspan="2"></td><td>入职时间</td><td colspan="2"></td></tr>
<tr><td rowspan="6">试用期
培训阶段</td><td>培训
名称</td><td>类别</td><td>时间</td><td>学时</td><td>地点</td><td>讲师</td><td>考试
成绩</td><td>记录
情况</td><td>备注</td></tr>
<tr><td></td><td></td><td></td><td></td><td></td><td></td><td></td><td></td><td></td></tr>
<tr><td></td><td></td><td></td><td></td><td></td><td></td><td></td><td></td><td></td></tr>
<tr><td></td><td></td><td></td><td></td><td></td><td></td><td></td><td></td><td></td></tr>
<tr><td></td><td></td><td></td><td></td><td></td><td></td><td></td><td></td><td></td></tr>
<tr><td></td><td></td><td></td><td></td><td></td><td></td><td></td><td></td><td></td></tr>
<tr><td rowspan="5">在职培训
阶段</td><td></td><td></td><td></td><td></td><td></td><td></td><td></td><td></td><td></td></tr>
<tr><td></td><td></td><td></td><td></td><td></td><td></td><td></td><td></td><td></td></tr>
<tr><td></td><td></td><td></td><td></td><td></td><td></td><td></td><td></td><td></td></tr>
<tr><td></td><td></td><td></td><td></td><td></td><td></td><td></td><td></td><td></td></tr>
<tr><td></td><td></td><td></td><td></td><td></td><td></td><td></td><td></td><td></td></tr>
</table>

表格4：人事档案记录变更表

序号	员工编号	姓名	原始部门	建档时间	新档更新时间	更新卡号	更新类别	备注
1								
2								
3								
4								
5								
6								
……								

表格5：人事档案名册

姓名	单位（或部门）	职务	档案现状	存放位置	备注

表格6：作废档案焚毁清册

年　月　日

档号	收文号	发文号	焚毁简单原因	档案起讫日期

核准：　　　　　　　　监焚：　　　　　　　　焚毁执行人：

表格 7：档案明细表

保险库号		柜位号		拟存至何时					
部门	文件名称内容	类别	入库日期			出库日期			收件人签收
			年	月	日	年	月	日	

审核：　　　　　　　　主管：　　　　　　　　经办人：

表格 8：员工档案调入申请表

员工姓名		部门	
入职日期		转正日期	
原档案所在地		申请调入日期	
本人承诺自愿将个人档案转入公司集体户；本人离职时，将及时把档案关系从公司集体户库转出，如未按公司规定时间将档案关系转出所造成的一切后果，本人独自承担。 申请人签字：　　　　日期：			
人力资源部审批		经办人	

填表说明：员工档案存入公司集体户，需由员工本人提出申请，且符合公司存档条件者，经人力资源部审批后统一办理。

8.4 人事档案的保管

规范 1：员工人事档案接收流程规范

条目	规范内容
1	确认员工入职手续已办理，依据《员工基本情况登记表》中“档案所在地”一栏填写情况，办理档案转入手续。
2	经审核符合存档要求后接收人事档案，并让其签订《单位委托管理人事档案合同书》及填写《代理人员信息卡》。档案在其他单位或托管机构存放的，出具《商调函》，并通知其在期限内办理档案调入手续。
3	审核员工人事档案，接收档案人员应严格遵照《档案法》及公司接收档案的相关规定，仔细审核档案是否符合接收要求。
4	符合要求的，将档案编号、登记入册。若缺少材料，为其开具《档案材料补充单》并要求限期内将所缺材料交齐。不符合存档要求的，所有材料退其本人并告知其不能接收的原因。

规范 2：员工人事档案转出流程规范

条目	规范内容
1	所有档案的调动必须将档案《商调函》提供给人事部，经由人事部审查、完善档案调动的各种手续后，将《商调函》以及各种手续移交给档案管理部门，再由档案管理部门办理档案的调动手续。
2	档案管理部门根据个人申请或调档函上的内容和要求，找出相对应的档案。
3	对需要转出的档案进行审查，并写好档案回执单，按规定进行密封。
4	进行档案转出登记。
5	由档案机要人员将密封好的档案交由机要部门寄送。

制度 1：人事档案保管制度

人事档案保管制度

一、目的

维护人事档案材料完整，防止材料损坏，便于档案材料的使用。

二、人事档案保管制度的基本内容

1. 材料归档

新形成的档案材料应及时归档，归档的大体程序是：

（1）对材料进行鉴别，看其是否符合归档的要求。

（2）根据材料的属性、内容，确定其归档的具体位置。

（3）在目录上补充登记材料名称及有关内容。

（4）将新材料放入档案。

2. 检查核对

包括对人事档案材料本身进行检查，如查看有无霉烂，虫蛀等；也包括对人事档案保管的环境进行检查，如查看库房门窗是否完好，有无其他存放错误等。检查核对一般要定期进行。但在下列情况下，也要进行检查核对。

（1）突发事件之后，如被盗、遗失或水灾火灾之后。

（2）对有些档案产生疑问之后，如不能确定某份材料是否丢失。

（3）发现某些损害之后，如发现材料变霉，发现了虫蛀等。

3. 档案转递

档案的转递一般是由工作调动、解除、终止劳动合同引起的，转递的大致程序如下。

（1）当员工离职时应及时到档案室办理相关手续。

（2）取出应转走的档案。

（3）填写《转递人事档案材料的通知单》。

（4）在档案底账上注销。

（5）按发文要求包装、密封。

（6）逾期不办理档案转移手续的按 10 元 / 月收取档案管理费。

4. 保卫保密制度

具体要求如下。

（1）库房备有必要的防火、防潮器材。

（2）库房、档案柜保持清洁，不准存放无关物品。

（3）任何人不得擅自将人事档案材料带到公共场合。

（4）无关人员不得进入库房，严禁吸烟。

（5）离开时关灯关窗，锁门。

5. 统计制度

人事档案统计的内容主要有以下几项。

（1）人事档案的数量。

（2）人事档案材料收集补充情况。

（3）档案整理情况，填写人事档案管理表。

（4）档案保管情况。

（5）利用情况。

（6）库房设备情况。

（7）人事档案工作人员情况。

三、附则

本制度从发布日起执行。

制度2：人事档案室出入登记规定

人事档案室出入登记规定

为加强公司人事档案管理，防止机密资料、人事档案丢失，严防泄密事件的发生，特制订本制度，望各部门遵照执行。

一、人事档案室是公司人事档案保存使用的场所，除人力资源部职员外其他人员未经批准，不得随便进入室内。公司总经理及执行监督检查人员除外。

二、各部门需要调档案及借阅档案时，由负责档案管理的人员，根据《档案管理制度》办理，认真履行登记、签字手续。

三、需要复印打印相关文件资料时，交工作人员后，只能在档案室小门外等候，不允许进入复印室，复印打印要认真做好记录。

四、严禁将任何火种带入档案室内，任何人不准在档案室内吸烟。

五、室内无人时，随手关紧门窗。

六、凡违反本规定的，或拒不接受人力资源部职员劝阻而进入人事档案室工作区域的，每人每次罚款50元。人力资源部职员未劝阻或同意其他人员进入的，每人每次罚100元。

七、本规定自审批签发之日起执行。

表格 1：人事档案管理卡

<table>
<tr><td rowspan="2">全宗号</td><td rowspan="2">目录号</td><td rowspan="2">案卷号</td><td colspan="4">借出</td><td colspan="2">归还</td></tr>
<tr><td>日期</td><td>单位名称</td><td>经手人姓名</td><td>库房管理人员签字</td><td>日期</td><td>库房管理人员签字</td></tr>
<tr><td></td><td></td><td></td><td></td><td></td><td></td><td></td><td></td><td></td></tr>
<tr><td></td><td></td><td></td><td></td><td></td><td></td><td></td><td></td><td></td></tr>
<tr><td></td><td></td><td></td><td></td><td></td><td></td><td></td><td></td><td></td></tr>
<tr><td></td><td></td><td></td><td></td><td></td><td></td><td></td><td></td><td></td></tr>
<tr><td></td><td></td><td></td><td></td><td></td><td></td><td></td><td></td><td></td></tr>
<tr><td></td><td></td><td></td><td></td><td></td><td></td><td></td><td></td><td></td></tr>
</table>

表格 2：阅档催还单

<table>
<tr><td colspan="9">__________同志：
经查：您所调阅的下列档案还期已逾，为方便他人使用和管理，望依档案调阅规则于_____日内退还。</td></tr>
<tr><td colspan="2" rowspan="2">档号</td><td rowspan="2">文号</td><td rowspan="2">名称</td><td rowspan="2">借期</td><td rowspan="2">原定还期</td><td colspan="2">数量</td><td rowspan="2">备注</td></tr>
<tr><td>宗</td><td>册</td></tr>
<tr><td></td><td></td><td></td><td></td><td></td><td></td><td></td><td></td><td></td></tr>
<tr><td></td><td></td><td></td><td></td><td></td><td></td><td></td><td></td><td></td></tr>
<tr><td></td><td></td><td></td><td></td><td></td><td></td><td></td><td></td><td></td></tr>
<tr><td></td><td></td><td></td><td></td><td></td><td></td><td></td><td></td><td></td></tr>
<tr><td></td><td></td><td></td><td></td><td></td><td></td><td></td><td></td><td></td></tr>
<tr><td></td><td></td><td></td><td></td><td></td><td></td><td></td><td></td><td></td></tr>
</table>

表格 3：档案存放地点一览表

<table>
<tr><td colspan="3">全宗名称：</td><td colspan="6">全宗号：</td></tr>
<tr><td rowspan="2">案卷目录号</td><td rowspan="2">案卷目录名称</td><td rowspan="2">目录中案卷起止号数</td><td colspan="6">存放位置</td></tr>
<tr><td>楼</td><td>层</td><td>房间</td><td>档架（柜）</td><td>栏</td><td>格</td></tr>
<tr><td></td><td></td><td></td><td colspan="6"></td></tr>
<tr><td></td><td></td><td></td><td colspan="6"></td></tr>
<tr><td></td><td></td><td></td><td colspan="6"></td></tr>
<tr><td></td><td></td><td></td><td colspan="6"></td></tr>
<tr><td></td><td></td><td></td><td colspan="6"></td></tr>
<tr><td></td><td></td><td></td><td colspan="6"></td></tr>
</table>

表格 4：接收人事档案登记表

年

收档时间	来档部门	姓名	正本（卷）	副本（卷）	回执时间	承办人	处理结果

第　　页

表格 5：接收人事档案材料登记表

年

收件时间	来件部门	姓名	材料内容											总份数	处理结果	承办人
			履历	自传	考核鉴定	学历职称	党团	奖励	处分	任免	工资	出国	其他材料			

第　　页

表格6：阅档催还单存根

借阅人：

档号		文号	名称	借期	原定还期	数量		催单发出日期
						宗	册	

表格7：档案存放情况表

楼：			层：			房间：	
档架（柜）	栏	格	全宗号	全宗名称	案卷目录号	案卷目录名称	目录中案卷起止号数

表格8：档案转移记录表

序号	档案编号	员工姓名	转出公司	转出时间	经办人	转入公司	转入时间	经办人

表格 9：文件保管备查簿

类别：　　　　　　　　　　　　　　　　　　　　NO.

归档日期	源文件编号	内容摘要	经办部门	档号	预定保存期限	份数		备注
						副本	影本	

表格 10：档案移交（接收）登记表

案卷目录号	案卷目录题名或组织机构名称	所属年度	移交（接收）日期	移交（接收）原因	案卷数量				备注
					小计	其中			
						永久	长期	短期	

移交单位（部门）（盖章）：　　　　　　　　接收单位（部门）（盖章）：

移交人（签字）：　　　　　　　　　　　　　接收人（签字）：

表格 11：库藏档案状况检查记录

检查时间	年　月　日
检查方式	全查□　　　抽查□（抽查比例　　%）
检查人	
档案状况或发现问题	
采取措施	
处理结果	
备注	
说明	1. 各级档案馆（室）要对档案进行定期检查，全查或抽查库藏档案状况，并做好库藏档案状况检查记录。 2. 在库房中一经发现虫害或受潮等问题应及时处理——必须立即对库存档案进行清查，确认发生虫害的种类、程度及分布，采取有效措施杀虫。对于那些已确认有虫害的档案，应立即加以隔离处理，防止虫害大面积扩散。

表格 12：档案库房防虫药物投放更换记录表

单位名称：　　　　　　　　　　　　综合档案室

投放更换药物时间	投放更换药物名称	投放更换药物剂量	投放更换药物箱柜号	投放更换药物经办人	备注

表格 13：归档案卷目录

全宗号：　　　　　　　　　目录号：　　　　　　　　　部门：

案卷顺序号	案卷类目号	案卷标题	起止日期	卷内张数	保管期限	备注

8.5 人事档案的利用

规范 1：人事档案查阅规范

条目	规范内容
1	查阅人事档案须经公司权限人审批同意。
2	查阅档案时须由公司人力资源部档案管理人员陪同方可查阅。
3	查阅档案中，必须严格遵守保密制度和阅档规定。
4	严禁涂改、圈画和撤换档案资料。

规范 2：人事档案借阅规范

条目	规范内容
1	借阅人事档案必须填写借阅申请表，并经过人事档案管理部门批准。
2	借出的档案不得转借他人，同时禁止他人翻阅档案。

续表

条目	规范内容
3	借阅人不得向无关人等泄露档案内容，更不得将内容公布。
4	借阅过程中未获得准许，不得擅自对档案进行复制或拍摄等。
5	不得擅自在档案袋内装入其余材料。
6	借阅档案的时间不能超过 7 天，若要延长借阅时间，应办理续借手续。

制度 1：人事档案利用制度

人事档案利用制度

一、目的

1. 建立人事档案利用制度是为了高效、有序地利用档案材料。档案在利用过程中，应遵循一定的制度和手续，这是保证档案管理秩序的重要手段。

2. 建立人事档案利用制度也是为了给档案管理活动提供规章依据。工作人员必须按照这些制度行事，这是对工作人员的基本要求。

二、人事档案利用的方式

人事档案的利用有多种方式。

1. 设立阅览室以供利用查阅。阅览室一般设在人事档案库房内或靠近库房的地方，以便调卷和管理。这种方式具有许多优点，如便于查阅指导，便于监督，利于防止泄密和丢失等。这是人事档案利用的主要方式。

2. 借出使用。借出档案须满足一定的条件，比如：本机关领导需要查阅人事档案；公安、保卫部门因特殊需要必须借用人事档案等。借出的时间不宜过长，到期未还者应及时催还。

3. 出具证明材料。这也是人事档案部门的功能之一。出具的证明材料可以是人事档案部门按有关规定写出的有关情况的证明材料，也可以是人事档案材料的复印件。要求出具材料的原因一般是入党、入团、提升、招工和出国等。

三、人事档案利用的手续

在通过以上方式利用人事档案时，必须符合一定的手续，这是维护人事档案完整安全的重要保证。

1. 查阅手续。

正规的查阅手续包括以下内容：

（1）由申请查阅者写出查档报告，在报告中写明查阅的对象、目的、理由、查阅人的概况等情况。

（2）查阅单位盖章，负责人签字。

（3）由人事档案部门审核批准。人事档案部门对申请报告进行审核，若理由充分，手续齐全，则给予批准。

2. 外借手续。

（1）借档单位写出借档报告，内容与查档报告相似。

（2）借档单位盖章，负责人签字。

（3）人事档案部门对其进行审核、批准。

（4）进行借档登记。把借档的时间、材料名称、份数和理由等填写清楚，并由借档人员签字。

（5）归还时，及时在外借登记上注销。

3. 出具证明材料的手续。

单位、部门或个人需要由人事档案部门出具证明材料时，需履行以下手续。

（1）由有关单位开具介绍信，说明要求出具证明材料的理由，并加盖公章。

（2）人事档案部门按照有关规定，结合利用者的要求，提供证明材料。

（3）证明材料由人事档案部门有关领导审阅，加盖公章，然后登记、发出。

四、附则

本制度自批准之日起执行，执行过程中的问题由人事部门负责解释。

指点迷津：人事档案利用的重要性

企业建立员工人事档案就是要合理开发和利用人事档案，以便更加了解员工及管理员工。充分发挥人事档案的信息作用，才能使人事档案的管理工作有所价值，为人力资源管理提供可靠的信息资源。下面简单介绍人事档案的利用在人力资源管理中的几点作用。

①通过查阅人事档案资料，可以快速掌握组织发展情况，从而为人力资源规划提供参考依据。

②通过人事档案可以对企业员工的详细信息进行全面的了解，从而帮助企业招聘与筛选优秀人才。

③根据员工的人事档案可以清楚员工在哪些方面有不足之处，从而合理安排

其培训。

④根据员工人事档案可以大致判断出其个人能力及价值，从而为该员工的定薪及福利提供依据。

⑤完整的人事档案可以使员工绩效考核更为公平、公正，从而使整个人力资源管理工作更为顺利。

制度2：人事档案查阅制度

范本

人事档案查阅制度

一、查阅事由

根据中共中央组织部《干部档案工作条例》的精神、××公司《人事档案管理办法》相关规定，凡符合下列情况的可提供干部档案或有关材料以供查阅。

1. 因对干部考察、任免、调动、聘任、审干、组织处理、入党入团、参军、出国、职级待遇和治丧等需要查阅本人档案的。

2. 政法、安全和保卫等部门因侦查、审理和取证，必须通过人事档案取得旁证材料的，可查阅有关材料。

二、查阅人员范围

1. 查阅人事档案人员必须是党员干部。

2. 任何人不得查阅本人及其直系亲属档案。

3. 除人事、组织干部确因工作需要，任何人不得查阅同级、上级或本部门以外人员人事档案。

4. 为便于档案利用、管理和保证档案安全以及保护国家机密和个人隐私，日常接触人事档案的人员应限定在一定范围内。

三、查阅手续

1. 查阅人事档案应填写《查阅人事档案审批表》，严格履行审批登记手续，审批表注明阅档人姓名、政治面貌、阅档原因及所阅档案的姓名、职务。未经领导批准，不得查阅同级人员的档案，下级不得查阅上级人员档案。

2. 查阅干部人事档案，查阅人将《查阅人事档案审批表》交于档案管理人员，并按下列规定办理手续。

（1）档案管理人员验明《查阅人事档案审批表》及相关证件后，查阅人应在相应登记簿册上登记，然后档案管理人员将被查阅人员档案交其查阅。

（2）归还后的档案由档案工作人员检查无误后阅档人方可离开档案室。

四、查阅要求

1. 查阅人事档案一般限在人事档案阅览室。如有特殊情况需要借出时，须经档案工作人员批准，履行登记手续后方可借出。借出档案应于一周内归还，不能按期归还者应向档案办公室说明原因。

2. 休假期间人事档案停止外借，已经借出的档案在休假前应一律归还入库。

3. 阅档人应严格遵守保密制度，保证档案的安全，不得转借他人或向他人透露档案内容。阅档时如需摘录档案内容，必须摘录到保密本上，并由组织人事部门在适当时候予以销毁。

4. 未经人事档案管理部门批准，一律不得复制人事档案材料。因出国或升学需要复印（拍摄）相关材料时，必须向人事档案管理部门提交书面申请，经审查批准后方可办理。

5. 阅档人必须具有高度责任感，对待档案材料要认真负责。查阅两份以上档案时，不能同时打开，以防装错或丢失。如果发现档案中有问题，应及时向档案管理人员报告，由档案管理人员按有关规定处理，阅档人不得擅自进行处理。

6. 查阅人员必须严格遵守阅档规定，严禁在档案材料附近吸烟、喝水，以免污损档案材料；严禁拆卸、涂改、圈划、污损、撤换、批注、抽取和增添档案材料。

7. 因办理案件查阅干部人事档案，查阅人员必须是案件主办单位的干部。查阅后需作旁证的，摘录材料应与原文核对无误后，写明材料出处和日期，并加盖档案管理部门公章。

8. 对违反制度要求的，按照《中华人民共和国档案法》《中国共产党纪律处分条例》等法律法规给予相应的党纪政纪处分，直至追究法律责任。

表格 1：档案查阅登记表

序号	档案编号	档案名称	查阅人	查阅时间	用途	备注

表格 2：借阅人事档案登记表

年

借阅时间	借阅单位	被借阅人姓名	借阅理由	批准人	借阅人姓名	归还时间	承办人	备注

表格 3：借用、查阅人事档案审批表

年　月　日

借用 / 查阅单位	
借用 / 查阅人	
借用 / 查阅时间	
归还时间	
借用 / 查阅何人档案	
借用 / 查阅理由	
借用 / 查阅内容	
借用 / 查阅人所在部门意见	
人力资源部审批意见	
分管人事的公司领导意见	

表格 4：人事档案调阅单

<table>
<tr><td>档案名称</td><td colspan="4"></td></tr>
<tr><td>审批</td><td colspan="2"></td><td>调阅人</td><td></td></tr>
<tr><td rowspan="2">档号及件数</td><td></td><td rowspan="2">还卷日期</td><td colspan="2" rowspan="2">年　月　日
经手人签章</td></tr>
<tr><td>共宗件</td></tr>
</table>

注：本单一式两联，第一联于案卷退还后由档案室退还调卷人，第二联留存档案室备查。

表格 5：档案查询申请表

填表日期：　　年　月　日

<table>
<tr><td>档案名称</td><td>查询事由</td><td>查询时限</td><td>申请人所在单位</td><td>申请人签章</td></tr>
<tr><td></td><td></td><td></td><td></td><td></td></tr>
<tr><td></td><td></td><td></td><td></td><td></td></tr>
<tr><td></td><td></td><td></td><td></td><td></td></tr>
<tr><td></td><td></td><td></td><td></td><td></td></tr>
<tr><td></td><td></td><td></td><td></td><td></td></tr>
<tr><td></td><td></td><td></td><td></td><td></td></tr>
<tr><td></td><td></td><td></td><td></td><td></td></tr>
<tr><td></td><td></td><td></td><td></td><td></td></tr>
<tr><td>人力
资源
主管
意见</td><td colspan="4">签名：
年　月　日</td></tr>
</table>

表格 6：档案利用效果登记表

日期	年　月　日	单位		姓名	
案卷或文件题名					
利用目的					
利用效果					